Deep Purple

Historia de la saga

Redbook

© 2018, José Luis Martín Caperote
© 2018, Redbook Ediciones, s. l., Barcelona

Diseño de cubierta: Regina Richling
Diseño de interior: David Saavedra
Fotografías interiores: APG imágenes

Todas las imágenes son © de sus respectivos propietarios y se han incluido a modo de complemento para ilustrar el contenido del texto y/o situarlo en su contexto histórico o artístico. Aunque se ha realizado un trabajo exhaustivo para obtener el permiso de cada autor antes de su publicación, el editor quiere pedir disculpas en el caso de que no se hubiera obtenido alguna fuente y se compromete a corregir cualquier omisión en futuras ediciones.

ISBN: 978-84-948799-1-3
Depósito legal: B-16.252-2018
Impreso por Sagrafic, Pasaje Carsi, 6 08025 Barcelona
Impreso en España - *Printed in Spain*

José Luis Martín

Deep Purple

Historia de la saga

ÍNDICE

Prólogo _____ 9

I. Miembros de Deep Purple _____ 15

Jon Lord. Maestro y cerebro 15
Pasión por el blues 16
Música clásica y rock 17

Ritchie Blackmore. El genio loco 19
Con la primera guitarra a cuestas 20
En el embrión de Deep Purple 22

Ian Paice. El corazón de la máquina 23

Rod Evans. Un vocalista sin alma 25
New Deep Purple 26

Nick Simper. El bajista de la psicodelia 27

Ian Gillan. La voz de Deep Purple 28
La leyenda del Mark II 30
La reencarnación de todas las equivocaciones 32

Roger Glover. La llave de la cohesión 33
Una carrera errática 34

David Coverdale. La fuerza del blues 35
De vendedor de pantalones a frontman 36

Glenn Hughes. Viviendo bola extra 37
Nuevos talentos 37

Tommy Bolin. El ángel de la destrucción 39
Insultante juventud 41

Joe Lynn Turner. Sangre nueva 42

Joe Satriani. El alien que pasó de largo 44

Steve Morse. El todoterreno incansable 45

Don Airey. Sustituyendo al jefe 46

II. Historia. Who do we think we are? _____ 51

Deep Purple 52
Aires de cambio en la vieja Albión 52
1968. Roundabout, la antesala de Deep Purple 53
1968-1969. Mark I. Comienza a girar la máquina 55
1969-1973. Mark II. Nace la leyenda 61
1974-1975. Mark III. La turbulenta época Coverdale 74
1975-1976. Mark IV. Trágico fin de la historia 83

Rainbow 89
1975-1979. Blackmore & Dio 89
1979-1984. Transición, éxito y separación 94

Whitesnake 98
1976-1978. Mareando la serpiente 98
1978-1984. El caminar de un clásico 100

Deep Purple   105
 1984-1989. El regreso del Mark II   105
 1989-1992. Mark V. Extraños en el paraíso   108
 1992-1993. Mark II. Los egos chocan de nuevo   109
 1993-1994. Mark VI. Transición extraña   111
Whitesnake   112
 1986-1990. La llegada del éxito y el desastre   112
Rainbow   114
 1995-1997. La reencarnación   114
Deep Purple   115
 1994-2002. Mark VII. Etapa de estabilidad   115
 2002-2018. Mark VIII. La voz de la experiencia   117
Whitesnake   122
 1994-2018. Ser o no ser   122
Rainbow   126
 2015-2018. Sí pero no   126
Deep Purple   127
 2018... ¿Y ahora qué?   127

III. Miembros destacados de la saga_____ 131
 Ronnie James Dio   131
 Cozy Powell   134
 Graham Bonnet   136
 Bernie Marsden   137
 Micky Moody   139
 La lista interminable   141
  Rainbow   142
  Whitesnake   142

IV. Discografía oficial _____ 147
 Deep Purple   147
 Rainbow   186
 Whitesnake   200

V. Filmografía recomendada _____ 225

Anexos _____ 239
 «Smoke on the Water»   239
 Trilogía de directos
 Made In Japan, On Stage y Live... In the Heart of the City   243
 Rock'n'roll Hall of Fame   250
 Bibliografía   253
 Revistas   253
 Internet   254

PRÓLOGO

PRÓLOGO

«Sin arrogancia, podría decir que *Made In Japan* es el mejor álbum en vivo jamás realizado... Es una banda en llamas. ¿Sabes a lo que me refiero? Fuimos capturados en un par de noches cuando estábamos ardiendo tanto como pudimos. Inspirados pero ardiendo...»

Jon Lord

Mi primer contacto con Deep Purple fue a través de una cinta de casete, que tenía grabado el *Made In Japan* en las dos caras y sonaba sin detenerse, en el reproductor reversible de un SEAT 850 de un colega, que me inició en muchas cosas en mi juventud, una de ellas el hard rock. Me sabía todas las canciones sin necesidad de conocer el nombre y creía escucharlas en mi cabeza incluso cuando no estaba en el coche. Aquella cinta también me enganchó a UFO, porque para rellenar los espacios había un tema y medio de *Phenomenon* en cada cara.

Deep Purple hacía dos años que no existía, según contaban, uno de sus guitarristas había muerto de sobredosis, pero vete tú a saber, porque también contaban que Mick Jagger tenía un ácido permanente en una muela y se cambiaba la sangre cada dos meses para no engancharse. Seguramente historias que nos contaban los mayores para impresionarnos y vaya si lo hicieron, algunos de ellos terminaron como Tommy Bolin, pero sin salir en las revistas.

Todavía era menor de edad, pero ya estaba enganchado al *Dark Side of the Moon* y el *Wish You Were Here* de Pink Floyd, en mi colección de cintas grabadas abundaban discos y recopilaciones de The Rolling Stones, el resto iba de Bob Dylan a Neil Young, de Supertramp a Lou Reed, Jimi Hendrix, Janis Joplin, algo de blues y mucho progresivo...

Made In Japan me abrió las puertas de un sonido emocionante, duro, electrificante, donde me sumergí durante casi una década, seguramente la más ajetreada de mi vida. Recuerdo casi con memoria fotográfica, dos revistas que compré en *Els Encants* de Barcelona y que significaron otra vía de escape para un imberbe insatisfecho y sobre todo desorientado. El número 17 de febrero del 76 de *Vibraciones*, con Ritchie Blackmore en la portada y anunciando entrevista con Pink Floyd más póster de Deep Purple que no estaba y me dejó con la historia a medias, y el *Popular 1 Especial* número 7 dedicado a Deep Purple (creo que fechado en 1975), también sin póster.

Por edad y por compañía, era más carne de la New Wave of British Heavy Metal, o eso indicaban las sesiones de vinilos con mi grupo de compañeros de fechorías, donde entre ríos de agua de fuego y humo de dudosa procedencia sonaban Iron Maiden con Di'Anno y con Dickinson (no sin sonoras discusiones), Saxon, Def Leppard, Girlschool, Tank y otros que ni recuerdo, ni tengo ganas. Todas las bandas mencionadas las he visto en más de una ocasión, pero la vorágine de conciertos fue inclinándome más hacia los sonidos más clásicos, retrocediendo a bandas como UFO, Nazareth, Thin Lizzy, Bad Company, incluso Motörhead y Judas Priest que fueron adoptados por los nuevos heavies, pero sobre todo Black Sabbath, Led Zeppelin, Rainbow, Whitesnake, Gillan y Deep Purple.

Sin embargo la experiencia en directo con el universo Purple no ha sido del todo brillante; Rainbow en dos visitas repitió el concierto hasta en las posturas; con Whitesnake me encontré a una banda en plena descomposición, con Gillan, tras una primera cita correcta, quedó el sabor de su concierto con Black Sabbath y con Purple, que pensaba que no los vería y pude asistir a la reunificación del Mark II, me atraganté con una de las malas noches de Blackmore, tocando para él solo. Afortunadamente, con el Mark VII tuve la revancha con un gran concierto y la sensación de que había hecho las paces con casi todos.

Como me gusta el blues, estoy acostumbrado a ver ancianos subidos a un escenario tocando temas que tienen más años que mi abuelo y me sigue gratificando ver a un octogenario, ya quedan pocos, trasmitiendo sabiduría y buenas vibraciones. Es por eso que no me cuestiono la trayectoria de Deep Purple sin Blackmore o sin Lord como hacen otros. Por eso no me cuestiono si lo que se ofrece se hace con dignidad, y creo que Deep Purple han sabido sobrellevar su historia con muchísima dignidad y si es verdad que se despiden en 2018 como parece ser, cumplirán los 50 años con la cabeza muy alta y se macharán, pero si no lo hacen espero que sigan con la misma dignidad que han tenido estos últimos 25 años.

Yo sigo recurriendo al *Made In Japan* sin sonrojo... y que dure!

CAPÍTULO 1

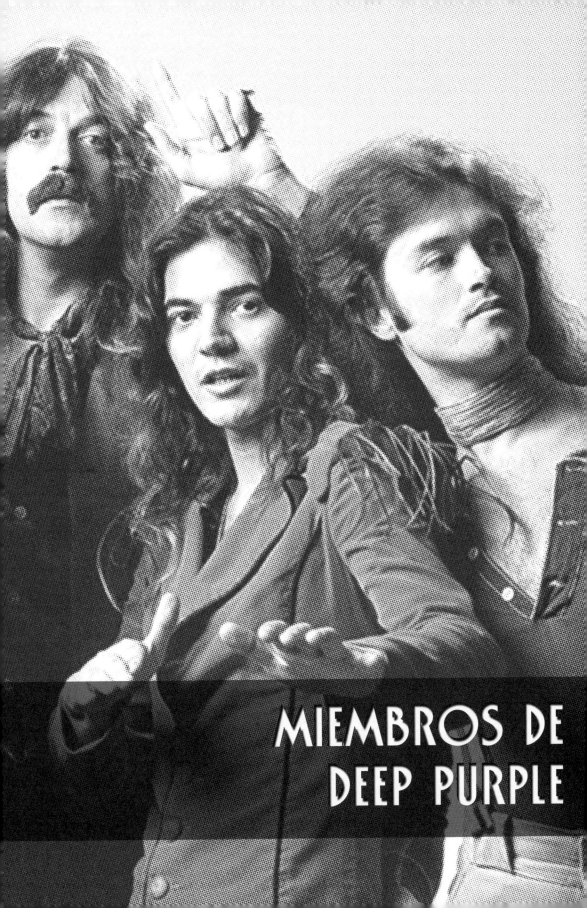

MIEMBROS DE
DEEP PURPLE

I. MIEMBROS DE DEEP PURPLE

JON LORD. MAESTRO Y CEREBRO

Jon Lord fue cofundador de Deep Purple y junto con Ian Paice ha estado en todas las formaciones, hasta que en 2002 se retiró de la banda, primero por una lesión de rodilla y segundo para poder dedicarse a trabajos más personales. Siempre fue considerado como el jefe en la sombra de Deep Purple, su imagen era imponente en escena, tocando el Hammond con una mano, mientras que con la otra lo zarandeaba como si se tratara de un pequeño acordeón, poseído por la música y en estado de trance, asustaba al mismo tiempo que transmitía seguridad y honestidad por igual.

John Douglas Lord, nació en Leicester, Inglaterra, el 9 de junio de 1941. Su padre, Reginald Lord, era un saxofonista aficionado con estudios musicales, que tuvo claro desde un principio que su hijo debería contar con una educación musical importante como base de su formación. Por eso Jon comenzó a estudiar piano a los cinco años, una formación clásica que le serviría para potenciar la propuesta musical de Deep Purple. Sus influencias tienen un amplio abanico que comienza en Johann Sebastian Bach, de quien refinó los conocimientos para una buena base sobre la que improvisar, al compositor y violinista Antonio Vivaldi, fascinado por su magnífica obra en el género de *Concerto*. Sus gustos también abarcan grandes bases del barroco, música medieval y música tradicional británica.

Con once años ingresó en el Wyggeston Grammar School for Boys, donde además de proseguir con sus estudios de piano, participó en clases de arte dramático y se involucró en el coro de la escuela, donde contactó de forma seria con el órgano, su otra pasión.

PASIÓN POR EL BLUES

Otra de las pasiones de Lord es el blues, que comenzó a gestar y cultivar a finales de los cincuenta, escuchando discos de Jimmy McGriff y Jimmy Smith, el rock'n'roll le impactó cuando pudo asistir a una actuación de Buddy Holly en 1958 en Leicester y el rhythm & blues le llegó vía Jerry Lee Lewis. Pero sin embargo, uno de los personajes más importantes en la vida de Jon Lord, fue Graham Bond, músico precursor del blues británico con The Graham Bond Organisation, dando cobijo en 1963 a nombres de la talla de Jack Bruce, Ginger Baker y John McLaughlin. Pionero en introducir el Hammon con altavoces Leslie en el rhythm & blues. Fue maestro de Lord y le enseñó todo lo que debía saber del órgano, sus posibilidades y sus limitaciones. Lord dijo de Bond que fue «una figura importante, poco apreciada del primer rhythm & blues británico, me enseñó todo, la mayoría de mis conocimientos del Hammond se los debo a él». Graham también militó junto a Alexis Korner en Blues Incorporated, la escuela de blues inglés, pero su falta de reconocimiento se debió a su pasión por la parapsicología y el ocultismo.

Jon Lord experimentó el Hammond atacando con amplificadores Marshall.

Lord se mudó a Londres para seguir con sus estudios de arte dramático en el Central School of Speech and Drama, donde se graduó y terminó fundando el Drama Centre London. La doble vida de Lord le llevaba a recorrer todos los pubs londinenses donde hubiera una jam de blues y a sumergirse en una escena efervescente y abierta musicalmente.

Estas incursiones le proporcionaron trabajos como músico de sesión, con los que paliar la precariedad económica del teatro. Trabajó para The Bill Aston Combo, donde entabló una gran amistad con Aston, quien se convirtió en una figura clave del jazz pedagógico en Gran Bretaña. Junto a Aston creó The Don Wilson Quartet, conocido también por Red Bludd's Bluesicians, donde coincidieron con Art Wood, hermano de Ron Wood (Faces, Rolling Stones). La banda sufrió cambios conceptuales y de componentes desengañados, trasformándose en un grupo donde predominó el Hammond, tipo The Animals o Spencer Davis Group, adquiriendo un bagaje impresionante, con numerosos conciertos y apariciones en programas de televisión como *Ready Steady Go!,* o grabando sesiones radiofónicas para *Saturday Club* de la todopoderosa BBC.

Cuatro años de trabajo continuado en los estudios de grabación (1964-1968), donde participó en muchos proyectos, algunos sin acreditarse, entre otros figura en el single «You Really Got Me» de The Kinks.

En 1967, junto con Ron Wood, funda Santa Barbara Machine Head, proyecto influido por el rock progresivo con el que graban tres piezas que son la antesala del primer Deep Purple. Ese mismo año Lord hace una suplencia en la banda The Flower Pot Men, combo sin importancia, salvo porque unió a Lord con Nick Simper.

Precisamente en esa época, Lord compartía cuarto con Chris Curtis, batería de The Searchers, quien estaba en negociaciones con el empresario Tony Edwards, para ayudarle en una inversión que pretendía realizar en el mundo de la música, junto a sus socios Ron Hire y John Coletta (HEC Enterprises). Cómo continúa esta historia ya lo repasamos en otro capítulo del libro, pero de aquí nace el embrión del Mark I de Deep Purple.

Jon Lord se dedicó a experimentar con el sonido del Hammond y la conocida mezcla de Hammond con Leslie, se creció atacando amplificadores Marshall, y con la ayuda del técnico de teclados y amigo, Mike Phillips, consiguió un prototipo de Hammond C3 Organ/RMI que consiguió los elogios de compañeros de profesión como Keith Emerson (Emerson Lake & Palmer), Rick Wakeman (Yes), Christine McVie (Fleetwood Mac) o Ray Manzarek (The Doors) entre otros. Un órgano que Lord mantuvo a su lado hasta que en 2002 se retiró de Deep Purple y se lo dejó como herencia a Don Airey.

MÚSICA CLÁSICA Y ROCK

La otra obsesión de Lord fue jugar mezclando música clásica con rock, algo que consiguió el 24 de septiembre de 1969 en el Royal Albert Hall, al interpretar su *Concerto for Group and Orchestra*, pero quedó ahí el experimento y alentado por la BBC, Lord escribió *Gemini Suite*, que fue interpretada un año más tarde en el mismo lugar, convirtiéndose en la base de su álbum en solitario del mismo nombre y fechado en 1971.

La aportación a la música de Jon Lord está reflejada en 19 álbumes que junto a Deep Purple, con Tony Ashton o en solitario, han servido para justificar la frase que lanzó en la prensa británica a principios de 1973: «Somos tan válidos como cual-

Somos tan válidos como cualquier música de Beethoven.

quier música de Beethoven» y que le granjeó algunas mofas y críticas ridículas.

Su etapa en Whitesnake, entre 1978 y 1984, tampoco le impidió poder grabar discos para otros artistas, entre los que destaca *Malice in Wonderland*, bajo el nombre de Paice Ashton Lord, *Gone Troppo* de George Harrison o *About Face*, primer disco en solitario de David Gilmour de Pink Floyd.

El retorno de Deep Purple produjo una relajación en su trabajo personal, que se limitó en principio a la puesta de largo de algunas grabaciones anteriores, hasta que en 1997 se editó *Pictured Within*, su disco más intimista, muy marcado por la muerte de su madre dos años antes.

Una vez terminado definitivamente su periodo en Deep Purple en el 2002, Lord rescata su vertiente blues y crea Jon Lord & The Hochie Coochie Men, junto al vocalista Jimmy Barnes, con quien graba dos discos excelentes; *Live at the Basement* (2003) y *Danger. White Men Dancing* (2007), cerrando su periplo blusero con *Jon Lord Project Live*.

Al final de su carrera se le planteó volver a grabar *Concerto for Group and Orchestra*, en esta ocasión en los estudios Abbey Road durante 2011, un trabajo que no pudo ver editado, pero que, según cuentan, pudo escuchar y corregir antes de morir. La última vez que se le vio en un escenario, fue para la celebración del concierto benéfico Sunflower Jam Healing Trust, organización que lideraban su mujer Vicky y la hermana de esta, Jacky, mujer de Ian Paice. El concierto se celebró en septiembre de 2006 y además de Lord participaron Paul Weller, Robert Plant, Phil Manzanera, Ian Paice y Bernie Marsden.

En julio de 2011 se le descubrió un cáncer de páncreas muy avanzado, que le provocó la muerte el 16 de julio de 2012.

El 14 de julio de 2014 se celebró en el Royal Albert Hall de Londres un concierto homenaje a Jon Lord, en el que participaron entre otros Paul Weller, Micky Moody, Neil Murray, Phil Campbell, Bernie Marsden, Glenn Hughes, Bruce Dickinson, Don Airey, Ian Gillan, Steve Morse, Ian Paice, Roger Glover y Rick Wakeman. El concierto se editó en audio y DVD bajo el nombre de *Celebrating Jon Lord At The Royal Albert Hall*.

RITCHIE BLACKMORE. EL GENIO LOCO

No creo que a estas alturas de la película alguien dude de la valía y talento de Ritchie Blackmore, uno de los mejores guitarras de la historia de la música rock, a la misma altura de clásicos como Jimmy Page, Brian May, Pete Townshend, Angus Young, Tony Iommi, Eric Clapton o Santana. Su forma de entender el rock ha marcado a muchas generaciones de músicos y hoy en día no se entendería el hard rock sin sus enseñanzas.

Pero lo cortés no quita lo valiente y atribuirle el mérito que se merece no quita testificar que ha sido y es uno de los personajes más controvertidos de la escena rock. Todos los que han trabajado con él han salido escaldados, aunque algunos de ellos han repetido experiencia para volver a salir esquilados de nuevo.

Huraño, malencarado, excéntrico, algo paranoico, en ocasiones violento y definido como un auténtico psicópata por su egocentrismo patológico, falta de empatía, sin remordimientos, antisocial y con cierta inclinación a manipular a los demás. La crónica negra que lo rodea lo coloca en situaciones verdaderamente delirantes y estrambóticas, como destrozar la puerta de la habitación de un compañero con un hacha, cuando lo quería fuera de Rainbow; mandar quemar los altavoces y amplificadores a su equipo de rodies porque no quería tocar si no era cabeza de cartel; romper una cámara de televisión en un directo porque le molestaba; tocar casi todo un concierto de espaldas al público porque algo le había incomodado… así podríamos estar páginas y páginas, pero sólo hace falta reflejar que Rainbow, su gran banda después de Deep Purple, ha contado con 27 músicos hasta el día de hoy, pero su longevidad no es excesiva. Una primera etapa de nueve años (1975–1984), una segunda de casi dos años y medio (1994–1997), más los años que lleva desde finales de 2015.

CON LA PRIMERA GUITARRA A CUESTAS

Richard Hugh Blackmore nació en Somerset, al sureste de Inglaterra, el 14 de abril de 1945. Su padre, Lewis J. Blackmore, movilizó a toda la familia a Middlesex, dos años después del nacimiento de Richard, al ingresar a trabajar en el aeropuerto de Heathrow. Su padre le regaló la primera guitarra a los 11 años, desesperado porque el niño no prosperaba en los estudios, no se relacionaba con los compañeros y no encontraba nada que le llamara la atención.

Ritchie Blackmore's Rainbow.

La intención del progenitor era inculcar disciplina en el pequeño Richard, por lo que inmediatamente con la guitarra iba explícito el compromiso de tomar clases y hacerlo en serio. La guitarra no sólo provocó un cambio radical en el muchacho; Richard avanzó rápidamente en su aprendizaje y tocaba fácilmente temas de Elvis Presley, Boddy Holly y Bill Haley, hasta que con 13 años formó su primer grupo de rock llamado 21's Junior Skiffle Group.

A los 15 años abandonó la escuela sin la oposición de sus padres que lo dieron por imposible. El padre le colocó en el aeropuerto, donde también trabajaba su hermano mayor Paul, como mecánico de radio aeronáutica.

Con los primeros ingresos se compró su primera guitarra eléctrica y conoció a Big Jim Sullivan, joven británico cuatro años mayor que él, pero que dominaba perfectamente el instrumento de las seis cuerdas y se convirtió en su maestro y mentor. Sullivan ya tenía una buena reputación como guitarrista y comenzó a trabajar de músico de sesión ese mismo año 1959, grabando el single Bad

Boy del cantante Marty Wilde. Sullivan tuvo una gran carrera musical hasta el año 2012, cuando falleció; está acreditado en más de 160 grabaciones, entre las que destacan nombres como Tom Jones, Chris Farlowe, Petula Clark, Long John Baldry, Gilbert O'Sullivan y el cómico Benny Hill; además está considerado como uno de los pioneros y maestros del uso de la fuzzbox y el talkbox.

Buscando el volumen brutal.

A principios de 1960 y también de la mano de Sullivan, Blackmore comenzó a trabajar como guitarrista de sesión en algunas grabaciones de Robert George «Joe» Meek, joven productor inglés que llegó a ser considerado como un pionero del pop experimental. Del estudio saltó a formar parte de varias bandas sin importancia hasta que militó en la banda instrumental The Outlaws, primer grupo serio que le proporcionó la posibilidad de acreditase en tres singles durante 1963 y ganar experiencia encima de los entarimados, enfrentándose al público.

Meek le convenció para que trabajara junto a Glenda Collins, cantante inglesa apadrinada por Carroll Levis, pero fue con el cantante y bajista alemán Heinz Burt con quien Blackmore se fogueó y adquirió experiencia como músico de directos. Blackmore grabó el single «Just Like Eddie», un homenaje a Eddie Cochran que Heinz popularizó y llegó al Top 10 británico. Acompañó a Heinz en su gira por Alemania y sus conciertos de tierras inglesas, sus carreras estuvieron ligadas de una forma u otra desde 1963 a 1966.

En 1965 participa en los conciertos de David Edward Sutch, más conocido como Screaming Lord Sutch, músico mediocre inglés que era especialista en espectáculos de rock terrorífico, desplegando un show gore muy precario, pero que muchos han visto como la antesala del shock rock que años más tarde hizo popular Alice Cooper. Blackmore grabó para Sutch el single «The Train Kept A Rollin'». Años más tarde, en 1970, cuando estaba ya en Deep Purple, Sutch reunió a unos cuantos amigos para una actuación en un festival en Carshalton Park, tocaron junto a él Blackmore (guitarra), Matthew Fisher (teclado), Carlo Little (batería), Keith Moon (batería), Noel Redding (bajo) y Nick Simper (bajo). El concierto fue grabado sin que los músicos lo supieran y editado en 1972 bajo el título de «Screaming Lord Sutch & Heavy Friends. Hands of Jack the Ripper», sin su consentimiento.

Al mismo tiempo que realizaba trabajos de guitarrista del terror, Ritchie probó suerte con su propio proyecto Ritchie Blackmore Orchestra, publicando el single «Getaway», acompañado en la cara B por «Little Brown Jag», pero no obtuvo ninguna repercusión.

EN EL EMBRIÓN DE DEEP PURPLE

En 1967, cuando se encontraba en Alemania para realizar una audición para formar parte de una nueva banda, recibió la llamada de Chris Curtis, en la que invitaba al guitarrista a unirse a un nuevo proyecto, todavía sin nombre, pero con una fuerte apuesta de futuro y respaldo económico. Se trataba del embrión de Deep Purple.

Cabe destacar la participación de Blackmore en el proyecto Green Bullfrog durante 1970, cuando ya estaba a jornada completa con Deep Purple. Este proyecto fue una idea del productor Derek Lawrence, que reunió a una serie de músicos con los que había trabajado durante los sesenta. Se grabó en los De Lane Lea Studios de Londres y el elenco de músicos estaban encabezados por Ritchie Blackmore y Ian Paice de Deep Purple, Matthew Fisher de Procol Harum, y los guitarristas de sesión Albert Lee y Big Jim Sullivan. Un disco que se editó en 1971 sin destellos de éxito, pero que con el paso de los años se ha convertido en una pieza de culto, con reediciones en 1980 y en 1991. Para este disco y como método de salvar contratos contractuales con diferentes sellos, los músicos fueron acreditados por apodos, siendo Blackmore el de Boots, por las grandes botas de cowboy que usaba en la época.

Cuando Blackmore contactó con Chris Curtis y aceptó implicarse en el nuevo proyecto, estaba predeterminado que la banda se llamaría Roundabout, ya que debía de ser una rotación constante de músicos alrededor de su ideólogo. Blackmore ya comenzaba a manejar los hilos de la nueva formación y tras abandonar Curtis el proyecto, fue él quien impuso el nombre de Deep Purple, canción que su abuela siempre le pedía que tocase para ella.

El liderazgo de Deep Purple siempre estuvo rondando en torno a Blackmore; primero disputándoselo a Lord, más tarde a Ian Gillan, posteriormente a Coverdale y Hughes. Sus idas y venidas han estado siempre cargadas de polémica, como su trayectoria con Rainbow, banda de la que era amo y señor, pero donde desarrolló comportamientos bastante déspotas e innecesarios. Incluso el final del retorno del Mark II vino acompañado de estas historias tan nocivas, transformando a Blackmore en una persona tóxica para el entorno de Purple, hasta el punto de repudiarle en la ceremonia de introducción del Rock'n'roll Hall of Fame en 2016.

Una vez abandonado Deep Purple por segunda y última vez, Ritchie inició una nueva aventura musical, junto con su novia Candice Night como vocalista, creando Blackmore's Night, dúo de folk tradicional marcado por la música medieval y renacentista. Con Blackmore's Night han grabado 10 discos en estudios y algunos directos, siendo a día de hoy la historia musical que más le ha durado.

Si bien durante un tiempo, Ritchie Blackmore renegó del rock y sobre todo del hard rock y de tocarlo en directo, en junio de 2016 se presentó con una nueva versión de Rainbow, acompañado

73 años de genio y figura.

del vocalista Ronnie Romero, el teclista Jens Johansson y el bajista Bob Nouveau. Realizaron tres conciertos y posteriormente editaron un disco en directo llamado *Memories in Rock*, compuesto por canciones de Deep Purple y Rainbow. Volvió a realizar cuatro conciertos en junio de 2017 y tiene programadas cinco actuaciones más para abril de este año 2018. Todo eso mezclado con las giras de Blackmore's Night y la grabación de dos temas nuevos de Rainbow, no hacen otra cosa que confirmar que a sus 73 años, a Ritchie Blackmore le queda cuerda para rato. Genio y figura…

IAN PAICE. EL CORAZÓN DE LA MÁQUINA

Ian Paice es el único músico de Deep Purple que ha estado en todas las formaciones de la banda, el único nexo de unión de todos los Mark de su historia. Ha sido quien calladamente ha visto cómo las peleas internas destripaban el grupo, cómo se reconstruía a duras penas, cómo las drogas se lo llevaban al infierno, cómo retornaba como un ave fénix de sus cenizas y como los egos estuvieron a punto de mandarlo a la tumba. Paice ha sobrevivido a todo eso y a la pérdida de su gran amigo y compañero Jon Lord; él es sin duda alguna quien mejor refleja el espíritu Purple.

Paice ha estado en todas las formaciones.

Ian Anderson Paice nació en Nottingham, Inglaterra, el 29 de junio de 1948, pero creció muy cerca de Oxford, donde desde muy pequeño comenzó a tocar el violín, alentado por su padre, un músico de orquesta que deseaba que su retoño llegara a algo más. Sin embargo, a los quince años abandonó el violín y se decantó por la batería, ante la posibilidad de tocar con la orquesta de su padre, aunque se tratara de valses y bailes para matrimonios de avanzada edad. Ya en aquella época y bajo la supervisión de su padre, Paice que es zurdo, comenzó a tocar con una batería adaptada y no con una de diestros.

Con escasos quince años montó su primera banda de rock llamada Georgie And The Rave Ons, quienes en 1965 cambiaron su nombre por el de The Shindigs. Con ellos llegó a grabar dos singles que pasaron completamente desapercibidos, lo que le hizo mudarse de formación y recaer en The Maze, grabando cinco sencillos que les abrieron las puertas a hacer giras por Italia y Alemania. En esa época conoció a Ritchie Blackmore que en 1968 le propuso comenzar un nuevo proyecto llamado Deep Purple.

Tras la separación de Deep Purple en 1976, pasó a formar parte del proyecto Paice Ashton Lord, donde además de su compañero Jon Lord, encontramos al pianista Tony Ashton y al guitarra y cantante Bernie Marsden, que más tarde militaría en Whitesnake. Un solo disco, *Malice In Wonderland*, y cinco conciertos, es el bagaje histórico de dicha formación.

En el 79 ingresó en Whitesnake para realizar el tour por Japón y se quedó tres años, grabando los discos *Ready an' Willing* (1980), *Live...in the Heart of the City* (1980), *Come an' Get It* (1981) y *Saints & Sinners* (1982).

Tras abandonar Whitesnake ingresó de inmediato en la banda de Gary Moore, con quien grabó dos discos en estudio, *Corridors Of Power* (1982) y *Victims of the Future* (1983), realizando extensas giras que se plasmaron en varios discos en directo. La unión de Gary Moore y Ian Paice tenía un prometedor futuro, pero la llamada de la nave nodriza en 1984, le transporta a la batería de Deep Purple de nuevo, lugar que no ha dejado hasta la fecha.

El 14 de junio de 2016, sufrió un derrame cerebral leve, del cual se recuperó notablemente, sin impedirle casi un mes más tarde reaparecer con la banda en concierto.

Está considerado uno de los baterías más influyentes del rock.

Ian Paice aparece en más de 50 discos de rock, donde ha colaborado de forma especial, además posee una gran colección de DVD con clases de batería y espectaculares jam sessions. Está considerado como uno de los baterías más influyentes del rock y desde 1990 se dedica profesionalmente a ofrecer clinics de batería por todo el planeta. Curiosamente, junto con Roger Glover, actúa con la banda suiza Purpendicular, grupo tributo a Deep Purple.

ROD EVANS. UN VOCALISTA SIN ALMA

Rod Evans, de verdadero nombre Roderick Evans, nació el 19 de enero de 1947 en Berkshire, Inglaterra. Evans fue el vocalista de Deep Purple en su primera época, es decir en el Mark I.

Antes de su fichaje Deep Purple, Evans había formado parte de las bandas MI5, más tarde llamada The Maze donde tocó junto a Ian Paice, así como en un periodo corto en The Horizons. También desarrolló una carrera paralela como modelo, que se truncó con su entrada en el Mark I de Purple.

Con la banda grabó los tres primeros discos, obteniendo el éxito en Estados Unidos por el single «Hush», que alcanzó el número 4 en la lista del Billboard.

Los primeros discos están más cercanos al rock progresivo y la psicodelia, bien defendidos por Evans, incluso hay quien prefiere la versión original de «Hush» con Evans, que la que volvieron a grabar con Gillan, pero sí es cierto que su actitud no era lo más positivo para el cambio de sonido de la banda.

Al mismo tiempo, con el éxito de «Hush» en USA, Evans se obsesionó con afincarse en Estados Unidos, algo que no pasaba por los planes del resto de la formación, y que terminó decantando la balanza y con Evans expulsado de Deep Purple.

NEW DEEP PURPLE

Tras su marcha de Purple, Evans creó la agrupación Captain Beyond, todo un supergrupo de la época con la participación de Bobby Caldwell (batería de Johnny Winter), y los miembros de Iron Butterfly, el bajista Lee Dorman y el guitarrista Larry «Rhino» Reinhardt. Con Captain Beyond se editaron dos álbumes muy interesantes, que fueron muy bien recibidos por la crítica, pero no así por el público, por lo que las ventas no fueron las deseadas.

El grupo se separó y con su disolución, Evans abandonó la música y se dedicó a la medicina, como director de Terapia Respiratoria de un hospital.

Su retiro del mundo de la música se interrumpió en 1980, cuando Steve Green de Advent Talent Associates, empresa que se dedicaba a organizar reuniones musicales de grandes bandas, le propuso poner en marcha Deep Purple, en un momento en el que la banda original hacía cuatro años que no funcionaba y no parecía que lo fuera a hacer nunca más.

Evans aceptó y se enzarzó en un tour con los nuevos Deep Purple, basando su *set list* en los tres primeros discos, pero con músicos semidesconocidos. La compañía Advent Talent Associates jugó con el reclamo de Rod Evans, el primer vocalista de Deep Purple, sin dar apenas información de la banda. Tras varios conciertos la banda se desmontó, primero porque todas las actuaciones terminaban antes de tiempo por los disturbios protagonizados por un público cabreado y engañado; en segundo lugar porque la maquinaria legal de Deep Purple cayó sobre la agencia y Evans, reclamando daños y perjuicios ocasionados al nombre de la banda. Debido a la disputa legal, Evans tuvo que renunciar a sus derechos de autor y no recibió nunca más royalties por los tres primeros discos.

Tras esta experiencia tan negativa y bochornosa, Evans se retiró y nunca más ha mantenido contacto con los componentes de Purple, sin embargo fue incluido en el *Rock'n'Roll Hall of Fame* como miembro del grupo.

Actualmente no se sabe nada de él, ni tan siquiera si está vivo o muerto.

NICK SIMPER. EL BAJISTA DE LA PSICODELIA

Nick Simper fue el bajista de Deep Purple en los tres primeros discos de la banda, *Shades of Deep Purple* (1968), *The Book of Taliesyn* (1968), *Deep Purple* (1969).

Su verdadero nombre es Nicholas John Simper, y nació el 3 de noviembre de 1945, en Norwood Green, Middlesex, al este de Londres.

Desde muy joven sintió una enorme pasión por la música que lo llevó con 15 años a militar en su primera banda, The Renegades, dos años más tarde, tocaba con The Delta Five; sin pasar la frontera de la mayoría de edad, militó en Some Other Guys y la edad adulta le pilló en Buddy Britten & The Regents.

Ninguna banda tuvo excesiva repercusión, pero sirvió para que le ficharan Johnny Kidd & The Pirates. Con quien estuvo tan sólo un año, ya que desgraciadamente a los pocos meses de su incorporación, sufrieron un accidente automovilístico y Kidd perdió la vida.

Tras un periodo algo largo de rehabilitación, debido a las lesiones del accidente, entró a formar parte de Garden, banda con la que teloneó a The Flowers Pot Men, formación que pasó a engrosar su extenso currículum y donde tocó con Jon Lord. Fue precisamente Lord quien le propuso como bajista de la primera formación de Deep Purple y con ella grabó los tres primeros discos, hasta ser despedido del grupo.

Tras su marcha de Purple, Simper pasó un breve tiempo con la banda de la vocalista Marsha Hunt, pero al abandonar esta por quedarse embarazada, Simper formateó el grupo y creó Warhose, con quien sacó dos

Olvidado en el Rock'n'Roll Hall of Fame.

discos antes de no poder seguir por pérdidas económicas.

Desde mediados de los setenta, Simper ha militado en seis bandas diferentes: Dynamite, Fandando (no confundir con el grupo de Joe Lynn Turner del mismo nombre), Flying Fox, Quatermass II, The Good Old Boys y Nasty Habits, con quien sigue trabajando en la actualidad.

Curiosamente cuando Deep Purple entró en Rock'n'roll Hall of Fame, la organización lo hizo con todos los músicos de los primeros siete años del grupo, que comprenden el Mark I y Mark II, pero a Nick Simper lo dejaron fuera y sin ningún tipo de explicación.

IAN GILLAN. LA VOZ DE DEEP PURPLE

No fue el primer cantante de Deep Purple. Ha sido despedido en dos ocasiones, pero siempre será identificado como la eterna voz de Deep Purple desde que cantó por primera vez «Child in Time», y sus gritos elevaron su nombre al más alto altar del firmamento rock. Es uno de los vocalistas más respetados de la historia de la música de los dos últimos siglos y ha conseguido ser el líder de la banda, al mismo tiempo que mantenerla viva hasta que en este 2018, al parecer, el dinosaurio llegará al final de su trayectoria.

Ian Gillan nació el 19 de agosto de 1945 en Hounslow, Inglaterra. Su padre trabajaba en una fábrica, pero su madre provenía de una familia que siempre estuvo vinculada a la música, siendo su abuelo un buen pianista y cantante de ópera aficionado. El piano era un instrumento que su madre les inculcó desde pequeños a él y a su hermana Pauline, marcando mucho su personalidad al convertirse la familia en un matriarcado por una infidelidad de su padre.

Gillan tenía claro que quería dedicarse a la música y desde joven ya sentía que ese era su camino. Curiosamente compartió clase con Pete Townshend, en el Acton County Grammar, pero nunca llegaron a hacer nada juntos, ni tan siquiera intimar hablando de música. Gillan abandonó muy pronto los estudios, apuntan que, trastocado al ver King Creole en el cine, con un insultante Elvis Presley desempeñando el personaje de Danny Fisher.

Gillan participó por primera vez en una banda seria cuando entró a formar parte de Garth Rockett and The Moonshiners junto a su amigo Chris Ayler, de

hecho se trataba de una formación muy novedo-
sa para la época, con Gillan cantando y tocando la
batería y Ayler como guitarrista.

Cuando comprendió que no podía tocar la
batería y cantar al mismo tiempo, o al menos no
hacerlo como deseaba, abandonó la formación y
pasó a militar en Ronnie and The Hightones, que
no tardaría mucho en cambiar el nombre por
The Javelins, realizando un repertorio que iba del
blues de Sonny Boy Williamson II o Muddy Waters,
al rock & roll de Chuck Berry o Little Richard.

Nos encontramos en 1964, cuando la banda
The Javelins se separan por la marcha del guitarrista Gordon Fairminer para crear un proyecto
más comercial que terminó siendo Sweet.

En ese momento Gillan entra en el grupo
Wainwright's Gentlemen, un proyecto de soul
donde coincide con otro futuro componente
de Sweet, Mick Turner a la batería. Wainwright's
Gentlemen graba una serie de temas en formato
single que no tienen ningún tipo de repercusión
y Gillan decide no ahogarse en un proyecto que
caminaba hacía su propia tumba.

Eterno Mr. Universe.

En abril de 1965 se une a Episode Six, donde encuentra la compañía de
Roger Glover, con quien rápidamente comprueba que comparte afinidad de
gustos y la complicidad suficiente como para componer temas juntos. Episode Six es una historia completamente diferente a lo vivido con anterioridad;
la agenda de conciertos no sólo se limita al Reino Unido y contratan shows en
Alemania y gracias al éxito inesperado de un tema en Beirut, se embarcan en
una gira que cubre varias actuaciones en la capital del Líbano.

Por esa época se marcha de la banda el batería Harvey Shields, que es
sustituido por Mick Underwood, quien había sido compañero de Ritchie
Blackmore en una banda llamada The Outlaws. Mick puso en contacto a Gillan con Blackmore y cuentan que el guitarrista le ofreció el puesto de la
nueva banda que estaba montando, todavía sin nombre, pero Gillan lo rechazó, aunque un año más tarde, en 1969, abandonó Episode Six, tras haber
grabado un total de nueve sencillos que no cubrieron las expectativas que
se habían marcado.

Voz en *Jesucristo Superstar.*

El 4 de junio de 1969, en la sala Ivy Lodge de Woodford, la banda Episode Six tenía entre el público a tres músicos que habían ido a comprobar el nivel desempeñado por el vocalista de la banda. Jon Lord, Ian Paice y Ritchie Blackmore, le ofrecieron a Gillan el puesto de Rod Evans sin avisar a su compañero y Gillan puso como condición llevarse consigo a Glover, por lo que Nick Simper se quedó también sin trabajo. La nueva formación, con Gillan y Glover, debutó en concierto el 10 de julio, en la sala Speakeasy de Londres. Había nacido el Mark II.

LA LEYENDA DEL MARK II

Fueron cuatro años con Deep Purple en los que se cimentó la leyenda del Mark II, la que sin duda alguna ha sido la mejor formación de la banda, editando los discos más gloriosos, *In Rock* y *Machine Head* entre ellos.

Giras agotadoras, rencillas cada vez más importantes con Blackmore y la edición del *Made In Japan*, disco emblemático que no gustó a Gillan, provocaron una situación insoportable que terminó con su marcha en junio de 1973. Gillan no sólo dejó Deep Purple, confirmó que abandonaba la música y se dedicaba a diferentes negocios alejado del mundo que lo había esquilmado física y moralmente.

Tras la grabación de *In Rock* y debido al tema «Child in Time», el director teatral Tim Rice le reclamó para interpretar los temas de Jesús en la obra *Jesucristo Superstar*, Gillan se involucró en el proyecto y grabó todas las partes vocales de la obra, con un resultado notable. Más tarde se le ofreció interpretar el papel en la versión cinematográfica de 1973, pero Gillan exigió que se indemnizara económicamente al resto de Deep Purple por el parón de actividad que significaría el rodaje. Sus exigencias no se pudieron cumplir y el papel fue interpretado por Ted Neeley.

Gillan demostró rápidamente que no era un buen hombre de negocios, perdiendo cantidades importantísimas de dinero en inversiones de hostelería y negocios ruinosos relacionados con el motociclismo. La única inversión que le proporcionó cierta rentabilidad tenía que ver con la música, los Kingsway Studios, anteriormente llamado De Lane Lea Studios, donde grandes bandas habían grabado sus discos entre ellos The Animals, The Beatles, Soft Machine, Queen, The Rolling Stones, Bee Gees, The Who, The Jimi Hendrix Experience, Pink Floyd y Deep Purple.

El retorno de Gillan a la música fue producto de una casualidad, Roger Glover había grabado la ópera rock *Butterfly Ball* con un elenco de grandes vocalistas, desempeñando los diferentes personajes de la obra, entre los que destacaban David Coverdale, Gleen Hughes y Ronnie James Dio; la obra se representaba en directo una sola vez, el 16 de octubre de 1975 en el Royal Albert Hall de Londres. A última hora Dio tenía compromisos ineludibles con Rainbow, por lo que Roger Glover le pidió ayuda a su amigo Gillan que no se pudo negar. Esa fue la chispa que encendió de nuevo al vocalista.

Gillan militó en Black Sabbath.

Ese mismo año, se creó la Ian Gillan Band, publicando su álbum debut en 1976, *Child in Time*, con el conocido tema de Deep Purple como buque insignia. Le siguieron *Clear Air Turbulence* y *Scarabus* en el 77, con un sonido mucho más tranquilo, rozando el rock jazz en ocasiones y en 1978 se acabó la aventura.

Nace Gillan, una transformación natural de la anterior banda, más encaminada al hard rock, como demostró con la edición de *Gillan*, primer disco homónimo del 78 y sobre todo con *Mr. Universe* del 1979, que conllevó la entrada en octubre de ese año en las listas de ventas de el Reino Unido, en un momento en el que su carrera podría sufrir un revés importante, ya que la discográfica Acrobat Records, se declaró en quiebra. El éxito de *Mr. Universe* le facilitó el fichaje con Virgin Records. Con la banda llegó a grabar cuatro discos más: *Glory Road* (1980), *Future Shock* (1981), *Double Trouble* (1981) y *Magic* (1982), hasta que se anunció la separación definitiva del grupo debido a una lesión de las cuerdas vocales de Gillan.

Tony Iommi, Geezer Butler y Bill Ward, de Black Sabbath habían decidido romper la banda definitivamente y crear un supergrupo contando con la voz de Gillan, algo que funcionó rápidamente si no fuera por la presión de la compañía discográfica que exigió que el disco fuera firmado como Black Sabbath, sin poder negarse, tal y como volvió a pasar años más tarde con Glenn Hughes y Tony Iommi. El 7 de agosto de 1983 se edita *Born Again*, el único disco de Black Sabbath con Gillan en sus filas. El álbum alcanzó el número 4 de la lista de ventas del Reino Unido y entró en el 39 del Billboard 200. Todo funcionaba muy bien salvo dos cosas, la producción del disco nunca le gustó y la portada del álbum era, a su entender, de las más horrorosas de la historia de la música. De esa breve etapa nació una gran amistad con Tony Iommi, que ofrecería más experiencias interesantes. No podemos hacer conjeturas si la continuidad del binomio Black Sabbath/Ian Gillan hubiera aportado más alegrías, porque cuando todo hacía presagiar que continuaría la historia, se anunció la reunión del Mark II de Deep Purple, ocho años después del final de la banda y más de una década del final del Mark II.

LA REENCARNACIÓN DE TODAS LAS EQUIVOCACIONES

La nueva etapa de Ian Gillan en Deep Purple duró cuatro años, entre los que se obtuvo un éxito sin precedentes e inesperado con *Perfect Strangers*, para volver a sucumbir en los errores de antaño con *The House of Blue Light*, tal y como declararía Gillan en aquella época, «se trataba de la reencarnación de todas las equivocaciones que habíamos cometido como Deep Purple». La cuerda se tensó mucho, estando a los dos extremos Blackmore y Gillan, hasta que el primero se erigió como líder indiscutible y despidió al vocalista en 1989.

Gillan había montado un proyecto paralelo con Glover, bajo el auspicio de Virgin se editó un disco llamado *Accidentally on Purpose*, un ejercicio extraño de sonido comercial y algo de electrónica sintetizada. También reconstruyó su primera banda, Garth Rockett and the Moonshiners, editando un disco llamado Naked Thunder.

El activista Jon Dee convocó el proyecto Rock Aid Armenia, para ayudar a paliar el gran desastre humanitario producido por el terremoto de Armenia de 1988. Con la ayuda de Phil Banfield, manager de Gillan organizaron cinco sesiones de grabación en los Metropolis Studios de Londres, donde se grabó el conocido tema de Deep Purple «Smoke on the Water», con la participación de Gillan y Bryan Adams, Ritchie Blackmore, Bruce Dickinson, Geoff Downes, Keith Emerson, David Gilmour, Tony Iommi, Alex Lifeson, Brian May, Paul Rodgers, Chris Squire y Roger Taylor.

En 1992, las presiones de los demás compañeros de Deep Purple, obligaron a volver a contratar a Gillan, que ha seguido unido a la banda hasta el día de hoy. Tras el regreso a Deep Purple, Gillan ha seguido trabajando en proyectos paralelos, editando discos bajo su nombre, colaborando en el proyecto de blues de su compañero Jon Lord & Hoochie Coochie Men y creando junto a Tony Iommi el supergrupo WhoCares, desde donde colaboran con proyectos benéficos con Armenia, lugar que considera su segunda patria.

En 2012 se editó el disco *Ian Gillan & Tony Iommi: WhoCares*, que recopila algunos de los temas que se han ido publicado por este motivo.

Gillan ha declarado en algunas entrevistas que Deep Purple no puede continuar mucho, que su voz no puede aguantar el ritmo que se le exige, pero que por el contrario, es ahora cuando realmente considera que es una banda que ama la música, está cohesionada y es fuerte... a nadie se le puede escapar que todo eso pasa desde que se fue Ritchie Blackmore.

ROGER GLOVER. LA LLAVE DE LA COHESIÓN

R oger Glover es y será el eterno bajista de Deep Purple, su imagen siempre ha sido conciliadora, tranquila, al lateral del escenario, sin tapar ni hacer sombra a las estrellas; misión que completó con éxito también en Rainbow.

Roger David Glover, nació en Brecon, Gales, el 30 de noviembre de 1945, aunque muy pronto su familia se mudó a South Kensington, Londres. El joven Glover comenzó a interesarse por la música rock y desde un principio se decantó por la guitarra eléctrica, montando sus primeros grupos dentro del seno de la recia escuela Harrow County School, institución educativa que sólo admitía chicos.

Su primera banda seria fue The Madisons que rivalizaba con otra formación llamada The Lightnings, y cuando digo rivalizar es porque incluso tocaban en algunas ocasiones, las mismas

Glover siempre ha sido conciliador, tranquilo, al lateral del escenario.

canciones de sus grupos favoritos, The Beach Boys, The Lovin' Spoonful y por supuesto The Beatles. Con el tiempo la rivalidad y semejanza del repertorio les llevó a unirse más de la cuenta y se fusionaron en una tercera banda llamada Episode Six, donde aparecen por primera vez juntos Glover y Ian Gillan.

Con Episode Six se llegaron a grabar nueve singles, pero ninguno de ellos tuvo repercusión alguna. Realizaron varias actuaciones para la BBC y llegaron a telonear a Bowie, pero justo cuando planeaban un cambio de sonido y se disponían a grabar su primer larga duración, Jon Lord y Ritchie Blackmore aparecieron por uno de sus conciertos y le pidieron a Gillan que se uniera a Deep Purple, cosa que hizo sin pensárselo y arrastró a Glover con él.

Glover pertenece al Mark II en su primera etapa purpleliana, y en ella ayudó a firmar los cuatro discos que se consideran pilares de la leyenda de Deep Purple: *In Rock* en 1970, *Fireball* en 1971, *Machine Head* en 1972 y en menor medida *Who Do We Think We Are* de 1973.

Su primera etapa en Purple concluye en 1973, al finalizar la segunda visita a Japón de la banda, dentro del *Machine Head World Tour*, despedido por Blackmore.

Cuando la banda decide regresar en 1984, tras ocho años de silencio, reconstruyendo el Mark II, Glover se aposenta en el puesto de bajista y no lo ha abandonado hasta el día de hoy, ganando cada día más importancia en el seno de la banda y convirtiéndose en el nexo de unión en los momentos complicados, que los ha habido y muchos.

UNA CARRERA ERRÁTICA

A partir del momento de su primera expulsión de Purple en 1973, Glover comienza una carrera musical errática y muy dispar, que se puede catalogar como una discreta aportación musical en solitario, una larguísima lista de colaboraciones de lujo y una extraordinaria labor como productor.

Su discografía consta de seis discos, muy discretos, donde tan sólo cabría destacar *The Butterfly Ball and the Grasshopper's Feast* en 1974 y *If Life Was Easy* de 2011; más uno firmado como Gillan & Glover, *Accidentally on Purpose* de 1988, un ejercicio experimental de música rock con aires de electrónica comercial.

En el apartado de colaboraciones, podemos enmarcar las que hizo con sus compañeros Jon Lord en *Gemini Suite* (1972), con Ian Gillan en *Child in Time* (1976), *Naked Thunder* (1990), *Cherkazoo and Other Stories* (1992) y *Gillan's Inn* (2006), la participación de los dos primeros discos de David Coverdale tras abandonar Deep Purple, *White Snake* (1977) y *Northwinds* (1978). Además ha trabajado en discos de Nazareth, Dan McCaffertty, Gov't Mule o Alice Cooper.

En el apartado de producción es donde Glover ha ganado notoriedad y una reputación intachable. Fue el responsable del cambio de Nazareth, transformándola de una banda de rock blues a una auténtica máquina de hard rock, llevando las riendas de *Razamanaz* (1973), *Loud 'n' Proud* (1974) y sobre todo *Rampant* (1974). Ese mismo año 74 produjo para Spencer Davis Group el que posiblemente sea su trabajo más duro, *Living in a Back Street*. Con su amigo Ian Gillan trabajó en la producción de *Child in Time* en 1976, año que produjo *Calling Card* de Rory Gallagher. Con Blackmore, artífice de su despido de Deep Purple, perpetró la transformación más espectacular, consiguiendo llevar en volandas el sonido de la banda al mercado americano como deseaba el guitarrista de negro. Sus producciones para Rainbow son *Down to Earth* (1979), *Difficult to Cure* (1981), *Straight Between the Eyes* (1982) y *Bent Out of Shape* (1983).

Al mismo tiempo Glover se encargó del exitoso reencuentro de Deep Purple en 1984, el disco *Perfect Strangers* cuenta con una producción que colocó a la banda de nuevo en la cima del hard rock. Ha sido el encargado de manejar los botones en todos los discos de Purple entre 1984 y 1998 cuando produjo su último trabajo para su banda, Abandon.

Glover vive en Suiza, donde curiosamente ha tocado en varias ocasiones con Purpendicular, banda tributo a Deep Purple, con la que llegó a colaborar en 2015 en la grabación del disco *This Is The Thing # 1*.

DAVID COVERDALE. LA FUERZA DEL BLUES

Coverdale es un caso atípico en la historia de la música rock. Muy pocas personas se han visto catapultadas a un estatus tan poderoso sin tener apenas experiencia y mucho menos han sobrevivido a lo que significa. Coverdale lo hizo, sobrevivió y ha sabido mantenerse gracias a la experiencia acumulada por el camino. Posiblemente sea el que menos líneas individuales tenga en este libro, pero no por la falta de importancia en la historia, muy al contrario, sino por la ausencia de la misma lejos de Deep Purple y posteriormente Whitesnake, trayectorias que se reflejan extensamente en diferentes apartados del libro.

David Coverdale nació en Saltburn-by-the-Sea, North Yorkshire, Inglaterra, el 22 de septiembre de 1951. En su entorno la música formaba parte de la atmósfera familiar y desde muy pequeño sintió una fuerte inclinación hacia ella.

De entrada fue la guitarra la que se apoderó de su interés, intentando acercarse a músicos como Jimi Hendrix o Pete Townshend, pero siempre demostrando cierta atracción por voces poderosas y negras como las de Otis Redding o Wilson Pickett, aunque se declara fan de Joe Cocker, Van Morrison y Eric Burdon, los únicos blancos capaces de cantar como los negros.

A Coverdale no se le conoce banda previa interesante, su experiencia era cantar en los pubs, invitado a jam sesions o en sesiones de los primeros karaokes improvisados, donde siempre deslumbraba por su poderosa voz y su especial talento para interpretar el blues y el soul.

Coverdale, la voz negra de Deep Purple.

Se ganaba la vida como vendedor en una tienda de pantalones, al mismo tiempo que se dedicaba a cantar por las noches buscando algún proyecto que quisiera contar con un joven inexperto como él a la voz. Fue entonces cuando contestó a un anuncio que solicitaba vocalista para banda de rock, con contrato discográfico y agenda programada de conciertos, sin llegar a imaginarse que se trataba de Deep Purple, una de las bandas más poderosas del planeta rock.

Según contaba Jon Lord, la demo que presentó era penosa, una grabación con serias deficiencias técnicas que apenas dejaban escuchar quien cantaba en ella, pero «de repente aparecía un grito de unos cinco segundos que te dejaba la sangre helada. Vimos que su voz nos podía decir algo».

DE VENDEDOR DE PANTALONES A *FRONTMAN*

De esta forma, en 1973, Coverdale pasó de ser un vendedor de pantalones al *frontman* de la banda Deep Purple y recorrer todo el planeta con su música. *Burn*, que fue el primer disco grabado con la banda, nos presentó a una voz maravillosa, arropada en segundo plano por la de Glenn Hughes y con un aire negroide que dio la vuelta a la formación y rediseñó unos nuevos Deep Purple.

Desgraciadamente no duró mucho la experiencia y Purple terminó deshaciéndose por las malas relaciones personales y las peligrosas aficiones al consumo descontrolado de sustancias prohibidas. Su paso por Purple nos dejó tres discos en estudio y algunos directos memorables.

Tras el fin de Deep Purple, Coverdale lanzó su carrera en solitario con dos discos de dispar resultado, un primero *White Snake* de 1977, de apenas repercusión y *Northwinds* de 1978 con un cierto reclamo entre el público y la prensa. Para esas fecha ya había montado The White Snake Band para defender la propuesta en directo, con Bernie Marsden y Micky Moody a las guitarras, Neil Murray al bajo y el batería David «Duck» Dowle, más el teclista Brian Johnston, que pronto sería reemplazado por el organista de Procol Harum, Pete Solley. Debido a los compromisos de producción de Solley, fue reemplazado por Jon Lord, durante las sesiones del primer LP.

Ahí la historia de Coverdale se centra en Whitesnake, sus éxitos, sus fracasos, su obsesión por ganarse el mercado americano, los cambios de componentes, etc... hasta que en 1990 la banda prácticamente no existía.

En 1991 Coverdale comienza trabajar con el guitarrista de Led Zeppelin Jimmy Page, más por presiones de Geffen Records, que tiene dos activos poderosos en dique seco, que por intención propia de los músicos. Las sesiones de trabajo llegan a buen puerto y se graba un álbum denominado simplemente *Coverdale-Page*. El disco se editó el 15 de marzo de 1993, alcanzando el puesto número 4 en las listas de Gran Bretaña, y el número 5 en el Billboard 200 americano. Se planeó un extenso tour mundial del que desgraciadamente sólo se pudo ver la primera parte por Japón, ya que el dúo se separó amistosamente, otra vez por presiones de la discográfica que estaba trabajando en una reunión de Led Zeppelin, que no se produjo pero que aportó otro gran disco, el *No Quarter* junto a Robert Plant.

Finalizada la experiencia junto a Jimmy Page y tras la edición de una recopilación en 1994, Coverdale activa de nuevo Whitesnake y desde entonces ha seguido a los mandos de su nave.

Cuando estamos cerrando la edición de este libro, Whitesnake ha confirmado la edición de un nuevo álbum en estudio, *Flesh & Blood*, así como un nuevo tour mundial.

GLENN HUGHES. VIVIENDO BOLA EXTRA

Glenn Hughes es el bajista y segunda voz del Mark III y Mark IV de Deep Purple, un músico al que la vida le dio una segunda oportunidad y la supo aprovechar. Conoció los beneplácitos de ser una estrella del rock y descubrió la miseria que puede conllevar dicho estatus. Afortunadamente, cuando tenía todos los boletos para pillar el bus al otro barrio, se le concedió una prórroga y sigue viviendo en bola extra.

Glenn Hughes nació el 21 de agosto de 1951, retoño de un matrimonio amante hasta la obsesión por el músico Glenn Miller y de ahí, en la localidad británica de Cannock, Staffordshire, le colocaron el nombre de su ídolo para la posteridad. Lejos de ser una lacra, fue un trampolín para que se sumergiera desde muy joven en los estudios musicales, y siendo todavía imberbe se pateaba los clubs de música en vivo, dejando que las hormonas de la pubertad se impregnaran de rock'n'roll y blues, sus dos filias favoritas de juventud.

Hughes o el éxito difícil de digerir.

Su primera banda seria se llamó Finders Keepers, donde ya brillaba como un gran vocalista y bajista de enorme destreza. Apenas cumplidos los 17 años Finders Keepers editaron un single con el tema «Sadie, the Cleaning Lady», una canción pop australiana hortera firmada por Johnny Farnham, que registraron en clave rhythm & blues. El sencillo no tuvo apenas repercusión salvo para Hughes, quien es reclutado por una nueva banda local donde entre otros militaba Dave Holland, quien sería más tarde batería de Judas Priest. El grupo se llamaba Trapeze y está reconocido como una rara avis de los inicios del hard rock.

NUEVOS TALENTOS

Trapeze participa en el programa de televisión Colour Me Pop, un espacio dedicado a descubrir nuevos talentos, emitido por la BBC, y desde esa emisión las cosas suceden demasiado rápido para un joven Hughes de escasos 18 años. Miembros de The Moody Blues que hacen de ojeadores del programa, les fichan para su nuevo sello Threshold, les meten en estudio y graban su primer disco homónimo que se publica a primeros de 1970.

Sin apenas tiempo de digerirlo, la compañía les coloca de nuevo en estudio para rentabilizar las buenas críticas recibidas, lo que hace estallar en mil pedazos la banda, que pasa de quinteto a trío de power rock rápidamente y somete a una doble presión al joven Hughes, como líder y *frontman* de la banda.

El segundo álbum, *Medusa*, se edita en noviembre y obtiene una gran reputación como una propuesta nueva y sorpresiva dentro del rock británico, tanto que llama la atención del mercado americano y terminan de gira por Estados Unidos de la mano de Bill Ham, manager de unos primerizos ZZ Top.

Dos años sin freno, desbocados de conciertos, fiestas, descontrol y con poco tiempo para componer y pensar en el futuro disco. Tras el verano de 1972 la banda entra en estudio para grabar el disco que los debía encumbrar, *You Are the Music...We're Just the Band*, que se editó en Navidad de ese mismo año.

Cuando se disponen a preparar el tour de presentación, llega la oferta de Deep Purple a Glenn Hughes, para sumarse a un nuevo proyecto que debería dar continuidad a la banda púrpura.

Hughes ha declarado en varias entrevistas que le entusiasmó la idea desde un principio, donde la voz principal debería recaer sobre el vocalista y líder de Free, Paul Rodgers, por quien sentía verdadera admiración. Una banda con dos vocalistas le daba libertad para crecer como bajista, y abandonó Trapeze para sumergirse en una de las bandas más populares del planeta.

Finalmente, Rodgers denegó la oferta y Deep Purple reclutaron a un desconocido David Coverdale que asumió el rol de vocalista principal.

El paso de Hughes por Deep Purple ya lo veremos en otro capítulo de este libro, pero cabe destacar que aportó una influencia soul importantísima, apoyada por la combinación y amistad que consolidó con Coverdale. La magia que proporcionó la nueva pareja púrpura, germinó en uno de los discos más explosivos de la formación, *Burn* de 1974.

Pero Hughes también se ganó rápidamente la enemistad de Ritchie Blackmore, que no soportaba ese giro negroide de la banda, explotando en el disco *Stormbringer* y abandonando la nave nodriza.

Con la huida de Blackmore, el binomio Hughes Coverdale, encuentra un nuevo punto de apoyo en Tommy Bolin para crear el último disco de Deep Purple en los setenta, *Come Taste the Band* en 1975.

En aquella época Hughes estaba peligrosamente enganchado a la cocaína, al igual que Bolin que convivía con la heroína, lo que a la larga provocó el final anunciado de Deep Purple, o al menos el gran paréntesis de su historia cuando se interrumpió el Come Taste the Band World Tour.

Tras la marcha de Deep Purple su carrera es imparable y muy excitante y variada. En 1977 ya publicaba su primer disco en solitario, *Play me Out*, y aparece en el maravilloso *Makin' Magic* de Pat Travers. Formó parte de Hughes/Thrall, junto al guitarrista de Journey Pat Thrall y pasó el resto de la década de los ochenta colaborando en proyectos muy diversos y enriquecedores, entre los que cabría destacar Phenomenan, Gary Moore y Whitesnake, con quien colaboró en el disco *Slip Of The Tongue*. Un punto y aparte merece su colaboración con el guitarrista Tony Iommi en 1986, con quien grabó el disco Seven Star, que debería haber sido el primer disco en solitario del guitarrista, pero la imposición de la compañía discográfica le obligó a presentarlo como Black Sabbath featuring Tony Iommi. Con Iommi volverá a colaborar en 2005 para publicar *Fused*.

En 1991 la vida le mandó un aviso en forma de infarto y lo entendió a la primera. Tal y como declaró en una entrevista con Jack Barlow: «Miré al espejo y había una persona que no era yo. Era un paranoico, pero ese no era yo. Fue una premonición de que mi corazón se paraba».

Hughes ha sido otro muy diferente desde entonces; hay más de 60 discos editados que llevan su nombre en el apartado de colaboradores; tres discos con Hughes Turner Project junto a Joe Lynn Turner, otros tres con Black Country Communion, el proyecto California Breed, innumerables directos y recopilaciones y trece discos en solitario, más uno que está preparando en el momento de escribir este libro y del que ya se conoce un adelanto, el single «Roxette», una maravillosa versión de The Police.

Hughes apunta que es «uno de los afortunados. He perdido 20 personas en los últimos años a consecuencia de las drogas. El dolor es mío al asistir a sus funerales, uno tras otro, simplemente se fueron. Se me rompe el corazón ver a sus familias. Soy uno de los afortunados. Mi don es la música, tengo que devolverles algo».

TOMMY BOLIN. EL ÁNGEL DE LA DESTRUCCIÓN

Tommy Bolin fue una estrella fugaz maravillosa, que como muy bien definen los manuales de astronomía, son objetos sólidos minúsculos que al atravesar la atmósfera a gran velocidad sufren una gran fricción y arden espontáneamente. Esto produce un efecto visual luminoso de gran intensidad que desaparece casi instantáneamente. Bolin apareció de forma fulminante en la música, brilló con una luz cegadora y desapareció antes de tiempo, llevándose con él un legado que nos negó y que prometía ser extraordinario. No voy a hacer ahora una OPA hostil a la drogadicción y la consabida autodestrucción que la acompaña, hay demasiados casos de desapariciones prematuras por ese concepto como para que sea necesario incidir en ello, pero el caso de Bolin es especialmente sangrante, por su juventud y calidad, y por la sensación unánime de que todavía no había llegado a la cima de su creatividad.

Bolin apareció fulminante en la música, brilló con una luz cegadora y desapareció antes de tiempo.

Thomas Richard Bolin, verdadero nombre de nuestro protagonista, nació el 1 de agosto de 1951 en Sioux City, Iowa: desde muy temprano comenzó a dedicar a la guitarra el tiempo que sus amigos invertían en deportes y juegos infantiles.

Con tan sólo 13 años ya había montado una banda de rock y había llamado la atención de un grupo de músicos semi profesionales llamados Denny and the Triumphs y con los que se fogueó en directo. La banda cambio de nombre por el de Patch of Blue y en 1999, se editó una grabación de dos de sus directos, Live!, donde se puede escuchar a Bolin con apenas 15 años. La grabación se editó al ingresar Tommy Bolin y el resto de la banda en Iowa Rock & Roll Hall of Fame.

Tras varias experiencias efímeras y cambios de domicilio, ingresó en la banda Ethereal Zephyr, nombre de un tren que cubría el trayecto entre Denver y Chicago, y que recortaron por Zephyr cuando las discográficas comenzaron a ojear al grupo. Con Zephyr grabó dos discos, *Zephyr* en 1969 y *Going Back to Colorado* en el 71, ejerció de telonero de Led Zeppelin y adquirió una magnífica reputación como guitarrista. Como curiosidad apuntar que en Zephyr militó a finales de los setenta el bluesman Otis Taylor, pero jamás coincidió con Bolin, tal como apuntan algunas biografías.

Con 20 años se unió a la banda James Gang, con quien registró dos discos, *Bang* en 1973 y *Miami* en el 74. Anteriormente había introducido su guitarra en cuatro temas de *Spectrum* del batería Billy Cobham, colaborador de Miles Davis y Mahavishnu Orchestra. Con *Spectrum* Bolin llegó a ser número 1 del Billboard Jazz Albums americano, lo que le ayudó a colaborar en otro disco histórico, *Mind Transplant*, tercer disco del batería Alphone Mouzon para el sello Blue Note, considerado como uno de los mejores discos de jazz fusión de la historia.

Fue entonces cuando Bolin firmó contrato con el sello Nemperor para grabar su primer disco en solitario, con una serie de colaboraciones entre las que se encontraban David Foster, David Sanborn, Jan Hammer, Stanley Sheldon, Phil Collins y Glenn Hughes.

Pero entonces fue cuando la maquinaria Deep Purple le propuso ingresar como guitarrista, dicen que tras escuchar detenidamente el álbum *Spectrum*. El caso es que Tommy Bolin realizó una prueba para una banda que no conocía, a pesar de su popularidad internacional, encajando perfectamente en Deep Purple y en agosto del 75 marchó con el grupo a Múnich para grabar el álbum *Come Taste the Band*, donde aparece acreditado en la composición de siete canciones.

INSULTANTE JUVENTUD

Bolin no llegó a Purple para sustituir a Blackmore, lo hizo para implantar su sonido con todo el descaro que proporciona la juventud, e impregnó a Deep Purple de aires funk, soul y mucho blues. El disco *Come Taste the Band* es una rara avis en la discografía de Purple, no suficientemente valorado en su día y pieza de culto más tarde. Pero la gira de presentación del disco, sería la más caótica de su historia y por el declive de Bolin, inmerso en una adicción irrefrenable a la heroína que cada día lo llevaba a las puertas del infierno, bajando la calidad como músico y erosionando la relación con sus compañeros. El 15 de marzo del 76 en el Liverpool Empire Theatre de Liverpool, la paciencia de Lord, Paice y Coverdale se agotó, finiquitando el Mark IV.

Bolin se planteó seguir actuando en solitario para presentar su disco *Teaser*, fichó por CBS Records y entró a grabar su segundo álbum llamado *Private Eyes*. El disco se editó rápidamente para no disipar la estela del «guitarrista de Deep Purple», y se lanzó a una gira de presentación como telonero de Jeff Beck y Peter Frampton.

El 4 de diciembre de 1976, algunas horas más tarde de haber tocado en Miami, fallecía a consecuencia de una sobredosis de heroína, mezclada con una ingesta considerable de alcohol, cocaína y barbitúricos.

Desde su muerte la leyenda de Bolin no ha parado de crecer. A día de hoy se pueden contabilizar más de 50 discos que se han publicado desde su muerte. Recopilatorios, reediciones, jam sessions de estudio, directos con varias bandas, etc.. Nunca sabremos lo que se llevó con aquella sobredosis de finales del 76.

JOE LYNN TURNER. SANGRE NUEVA

Joe Lynn Turner tuvo muy poco recorrido en el seno de Deep Purple, pero sin él no se puede entender una etapa muy exitosa de Rainbow.

El verdadero nombre de Lynn Turner es Joseph Arthur Mark Linquito, nació el 2 de agosto de 1951 en la localidad de Hackensack, New Jersey, en el seno de una familia italoamericana temerosa de Dios y amante del bel canto.

El pequeño Joseph creció entre espirituales religiosos, grabaciones de Enrico Caruso y Beniamino Gigli, más las inevitables y siempre bien recibidas lecciones del maestro Frank Sinatra.

De los espirituales fue derivando al gospel en un viaje que lo llevó al blues y al rhythm & blues más clásico, pervirtiéndose cuando escucha por primera vez a Jimi Hendrix, Led Zeppelin o Free, bandas que reconoce de cabecera.

En su juventud se convirtió en un excelente guitarrista, curioso, ya que se hizo popular al servicio de otros virtuosos del mástil. Además de ser un gran vocalista es un mago del acordeón.

Su primera banda importante fue Fandango, formación con la que grabó cuatro discos entre 1977 y 1980, Fandango, Last Kiss, One Night Stand y Cadillac. En Fandango era colíder con el guitarrista Rick Blackmore que fue quien le convenció para cambiarse el nombre artístico, ya que con Mark Linquito no iba a ninguna parte. Fandango tenía influencias de southern rock y rhytm & blues con toques de hard rock. Fueron teloneros de bandas de la talla de The Allman Brothers Band, The Marshall Tucker Band y Billy Joel entre otras. Desgraciadamente las cosas no acababan de despegar y cuando en 1980, tras su actuación en el Chicago Fest, les robaron todo el *backline*, decidieron tirar la toalla y separarse. Fue en ese momento cuando Turner recibió la invitación de Blackmore para ingresar en Rainbow.

Con Rainbow grabó los discos más exitosos en USA, *Difficult to Cure*, *Straight Between the Eyes* y *Bent Out of Shape*, siendo la primera vez que la banda alcanzó el Top 40.

Tras la disolución de Rainbow, Turner lanza un primer disco en solitario llamado *Rescue You*, con Roy Thomas Baker (Queen) a la producción. Un trabajo de glam metal bastante desigual y sin apenas repercusión. Pero aquí nace una faceta de Turner poco conocida y muy lucrativa, al mismo tiempo que le ha aportado un gran prestigio. Su amigo Michael Bolton, le convenció para que se introdujera en el mundo de la publicidad, para colocar su voz en jingles de radio y TV, así como para campañas publicitarias. Hoy en día está considerado como uno de los mejores cantantes de sesión y su voz es la imagen sonora de marcas como Budweisser, Gatorade o la cadena de pizzerías Domino's.

En 1988 se une al proyecto Rising Force de Yngwie Malmsteen y graba *Odyssey*, uno de los mejores discos del guitarrista y álbum que coloca de nuevo en la cima a Turner con una nueva entrada en el Billboard, directamente al número 40, al mismo tiempo que se colaba en el Top 50 de cinco países europeos. Blackmore volvió a necesitar los servicios de Turner, cuando el guitarrista despidió de Deep Purple a Ian Gillan. Turner ingresó en el Mark VI de Purple para una corta estancia. Tan sólo grabó *Slaves and Masters*, el disco más extraño de toda la discografía. Turner marchó tras las presiones de la compañía de discos y del resto de los compañeros deseosos del retorno de Gillan.

Posteriormente la carrera de Turner continuó con la edición de nueve discos en solitario y una recopilación muy especial en el año 2016, *The Sessions*, con la colaboración de músicos como Vivian Campbell, Michael Schenker, Leslie West, Steve Morse o Steve Cropper entre otros. Cabe destacar su aventura junto a Glenn Hughes en el proyecto Hughes Turner Band, además participó de forma intensa en el proyecto de rock progresivo Mother's Army, junto a Jeff Watson, Bob Daisley y Carmine Appice. La carrera musical de Turner también ha pasado por la formación finlandesa Brazen Abbot, el grupo de rock progresivo Rated X y la banda de AOR americana Sunstorm.

Turner grabó *Slaves and Masters*, el disco más extraño de Deep Purple.

Además, Turner tiene una larga lista de colaboraciones que suman casi una centena de grabaciones junto a nombres como Cher, Bonnie Tyler, Lita Ford, TNT, Bonfire, Don Johnson, Michael Bolton y Billy Joel entre otros. Ha trabajado en numerosos tributos a AC/DC, Queen, Aerosmith, Deep Purple, Randy Rhoads, The Cult, Ozzy, Van Halen, Steve Miller Band, The Doors o a los propios Rainbow. Precisamente en 2008 formó una banda tributo llamada Over The Rainbow, donde militaban ex músicos de Rainbow y el hijo mayor de Ritchie Blackmore, Jürgen Blackmore a la guitarra.

Joe Lynn Turner tiene fechas de concierto durante todo el 2018 por Estados Unidos y Europa, terminando el 8 de diciembre en Helsinki, Finlandia... por el momento.

JOE SATRIANI. EL ALIEN QUE PASÓ DE LARGO

H ablar de Joe Satriani en Deep Purple es una mera anécdota. Muy posible-mente debería aparecer en la sección de miembros destacados de la saga pero, en realidad militó en Deep Purple, durante muy poco tiempo, aunque fue miembro oficial de la banda.

Joseph Satriani nació el 15 de julio de 1956 en Westbury, Nueva York. Era des-cendiente de una familia italiana que emigró desde Piacensa y Bobbio. Dicen que comenzó a tocar la guitarra cuando se enteró de la muerte de Jimi Hendrix con 14 años y abandonó una carrera prometedora como futbolista.

Satriani se inició en el mundo de la música como profesor de guitarra, entre sus alumnos destacan Steve Vai, Kirk Hammett de Metallica, David Bryson de Counting Crows, Kevin Cadogan de Third Eye Blind, Larry LaLonde de Primus and Possessed, Alex Skolnick de Testament, Rick Hunolt de Exudus, Phil Kettner de Lääz Rockit, Geoff Tyson de T-Ride, Tom Morello de Rage Againts The Machi-ne, Marty Friedman de Megadeth, Charlie Hunter, David Turin y Eric Kauschen.

Satriani tiene una discografía impresionante, tan sólo discos firmados bajo su nombre podemos encontrar 15 trabajos en estudio, más numerosos direc-tos, y obras firmadas con compañeros de viaje. Ha sido nominado en 15 oca-siones a los premios Grammy, aunque a fecha del cierre de este libro, no ha conseguido ninguno. Algo que segura-mente no le quita el sueño, sobre todo porque ha vendido más de doce millo-nes de discos.

Satriani les inyectó alegría y fuerza.

Satriani entró en Deep Purple para sustituir a Blackmore que abandonó la banda por segunda ocasión y pare-ce que definitiva. El 2 de diciembre de 1993 en Nagoya, Japón, Satriani dio el primer concierto con Purple, terminó la gira por el país nipón y realizó toda la gira europea de la banda, programada para el verano de 1994. El último concier-to de Satriani con Deep Purple fue el 5 de julio de 1994 en Kapfenberg, Austria. Tan sólo nueve meses con Deep Purple, pero todos los músicos del Mark VI, ase-guran que Satriani les inyectó alegría y fuerza, algo que habían perdido desde hacía algún tiempo. Les enseñó a divertirse de nuevo encima de un escenario y en cierta manera les preparó para lo que vendría después, el resto de su carrera.

STEVE MORSE. EL TODOTERRENO INCANSABLE

E s muy curioso lo que ocurre con Steve Morse, que se repite en numerosas
ocasiones a lo largo de la historia del rock. Morse es guitarrista de Deep Purple desde el año 1994, sin embargo para muchos de los fans de Deep Purple
sigue siendo el nuevo, dejando el puesto del eterno guitarrista púrpura a Ritchie Blackmore, el cual sí que es miembro fundador, pero en realidad estuvo en
Purple 13 años en dos periodos de tiempo.

Steven J. Morse nació en Hamilton, Ohio, el 28 de julio de 1954, en el seno de
una familia de músicos, donde la música era parte de la vida cotidiana. Desde
pequeño se le inculcó el estudio y disfrute del piano y el clarinete, pero Morse
desarrollo una afición prematura a la gui-
tarra que sería por lo que se le reconocería
posteriormente.

Su familia fue dando tumbos a lo largo
de su infancia, hasta que se aposentó en
Augusta, Georgia, donde asistió a una de
las escuelas públicas de secundaria más
antiguas de los Estados Unidos, la Aca-
demy of Richmond County. Morse fue expulsado de la institución, aunque hoy en
día sigue reflejado en el listado de alumnos
célebres del centro, junto a políticos, pre-
sentadores de televisión o entrenadores de
la NFL. Entró en la Escuela de Música de la
Universidad de Miami, en una época en la
que impartían conocimientos Pat Metheny
y Jaco Pastorius entre otros. Allí participó
en un proyecto llamado Rock Ensemble II,

Sin Morse, Deep Purple hubiera dejado
de existir hace décadas.

llegando a realizar una grabación promocional que se editó en 1997 de forma
comercial bajo el nombre de The Great Spectacular.

En 1975 crea el embrión del grupo Dixie Dregs junto a su compañero de
colegio y amigo Andy West que se encargaba del bajo. Con Dixie Dregs llegó a
grabar nueve discos hasta 1994, con una mezcla instrumental de southern rock,
hard, jazz y folk; una fórmula que le valió ser nominado a los premios Grammy.
El sonido de la banda le interesó al sello Capricorn Records y al manager de Allman Brothers Twiggs Lyndon, que a finales del 76 firmó contrato con el grupo.
Tres años más tarde el sello quebró y la banda se vio envuelta en la venta del
catálogo a Arista Records, que tras una inversión original, quiso recuperar en

forma de beneficios el esfuerzo, obligando al grupo a recortar el nombre a The Dregs porque supuestamente resultaba más comercial. En 1983 se separaron y no volvieron a juntarse hasta el final de la década.

Tras la separación de Dixie Dregs, creó la Steve Morse Band y desde entonces no ha parado de grabar y tocar bajo ese apelativo o en solitario. Se le contabilizan una totalidad de quince obras entre 1984 y 2011. También pasó por el grupo de rock progresivo Kansas, posiblemente no estaban en su mejor momento, pero participó en su último gran éxito, «All I Wanted», que alcanzó el Billboard Top 20 con Morse en los créditos de composición. La experiencia de Kansas se truncó cuando fue requerido por Deep Purple.

Steve Morse entró en Deep Purple a finales de 1994 y el 23 de noviembre se presentó en el Palacio de Deportes de México DF.

Morse ha grabado los seis últimos discos en estudio de Deep Purple, aparece en gran cantidad de directos, videos y DVD's, es pieza imprescindible de la banda desde 1994 y en cierta manera lidera la fuerza en escena del grupo. Ha sabido conservar la esencia de Purple y recrear una fuerte personalidad. Es evidente que sin Morse, Deep Purple hubiera dejado de existir hace décadas.

DON AIREY. SUSTITUYENDO AL JEFE

Se trata del último músico en llegar a Deep Purple, pero ni mucho menos es ajeno a la saga, de hecho, ha sido uno de los pocos músicos que ha militado en Rainbow, Whitesnake y Deep Purple.

Donald Smith Airey, más conocido como Don Airey, nació en Sunderland, Inglaterra, el 21 de junio de 1948, por lo que este año alcanza los 70 años. Comenzó muy joven a manejarse bien entre partituras y teclas, debido a que su padre, pianista aficionado, le inculcó el instrumento y a los 7 años ya lo manejaba perfectamente. Terminó sus estudios musicales en la Universidad de Nottingham y en el Royal Northern College of Music, pero aunque su formación es básicamente clásica, su amigo Cozy Powell se lo llevó un año de gira con el grupo Cozy Powell Hammer.

Desde entonces Airey ha construido un curriculum imponente y una reputación a prueba de todo tipo de cataclismos. La lista de los discos que ha grabado sobrepasa los 120 trabajos, de los cuales sólo cuatro álbumes están firmados en primera persona: *K2* (1988), *A Light in the Sky* (2008), *All Out* (2011) y *Keyed Up* (2014).

La lista de bandas con las que ha grabado es envidiable, pudiendo comprobar que ha militado en grandes nombres de la música rock, hard rock y heavy metal: Black Sabbath, Ozzy Osbourne, Michael Schenker Group, Gary Moore (tanto en su etapa rockera como los inicios en el blues), Helix, Jethro Tull, Colosseum I y II, Tony Iommi, Thin Lizzy o Judas Priest, son algunos de ellos. Su primera banda importante fue Colosseum II con la que grabó tres discos en dos años, *Strange New Flesh* (Bronze Records.1976), *Electric Savage*, (MCA Records. 1977) y *War Dance* (MCA Records. 1977).

Don Airey, el teclista del hard rock.

Tras varias colaboraciones, en el 78 aparece en *Never Say Die!* de Black Sabbath. Tras esa experiencia, graba un disco con Bernie Marsden, *And About Time Too*, músico que terminó militando en Whitesnake. No obstante ese mismo año entra en estudio con su amigo Cozy Powell y deja plasmado el álbum *Over The Pop*, siendo arrastrado por Powell a Rainbow, donde grabó los discos *Down To Earth* y *Difficult to Cure*.

Fue requerido por David Coverdale para la metamorfosis de Whitesnake. Airey trabajó intensamente en el sonido del álbum *Whitesnake*, conocido como *1987* y en *Slip Of The Tongue*, los discos que hicieron de la banda un auténtico fenómeno musical en USA. Entre 1998 y 2002, formó parte de The Snakes, que posteriormente pasó a llamarse The Company Of Snakes, banda formada por los ex Whitesnakes Bernie Marsden y Micky Moody.

En 2001 fue solicitado por Deep Purple para sustituir a Jon Lord, lesionado en una rodilla. Lord le dejó como herencia sonora, su *Hammond C3*, instrumento que estuvo tocando hasta que lo desechó, primero por viejo y después porque comenzó a imponer su sonido, con su propio material. Oficialmente es miembro de Deep Purple desde el 2002.

Con Purple ha participado en todos los discos desde *Bananas* y de esta forma ha configurado la última formación del grupo, el Mark IX.

El 18 de enero de 2017, Don Airey fue uno de los primeros músicos en ser incluido en el nuevo The Heavy Metal Hall Of Fame.

CAPÍTULO II

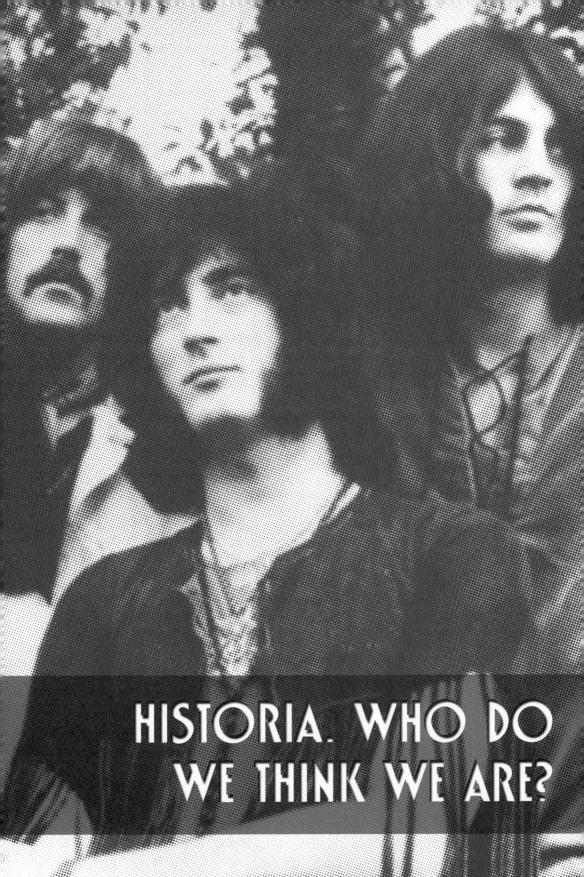

HISTORIA. WHO DO
WE THINK WE ARE?

II. HISTORIA.
WHO DO WE THINK WE ARE?

Deep Purple es una de las bandas más importantes de la historia de la música rock, punta de lanza de un género que endureció el sonido original, tránsfuga del blues, y creó las bases del denominado hard rock o heavy metal. Junto con Led Zeppelin y Black Sabbath, traspasaron la frontera de la innovación y se convirtieron en leyenda. Sólo hace falta echar un vistazo a sus números para quedar impresionado:

20 álbumes en estudio, 27 álbumes oficiales en directo, 15 recopilaciones oficiales, 34 singles, 24 vídeos oficiales en directo. Se calcula que a finales de 2017 había vendido más de 130 millones de copias, sin incluir en esas estadísticas los números de su último álbum en estudio *Infinite*, la última recopilación llamada *A Fire in the Sky* y el último directo, *The Infinite Live Recordings*.

Sin duda, números que cortan el hipo y que vistos con la distancia parece que el camino haya sido sencillo y no es así. La historia de Deep Purple es enrevesada, cruel en ocasiones, con una trama virulenta y a veces desagradable, que bien podría pertenecer a una novela gótica anglosajona de finales del siglo XIX, de aquellas donde las sagas familiares se descomponen por avaricia, envidias, cuestiones de honor y celos, en las cuales nadie es bondadoso y todos pueden llegar a ser perversos, en fin, un culebrón borrascoso.

Sin adelantarnos a temas que trataremos en este capítulo, tan sólo basta esgrimir que quien inició el proyecto que más tarde se llamaría Deep Purple, jamás perteneció a él, mientras que quien fue líder y máximo creador durante una de las épocas más gloriosas, ha terminado defenestrado por el resto de la banda, repudiado en público e ignorado en el mejor de los casos...

DEEP PURPLE

AIRES DE CAMBIO EN LA VIEJA ALBIÓN

Deberíamos echar un vistazo al panorama musical británico de aquellos años, para así entender mejor el inicio del embrión de Purple y su eclosión en un proyecto mutante que ha escrito muchas páginas de la historia de la música rock.

A mediados de la década de los sesenta, el blues ya había germinado en la juventud inglesa y la escuela musical que sobre todo encabezaron Alexis Korner y Cyril Davies en primer lugar y John Mayall más tarde, había dado sus frutos, creando una colmena musical numerosa y de gran calidad, que llegaría a su máximo esplendor en 1966 con la edición de *Bluesbreakers with Eric Clapton* de John Mayall y sus acólitos. Por otro lado tenemos el merseybeat, sonido que nació en la región de Merseyside y principalmente en la ciudad de Liverpool alrededor de The Cavern Club; con The Beatles como máximo exponente y punta del iceberg, que había relegado el sonido británico a una legión de bandas de sonido similar.

Estos dos principales movimientos llegaban, por distintos caminos a sus años de decadencia, más acrecentados por la invasión británica protagonizada por The Beatles primero y más tarde por las bandas del rhythm & blues británico, como The Rolling Stones, The Dave Clark Five y The Animals.

The Beatles cambian su rumbo, primero con *Revolver* en 1966 y más tarde con *Sgt. Pepper's Lonely Hearts Club Band*; el beat se les había quedado pequeño y ellos habían crecido demasiado cómo músicos y compositores; la solución era romper los límites impuestos por la etiqueta y explosionar creativamente, al mismo tiempo que firmaban la defenestración del sonido merseybeat.

En el otro extremo de la cuerda, las cosas estaban cambiando de forma muy acelerada. El 23 de octubre de 1966 se publicó el single «Hey Joe/Stone Free», de un extraterrestre negro y zurdo llamado Jimi Hendrix y ya nada volvería a ser igual. El trío formado por Ginger Baker, Jack Bruce y Eric Clapton elevaba el rhythm & blues a la estratosfera musical. The Yardbirds, tras la marcha de Clapton, endurecen su sonido primero con Jeff Beck y más tarde con Jimmy Page.

Con un panorama cambiante, entra con fuerza el underground británico, con locales como el UFO Club, The Marquee y The Roundhouse, donde bandas como Pink Floyd inician su carrera sumergiéndose en los aires lisérgicos que emana la incipiente psicodelia importada desde los Estados Unidos.

Todo esto genera una atmósfera perturbadora e hipnótica donde los restos del merseybeat, las influencias del rhythm & blues y los efluvios psicodélicos, crean un camino a seguir para encontrar el alma, corazón y valor de nuestro proyecto protagonista.

1968. ROUNDABOUT, LA ANTESALA DE DEEP PURPLE

En esta Inglaterra que hemos descrito, se sentía prisionero Chris Curtis, un músico que había vivido los años dorados del merseybeat como batería y cantante de la banda The Searches, con quien llegó a tener singles de gran éxito («Needles and Pins», «Sugar and Spice» y «Don't Throw Your Love Away»), hasta el punto de rivalizar con The Beatles en ocasiones. Pero, ni tenían la imagen, ni ese carisma de los cuatro de Liverpool y se perdieron en el camino de la desintegración del beat.

Curtis escribía la mayoría de los temas originales y le dio un nuevo sentido a la batería, introduciendo timbales, cencerros, castañuelas, incluso campanas, ofreciendo un abanico de sonidos que resultaban refrescantes para aquellos años. Sin embargo tenía una personalidad bipolar, que alimentó con el consumo de drogas de todo tipo. A su carácter retraído y poco sociable, se le debía sumar comportamientos irregulares, violentos en ocasiones y mayormente incomprensibles. Se peleó públicamente con Ray McFall, dueño y señor del Cavern Club, local por donde pasaba todo el que quería existir en la isla y que se cerró a cal y canto para la banda. En abril de 1966, durante una gira por Filipinas y Australia, donde The Searchers teloneaban a The Rolling Stones, Chris Curtis iba tan cargado de sustancias que se cayó de la batería. Abandonó The Searchers y decidió emprender una carrera en solitario, cuyo inicio fue la grabación de un single con el tema «Aggravation», una versión de Joe South. El sencillo se grabó con músicos de sesión entre los que se encontraban Jimmy Page y John Paul John que años más tarde formarían parte de Led Zeppelin. «Aggravation» consiguió rápidamente el beneplácito de las listas de singles, alcanzando el puesto 19 en junio de 1966, pero desgraciadamente desapareció más rápido en el olvido.

Fue cuando Chris Curtis en uno de sus momentos de lucidez brillante o locura explosiva, llamó a Tony Edwards, manager y empresario al que le propuso la idea de un nuevo proyecto musical. Según contaban Edwards años más tarde Curtis le estampó en la cara: «Quiero que seas mi manager. Te enseñaré todo lo que hay que hacer. Ahora que el jodido Brian Epstein ha muerto, tú serás el nuevo Epstein».

Curtis compartía apartamento con un pianista llamado Jon Lord, de amplia experiencia como músico de sesión, curtido como músico en The Artwoods, Santa Barbara Machine Head o The Flowerpot Men, a quien convenció para involucrarse en el proyecto. Según Lord, su compañero de piso, tenía una luz mental que le atrajo desde el principio. «No sé cómo sucedió. Me dijo que había conocido a un hombre de negocios que estaba realmente interesado en poner dinero».

Ese hombre era Tony Edwards que aceptó la ilusión de Curtis como proyecto de futuro. «Me dijo que tenía la banda. Le contesté que quería verla y entonces se me quedó mirando, sonrió y se dio unos golpes en la cabeza. ¡Aquí están! Me enganchó su entusiasmo». Con Lord dentro del paquete, Chris Curtis le habla de un joven guitarrista que conoció en Hamburgo y que era perfecto para el nuevo proyecto. Inglés, taciturno, pocos amigos, amante del ruido y nada extravagante, así es como describió a Ritchie Blackmore, quien a punto de embarcarse en un nuevo combo de trabajo, decidió apostar por Curtis y se presentó en Londres con la intención de comenzar a ensayar.

El concepto según Curtis era muy sencillo, ellos en el centro del grupo y músicos satélite entrando y saliendo según las necesidades de cada tema. Una idea complicada en estudio, pero inviable en directo, donde quería presentar sus conciertos con un gran tiovivo y un desfile de músicos entrando y saliendo del mismo. El nombre ya estaba pensado, el grupo se llamaría Roundabout.

Creado el embrión de la banda, con teclado, guitarra, y cantante, dejando en principio la batería aparcada, de los primeros días musicados en el apartamento de Lord, salieron varias versiones muy personales y el tema «And The Address» que abriría el álbum debut de Deep Purple. Desde el principio Lord y Blackmore vieron que su química funcionaba, sin embargo no estaban convencidos que la mente errática de Curtis aguantara el tirón, cargada de fantasías y comportamientos preocupantes, como el numerito que le montó a Lord en cierta ocasión: «Todo mi apartamento estaba cubierto con papel de plata. Las mesas, las sillas, el inodoro, todo. Sabía que lo había perdido. Era bastante ingenuo, sabía lo que era el ácido».

De su desaparición se encargaron Tonny Edwards y sus socios John Coletta y Ron Hire, que formaban parte de Hire-Edwards-Coletta Enterprises (HEC). Estaban dispuestos a jugarse la pasta por un proyecto serio, más teniendo en cuenta que adivinaron un talento especial en Jon Lord y Ritchie Blackmore, pero no pretendían seguir subvencionando el LSD de Curtis y sus alocadas tribulaciones, por lo que le despidieron.

Cuando Curtis fue expulsado de la banda, Roundabout ya tenía una primera formación estable con Woodman Clarke, músico del ídolo francés Johnny Hollyday a la batería y Dave Curtiss de la banda The Tremors al bajo, ocupando Curtis la posición de vocalista y líder. Curtis no asimiló muy bien su expulsión y abandonó la música, entrando a trabajar en la hacienda pública británica, de donde fue jubilado dos décadas después al sufrir una enfermedad psíquica denominada Síndrome del Edificio Enfermo. En su retiro encontró refugio en la religión y en 1998 regresó a la música con la banda Merseycat, grupo de pop cristiano. Murió el 28 de febrero de 2005, tranquilamente en su hogar, a los 63 años.

Mark I y su imagen psicodélica.

1968-1969. MARK I. COMIENZA A GIRAR LA MÁQUINA

La nueva situación de la banda implica renovar los conceptos y alejarse de las locuras que Curtis había planeado. La nueva realidad era que los inversores habían confiado en Jon Lord y Ritchie Blackmore. Creativamente poderosos y apoyados por el dinero de HEC, comienzan a diseñar la nueva banda, donde no tiene cabida Dave Curtis, quien en febrero de 1968 es sustituido por Nick Simper.

Con la configuración definida finalmente con Ritchie Blackmore, Jon Lord, Nick Simper y Bobby Woodman, Roundabout sólo necesita encontrar cantante mientras ponen en marcha la maquinaria. Se instalan en Deeves Hall, una granja del norte de Londres para ir rodando temas y probando vocalistas, dos ejercicios de ardua complejidad, primero porque lo que buscan al frente de la banda no lo tienen claro ni ellos mismos. Tan sólo recibían la visita de Tony Edwards, para reponer subsistencias y comprobar cómo se desarrollaba su inversión, marchándose bajo claros síntomas de depresión en cada visita, porque el camino tomado no estaba muy claro. «No entendía el tipo de música que estaban creando», explicaba Edwards. «Estaba horrorizado, pero creía en una integridad artística y sentía que sabían mejor que yo lo que estaban haciendo.»

■ **Nuevas incorporaciones**

Con Lord perdido en las vicisitudes psicodélicas de bandas como Vanilla Fudge y Blackmore intentando hacer cada día más ruido con su guitarra, se dieron

Actuación en TV, interpretando «Hush».

cuenta de que no sólo no tenían cantante, sino que tampoco tenían el batería adecuado. En este caso la sintonía en la necesidad de romper era compartida, porque Woodman tenía numerosas ofertas de trabajo muy bien remunerado y aseguraba que este proyecto no funcionaría jamás.

Entre los cantantes que se presentaron, algunas biografías apuntan que estuvieron a un paso de fichar a Terry Reid, pero que el guitarra y vocalista no aceptó. De ser cierto Terry Reid habría rechazado ser el vocalista de dos de las mejores bandas de hard rock de la historia, porque también rechazó el ingreso ofrecido por Jimmy Page en The New Yardbirds, a la postre Led Zeppelin.

Quien sí aceptó fue Mick Angus, vocalista de la banda Mark Barry y un bebedor de cerveza compulsivo. Pero ironías del destino, sumado a la falta de escrúpulos de los protagonistas de nuestra historia, hicieron que Angus las viera pasar de canto. Nada más llegar al grupo les comunicó que conocía un batería portentoso y muy joven que además, tocaba el doble bombo, lo que provocó erecciones en Blackmore. El perturbador batería era Ian Paice de la banda The Maze, quien una vez confirmado su fichaje por Roundabout les comunicó a sus nuevos compañeros que el vocalista de The Maze, un joven delicado llamado Rod Evans, era idóneo para el puesto en lugar de su amigo Angus. La prueba de Evans no fue muy convincente, pero cuando empezó a tararear una idea que le rondaba la cabeza sobre una versión híper-lenta de «Help» de The Beatles, Blackmore y Lord echaron a Barry, que terminó trabajando de *roadie* del grupo.

Tenemos en marcha el Mark I, con Blackmore, Lord, Simper, Paice y Evans, pero todavía como Roundabout de apelativo. Tony Edwards deseoso de comenzar a recuperar su inversión les mete en los estudios Trident de Londres en marzo de 1968, sin apenas cohesión entre la banda. Blackmore impone un productor que conoce de sus años con Joe Meek, llamado Derek Lawrence, quien se convertiría en el artífice del sonido Purple de los tres primeros discos.

Con él graban una demo en la que destaca la versión de «Hush» un tema de Joe South que había sido popularizado por Billy Joe Royal, más la versión de The Beatles «Help!», y dos nuevos temas; «Love Help Me» compuesto antes de la llegada de Evans y Paice, más «Shadows», escrita y desarrollada rápidamente en el estudio. Con esta cinta HEC consiguió un contrato discográfico con EMI y otro de distribución en Europa con el subsello Parlophone. La cinta es enviada al sello americano Tetragrammaton Records, pero se elimina «Shadows» por su complejidad y sonido duro. La discográfica americana confirma su decisión de fichar y mover al grupo en USA.

Tony Edwards, un vendedor de ropa aficionado a la música, por fin tenía algo tangible con lo que ver el futuro, pero todavía debería desembolsar más dinero, primero para la ropa del grupo, con un *look* muy *sixtie* pero elegante que les proporcionó de inmediato, ya que la banda Roundabout debía realizar una gira por Escandinavia que comenzaría el 20 de abril de 1968 en Tastrup, Dinamarca, y en segundo lugar se tenía que comprar un Hammond para Lord, porque era un músico sin instrumento, tocando siempre de prestado.

La gira por Dinamarca fue anunciada según Simper como Roundabout, pero en los carteles también decía en algunos locales Flowerpot Men y Artwoods. Fue una experiencia sorprendente, el encontrase por primera vez con el público y sobre todo un *shock* verse a ellos mismos en escena. «Cuando empezamos a tocar en vivo, me sorprendieron las payasadas de Ritchie.» Apunta Lord, «era maravilloso, muy atlético. Ritchie era un gran showman. Salía a mediados de los sesenta, con la guitarra detrás de la cabeza. La idea era que no íbamos a ser como una banda hippy de California. Íbamos a tocar alto y fuerte».

■ Primeras presentaciones

A la vuelta de la gira debían solucionar el tema del nombre, pero ahí volvió a surgir la fuerte personalidad de Blackmore, quien impuso Deep Purple, un viejo tema del pianista americano Peter Rose que había hecho popular un dúo formado por Nino Tempo y April Stevens en 1963, la canción favorita de su abuela. Aceptaron el nombre de Deep Purple, desconociendo la existencia de un ácido muy popular entre la juventud americana, sobre todo en California.

El 11 de mayo de 1968, Deep Purple entra en los estudios Pue de Londres, durante tres días y bajo las órdenes de Lawrence como productor y con Barry Ainsworth como ingeniero. Dos días para grabar cuatro temas propios y cuatro versiones, y un tercer día para mezclar. Las grabaciones fueron en directo y sin apenas tomas, gracias a los conciertos de Dinamarca.

Las primeras presentaciones en directo como Deep Purple, ocurrieron los días 18 y 25 de junio en sendas actuaciones en la BBC, previas a shows en la isla y apariciones en televisiones europeas. El primer single, «Hush» es publicado en el Reino Unido en junio del 68 y en Estados Unidos un mes más tarde. El éxito es rotundo, alcanzando un inimaginable puesto número 4 del Billboard Hot 100, un número 2 en Canadá, mientras que en el Reino Unido fue ignorado.

Tetragrammaton se volcó con la banda, lo que significó que el resto del año Deep Purple trabajaron en Estados Unidos y gran parte del público británico

En el programa Playboy After Dark, rodeado de playmates.

pensó que en realidad se trataba de otra banda yanqui.

El álbum *Shades of Deep Purple* se editó en Estados Unidos en julio de 1968 y Tetragrammaton quería perpetuar el éxito del disco con un nuevo álbum ese mismo año. Resulta curioso que cuando Deep Purple regresan a Inglaterra tras la promo de Estados Unidos y con la intención de entrar urgentemente en estudio para grabar el segundo, su álbum debut todavía no ha sido editado por EMI,

que lo pone en las tiendas en septiembre de ese mismo año. Según aclaraba Simper: «EMI no hizo nada, eran tipos viejos y estúpidos».

La banda entra en los De Lane Lea Studios de Londres en agosto de 1968, para componer y grabar su segundo disco *The Book of Taliesyn*, y salir con un master que contiene tres temas propios y tres versiones, más uno a medias, ya que el tema «Exposition» lleva empalmado un cover poco afortunado del tema «We Can Work It Out» de The Beatles.

El 16 de octubre comienza la gira americana de Deep Purple en Los Ángeles Forum, teloneando a Cream en su gira de despedida, pero la popularidad de la banda se dispara cuando Tetragrammaton, sello que está financiado por el cómico Bill Cosby, tira de contactos y les consigue una promoción increíble al salir en el programa de televisión de Hugh Hefner, dueño y señor del universo *Play-*

boy. Comentaba Lord, «en nuestra segunda noche en América fuimos invitados a una fiesta en el ático del Playboy Club. Durante esa noche, Hefner dijo "¿quieres estar en mi programa de televisión? Tu guitarrista podría pretender enseñarme a tocar la guitarra"», y así fue, Deep Purple salió en el programa *Playboy After Dark*, rodeado de playmates, interpretando en directo «And The Address» y el archiconocido «Hush», al mismo tiempo que Lord era entrevistado por Hefner.

■ Cuando la amistad se larga por la ventana

La banda regresa al Reino Unido para año nuevo, pasando de ser aclamados como héroes por grandes audiencias a tener que tocar en el sindicato de estudiantes de Goldsmith's College en el sur de Londres, para menos de 200 personas. Ese contraste también comienza a deteriorar las relaciones entre los compañeros: «Una vez que empezamos a ganar dinero, la amistad se fue por la ventana», recuerda Simper. «Ritchie estaba particularmente indignado porque Rod Evans y Jon Lord tenían el lado B y recibían algunos dólares.» El single de «Hush» estaba acompañado en la cara B por el tema «One More Rainy Day» firmado sólo por Lord y Rod Evans, con lo cual en un single que vendió miles de copias, los que más cobraban eran Jon Lord y Rod Evans.

The Book Of Taliesyn se lanzó en Estados Unidos en octubre del 68, cuando la banda todavía estaba presentando el primero. La recepción no fue tan buena, ya que no escondía ningún single como «Hush». En su defecto el primer single fue la versión de «Kentucky Woman» de Neil Diamond, alcanzó el puesto 38 del Billboard Hot 100. El single venía acompañado de un instrumental llamado «Hard Road» en Estados Unidos y cuyo auténtico título es «Wring That Neck», todo un clásico de sus conciertos, que traspasó a las giras del Mark II, e incluso se podía escuchar en sus conciertos de hace diez años.

El sonido de la banda se había oscurecido, bajo la dualidad de Hammond / guitarra, o lo que es igual, la lucha por el liderazgo de Lord y Blackmore.

Tras algunos conciertos en UK, apariciones en televisión y un par de actuaciones en Dinamarca, Deep Purple entra en marzo del 69 a grabar su tercer disco, de título homónimo y a la larga el último y más flojo de los grabados como Mark I. Aquí parece que sean dos bandas diferentes, una empujada por Lord y otra arrastrada por Blackmore, pero no hay conjunción ni frescura.

Una vez acabadas las mezclas y enviado el material a Estados Unidos para su fabricación, la banda inicia su nueva gira americana el 1 de abril del 69 en el Eastern Washington State College de Tacoma, Washington, un tour que les llevará por 30 recintos en USA y algunas fechas aisladas en Canadá, finalizando el 29 de mayo en el Gillian's Buffalo de Nueva York.

Pocos días después de finalizar la gira americana se lanza el tercer disco en Estados Unidos, no exento de polémica al aparecer en portada un cuadrante del tríptico sobre madera *El Jardín de las Delicias* del pintor holandés del siglo xv El Bosco. En él se puede apreciar una visión bastante macabra del juicio final, que fue muy mal recibida en un país tan hipócritamente puritano como es Estados Unidos, donde se interpretó como una crítica a la religión. Su demencia religiosa les llevó a prohibir el disco en algunas cadenas de tiendas y un buen número de emisoras de radio se negaron a pincharlo. El resultado fue la recepción más baja hasta la fecha, con un deprimente puesto 162 del Billboard.

A mitad del tour americano, Lord, Paice y Blackmore habían comunicado a John Coletta que no querían que Nick Simper ni Rod Evans siguieran. Coletta les aceptó la demanda, pero al mismo tiempo les exigió silencio absoluto hasta que no se finalizaran las fechas contratadas, el fin del tour americano y las ocho fechas británicas que quedaban en junio, más un concierto en Bruselas.

Es otro de los episodios más sucios de la historia de Deep Purple, el vacío que sufrieron Evans y Simper fue denigrante, un *bullying* en toda regla.

Cuando terminaron los compromisos, el 4 de julio del 69 en Top Rank de Cardiff, Ballroom, en una actuación auspiciada por la BBC, Evans y Simper marcharon sin saber que recibirían una comunicación donde se les avisaba que sus servicios en Deep Purple no serían nuevamente requeridos. Para colmo de mal gusto y obscenidad moral, Rod Evans recibió la notificación en Estados Unidos donde estaba preparando su boda.

El Mark I había terminado para siempre, algo que estaba escrito y que era necesario, pues la creatividad musical así lo planteaba, pero ciertamente fue de la peor manera posible.

1969-1973. MARK II. NACE LA LEYENDA

La cronología nos ofrece una visión más desagradable del final del Mark I e inicio del Mark II. A mitad del tour americano a principios de mayo del 69, Lord, Paice y Blackmore, comunican a John Coletta que no quieren a Simper y Evans en la banda. El 4 de junio, seis días antes de iniciarse la gira británica, Lord y Blackmore ofrecen a Ian Gillan entrar en Deep Purple, tras un concierto de Episode Six en el Ivy Lodge Club de Woodford Green, Essex. El 7 de junio Deep Purple aparece en el programa Beat Club, de Radio Bremen TV (Alemania). La actuación en el

programa está marcada como Mark II. El 10 de junio comienza la gira británica en el Cambridge College de Londres, última gira el Mark I de Deep Purple. El 4 de julio el Mark I ofrece su último concierto en el Top Rank de Cardiff. El 10 de julio, sólo seis días después, el Mark II se presenta oficialmente en concierto, en la sala Speakeasy Club de Londres, mientras que Nick Simper y Rod Evans estaban supuestamente de vacaciones. El 10 de julio se publicó el single «Hallelujah» acompañado de «April Part One» en la cara B.

No es necesario explicar nada más, para comprobar la maniobra tan miserable que realizaron con Evans y Simper, los cuales al final recibieron tres meses de sueldo y su parte del *backline*. Simper aceptó 10.000 libras de indemnización para no cobrar más royalties, mientras que Evans salió ganando al no aceptar el trato y seguir cobrando royalties durante muchos años.

Cuando Lord y Blackmore estaban buscando sustitutos para Simper y Evans, el antiguo compañero de Blackmore en The Outlaws Mick Underwood y actualmente en Episode Six, banda con claros síntomas de descomposición, sugirió a Ian Gillan como vocalista de Deep Purple. Gillan aceptó la oferta pero incluyendo en el trato a Roger Glover, bajista de Episode Six y clave para Gillan en las tareas de composición. Clandestinamente estaba formado el Mark II de Deep Purple, y clandestinamente entraron en estudio para grabar el tema «Hallelujah», que serviría de presentación de la nueva formación y ayudar al grupo a una transición más cómoda.

Pero el single no tuvo ninguna repercusión, ni siquiera entró tímidamente en las listas. En Estados Unidos la discográfica Tetragrammaton, había perdido

Mark II la fuerza del hard rock.

el apoyo de algunos socios, entre ellos Bill Cosby, pasando por serios apuros económicos que impidieron trabajar el single, mientras que en el Reino Unido eran unos perfectos desconocidos. Gillan y Glover tuvieron escasamente un par de semanas para aprenderse el repertorio de Purple, más una semana para conjuntarse con el resto del grupo, antes de lanzarse a su primera gira como Mark II, siendo su primera actuación oficial el 1 de julio en el Speakeasy Club de Londres, como ya se ha apuntado anteriormente. No realizan demasiados conciertos, entre julio y agosto serán un total de 12 actuaciones, debido a que cinco conciertos se caen del calendario sin motivo justificado. Algunas de las actuaciones son teloneando bandas importantes, como en el Festival Jazz Bilzen de Bélgica, donde abren con nombres como Yes, Soft Machine y Humble Pie como principales reclamos; o en Ámsterdam donde vuelven a encontrarse con Yes, siendo Brian Auger y Jimi Hendrix los máximos atractivos. Siempre se trata de una de las bandas que abren, nunca reconocida.

■ Una bomba de relojería

Tony Edwards tenía en mente la promoción que les colocaría en primera fila del rock británico, el estallido definitivo de Deep Purple en su propia casa, un montaje que llamaría la atención de todos los medios de comunicación aportando una publicidad que ni podía pagar, ni nadie aceptaría hacerlo. Retomar una vieja proposición de Lord, juntar sobre un escenario un grupo de rock y una orquesta clásica. «Jon Lord me dijo al final de una gira por Estados Unidos, que siempre había soñado con escribir un trabajo que pudiera ser interpretado por un grupo de rock y una orquesta sinfónica», recuerda Edwards. «Reservé el Albert Hall y se horrorizó. Una vez que superó el shock, pensó que era maravilloso».

Blackmore no estaba de acuerdo con esa línea de trabajo y apostaba por la radicalización del sonido, abrir una vía nueva en el rock. Si bien siempre había tenido que soportar esa dualidad entre su música y la de Lord, ahora tenía más argumentos para presionar; la banda no terminaba de despegar y Led Zeppelin había editado en enero de ese mismo año su disco debut, una bomba de relojería que reventó las neuronas de Blackmore.

Los gerentes de Deep Purple contrataron a Malcom Arnold como director de la Royal Philharmonic Orchestra, quien ya había ganado un Oscar en 1957 con la banda sonora de *El Puente Sobre el Río Kwai*. El 24 de septiembre de 1969, se presentó en el Royal Albert Hall de Londres, el *Concerto for Group and Orchestra*, compuesto por Jon Lord e interpretado por Deep Purple y The Royal Philharmonic Orchestra, dirigida por Malcom Arnold. Tony Edwards contó con el patrocinio de *The Daily Express*

Tres años de actividad frenética que acabó con ellos.

y British Lion Films, estos últimos realizaron la filmación del evento para su futura emisión en TV o edición en vídeo.

El concierto logró lo que se pretendía, para bien o para mal, Deep Purple apareció en todos los periódicos y tabloides británicos, en las emisoras de radio e incluso en la televisión. Días antes del concierto todo el país conocía la banda en una campaña de publicidad brillante e innovadora, jamás se habían juntado en un mismo escenario una banda de rock y una orquesta sinfónica.

Además de la composición de Lord, se introdujeron tres temas de Deep Purple en el *set list* de la noche, «Hush», «Wring That Neck» y el tema nuevo «Child in Time», que sirvió de presentación perfecta de una excelente vocalista que encandiló a la audiencia.

El disco se editó en Estados Unidos en diciembre del 69, pero en pleno proceso de publicación Tetragrammaton se declaró en quiebra y el álbum no entró en las listas; sin embargo cuando en enero de 1970 se editó en el Reino Unido *Concerto for Group and Orchestra*, entró directamente al número 26 de la lista de discos más vendidos, siendo el primer álbum de Deep Purple en hacerlo.

Pero si bien el *Concerto* les trajo fama y los posicionó en el mapa británico, también aportó dudas en el seno de la banda. «Nos dimos cuenta de que había cierta confusión sobre nuestra identidad», dice Glover. «Las secuelas del *Concerto* fueron toneladas de publicidad, pero en la banda no funcionó muy bien. Jon estaba recibiendo todos los aplausos por ser el líder y esto fue un puñetazo directo a la nariz de Ritchie. Llegó a un punto crítico cuando comenzamos a hacer actuaciones después del *Concerto*. Los promotores preguntaban "donde está la orquesta". Hubo un concierto en el que el promotor nos dijo que no podía obtener una orquesta, pero podía conseguir una banda de música.»

Imagen promocional de *In Rock*.

Posiblemente se debería haber hecho de otra manera, pero el objetivo fijado por Tony Edwards se cumplió, no el de los músicos, que con el tiempo se dieron cuenta de que fue una osadía prepotente. «Me alegré de haberlo hecho, pero no era lo nuestro.» Asegura Paice, «cuando eres joven, como lo era entonces, estás a prueba de balas, crees que puedes hacer cualquier cosa». Incluso Lord reconoció que tras el subidón llegó la realidad: «*Concerto* fue un sueño, pero eso no significaba que quisiera que la banda fuera rock progresivo». Y si alguien no lo tenía claro, Ritchie Blackmore colocó los puntos sobre las íes: «Ahora me toca y vamos a hacer rock'n'roll, si no sale bien me pasaré el resto de mi vida tocando con orquestas».

Las repercusiones de *Concerto*... no tardan en llegar y la semana siguiente del evento la banda se encuentra con otra realidad. El 26 de septiembre están en la BBC a jornada completa, primero en el programa de radio *Hit 69* y más tarde en la BBC TV, para grabar el *David Frost Show*. El 27 visitan Thames TV de Nottingham, para tocar en el programa *Today*. El 28, cuatro días después del concierto en el Royal Albert Hall, regresan a BBC Radio para grabar el programa *Dave Cash Show*, donde promocionan el concierto que la BBC ha organizado esa noche en el Roundhouse de Londres. Lo curioso es que Deep Purple son los encargados de abrir una noche marcada por las actuaciones de Kelly Jones, Audience y Chicago Climax Blues Band, en una actuación contratada hace meses y donde toman conciencia del cambio de estatus asumido.

El 4 de octubre ofrecen una actuación en el casino de Montreux, Suiza, que significa el inicio de una actividad frenética de tres años, que les llevaría como si de una montaña rusa se tratara, a lo más alto y lo más bajo de su carrera, a la destrucción del Mark II.

El 14 de octubre inician un periodo de grabaciones por diferentes estudios, debido a la frenética agenda de conciertos, que terminará el 13 de abril de 1970 con la finalización del master de *In Rock*. La producción corre a cargo del grupo, pero aparece como ingeniero de sonido una pieza clave en la historia de Deep Purple y el resto de la saga, Martin Birch, con quien ya habían trabajado en *Concerto*.

Los *riffs* de guitarra marcan el nuevo sonido de Deep Purple, pero no existe supremacía instrumental, desaparece la rivalidad sonora pero se marca como eje principal de personalidad los juegos a modo de duelo, entre guitarra y órgano, algo que acompañará toda la historia de la banda. *In Rock*, que es como se llamará el álbum presentará una formación cohesionada que firma todos los temas conjuntamente por orden alfabético, Blackmore-Gillan-Glover-Lord-Paice.

In Rock se editó el 3 de junio de 1970 y se posicionó directamente en el puesto número 4 de los Charts británicos, al mismo tiempo que se colaba en las listas de media Europa, Australia, Japón y Sudamérica. En Estados Unidos se ancló en al puesto 143 del Billboard, debido al cierre de su compañía y la tardanza en solucionar los problemas que terminaron resolviéndose con la firma de un contrato con Warner en Estados Unidos.

■ Cabezas de cartel

Al mismo tiempo que el álbum, el 5 de junio, se edita el single, «Black Nigth», tema que no aparece en el disco grande y que se encarama en todas las listas de éxito. El éxito de Deep Purple los catapultó a ser artistas principales de casi todos los festivales que pisaban, algo que podía despertar los monstruos más horribles del rock, aquellos que se alimentan de los egos y aires de grandeza de las supuestas estrellas. El 9 de agosto, en la décima edición del National Jazz & Blues Festival en Plumpton, Yes eran los cabezas de cartel, pero la organización del festival decidió que fuera Deep Purple los que cerraran el concierto, provocando la rabia de Jon Anderson y Chris Squire, vocalista y bajista de Yes, que re-

trasaron su llegada al recinto hasta tal punto que la organización obligó a tocar a Purple para evitar altercados con el público. Blackmore hizo gala de su personalidad más intransigente y violenta, ordenando a un *roadie* que en el último tema, una versión del clásico «Paint In Black» de The Rolling Stones, rociara con gasolina los amplificadores. Ritchie prendió fuego al equipo y siguió tocando, ante el asombro de sus propios compañeros, que vieron como el público enloquecía

Guerra de solos Hammond/guitarra, marca de la casa.

alimentando a un monstruo desboca-
do. Yes tardó en realizar su actuación,
mientras reponían amplis, lo suficiente como para que el público que no
marchó, perdiera el interés.

Tanto se había dado la vuelta a la
tortilla que su estatus era completamente antagónico con el del Mark I,
siendo populares en UK y habiendo
perdido mucho fuelle en USA.

Forma de solucionarlo, apoyar el
disco con una gira de 10 conciertos
por USA, sin descansar, con tan sólo 4 días desde el final de 13 meses de actividad durante los que habían tenido 173 días de conciertos, algunos de ellos con
dos pases de actuación. Se presentaron en Greeley Island Groove Park Stampe-
de and Rodeo Arena de Colorado, el 15 de agosto de 1970, junto con Eric Burdon & War y Sugarloaf. En este tour, Deep Purple volvieron a Interpretar *Concerto for Group and Orchestra*, el 25 de agosto en el Hollywood Bowl de Los Ángeles,
en esta ocasión en compañía de The L. A. Philharmonic Orchestra dirigida por
Lawrence Foster.

Tras la actuación la partitura original y única copia de *Concerto*, se perdió y
no se pudo recuperar jamás, situación que obligó a reescribirla años más tarde,
cuando la banda decidió desempolvarlo y ponerlo de nuevo en la carretera en
1999.

■ Regreso a Europa

Al regresar a Europa, la prensa británica ya hablaba de la purplemanía,
Deep Purple era el grupo que encabezaba ese sonido nuevo y duro que tanto
impactaba.

En septiembre de 1970, sin parar de tocar se abren nuevos frentes que agu-
dizan la hiperactividad de algunos miembros de Purple. Ian Gillan recibe la
oferta de grabar un musical llamado *Jesuschrist Superstar*, creado por Andrew
Lloyd Webber y Tim Rice. Gillan desarrollaría el rol de Jesucristo en una grabación en la que incluía a Murray Head como Judas e Yvonne Elliman como
María Magdalena. El disco se editó en mayo del 71 y fue un éxito tremendo en
Estados Unidos. Los productores se lanzaron a teatralizarlo primero y después
a realizar una versión cinematográfica, aventura de la que se apeó Gillan por
cuestiones económicas.

Jon Lord, se propuso realizar otro ejercicio sinfónico componiendo la obra *Gemini Suite*. La grabación se volvió a realizar en el Royal Albert Hall, bajo la producción de la BBC que la emitió en su programa South Bank Pops, con la dirección de Malcolm Arnold, pero en esta ocasión con The Orchestra of the Light Music Society. Lord quería contar de nuevo con todos los componentes de Purple, pero fue imposible; Gillan estaba enzarzado con *Jesuschrist Superstar* y Blackmore, simplemente dijo que jamás volvería a grabar con una orquesta. Por ese motivo *Gemini Suite* pasó a ser un disco en solitario de Jon Lord, contando con la colaboración de sus compañeros Paice y Glover, además de Tony Ashton e Yvone Elliman como vocalistas y el gran guitarrista Albert Lee. Desgraciadamente la mala suerte volvía a perseguir a Lord y la grabación del concierto se perdió y no se recuperó hasta 1992, editándose un año más tarde.

Bien, ya tenemos dos proyectos paralelos que se cocieron en lo que podíamos pensar que fueron unas vacaciones para el resto de la banda, pero nada más lejos de la realidad. No se sabe si por el ansia asociada a la juventud de los músicos y a sus ganas de triunfar, o a los más lógicos anhelos económicos de los gerentes de HEC, que tras unos años iniciales duros estaban disfrutando de su cuerno de la abundancia y no les importaba agotar el filón, el caso es que la agenda de Deep Purple no paró. En ningún momento se dejó de hacer conciertos y las fechas que estaban libres de actuaciones o estaban viajando o encerrados en el estudio para componer y grabar el nuevo disco. Sirva de ejemplo que en los diez meses que ocupó la grabación y composición del nuevo disco, *Fireball*, Deep Purple realizaron más de 120 conciertos en el Reino Unido y resto de Europa y prepararon y grabaron dos proyectos separados, *Gemini Suite* y *Jesuschrist Superstar* y un single llamado «Strange Kind of Woman» que debía ser adelanto de su nuevo disco y que se publicó en febrero de 1971... ¡Agotador! ¡Imposible de aguantar!

Fireball se editó en Estados Unidos y Canadá en julio de 1971, al mismo tiempo que Deep Purple terminaba sus numerosas giras europeas, el 30 de junio graban el programa *South Bank Summer* de Weekend TV en Londres y saliendo de los es-

tudios se suben en un avión para sobrevolar el océano y comenzar la nueva gira de 25 conciertos en un mes y medio, en el St. Lawrence Market de Toronto, Canadá. Una gira de grandes estadios acompañando a los idolatrados Faces con Rod Stewart como líder y Matthews Southern Comfort.

Los músicos apenas tienen tiempo de mirarse las listas de ventas y los rendimientos de sus discos. «Strange Kind Of Woman» alcanzó el número 8 de singles británicos y el álbum sería el primero en ser número 1 en el Reino Unido y sobrevolando el Billboard americano hasta la posición 32.

En Europa inician la gira de presentación de *Fireball*, comenzando por Alemania y Austria antes de recaer en Inglaterra, pero en sus conciertos ya presentan «Highway Star», un tema compuesto en el autobús que irá destinado al siguiente disco. La banda había tenido una semana de descanso a finales de agosto para recuperarse físicamente y preparar temas, todos en Londres, pero el plan se rompió cuando Blackmore se negó y desapareció del núcleo de reunión, algo que visto con la distancia deberían haber hecho todos.

Comienza una nueva gira británica donde Lord se queja de dolores de espalda y Glover de estómago, que son tan insufribles que en algunos bises no puede salir con el resto de la banda, lo que dispara los rumores de próxima expulsión. La gira americana comienza tras diez días de descanso, en el Madison Square Garden de New York, teloneando a Fleetwood Mac en lo que se prometía una gira extraordinaria, pero dos días más tarde, Deep Purple salen al Auditorium Theatre de Chicago, sin Ian Gillan, con un repertorio donde abundan los instrumentales y las canciones cantadas las ejecuta Roger Glover. Se suspende el resto de la gira, 14 fechas que se posponen a enero de 1972; el motivo es una hepatitis del vocalista.

Glover por su parte remedió sus dolores visitando un curandero, que le liberó de un estrés agudo con altos índices de ansiedad.

Imagen promocional de *Machine Head*.

La banda de esta forma, pudo disfrutar de sus primeras vacaciones desde que se realizó su primer concierto el 1 de julio de 1969 en el Speakeasy Club de Londres. 40 días de libertad, que terminaban el 4 de diciembre al reunirse en la localidad suiza de Montreux para grabar su nuevo y definitivo álbum, *Machine Head*.

Las tribulaciones acontecidas en Montreux, todas girando alrededor del incendio del hotel y la grabación de «Smoke on the Water», las podéis leer en el apartado de Anexos de este libro.

Machine Head es la cumbre creativa del Mark II y a la postre para muchos es el mejor disco de Deep Purple. En su *track list* se basaron los conciertos hasta el final de la formación y el sonido conseguido en Machine Head fue influencia de numerosas generaciones que apostaron por el heavy metal, incluso Rainbow o la reencarnación del Mark II de Deep Purple beben de este disco. Soy de los que piensan que a pesar de las presiones que debieron soportar en la grabación en Montreux, este disco surgió como una obra maestra del género, gracias al descanso forzoso por la hepatitis de Gillan.

Pero Deep Purple se había pasado de vueltas, habían estirado mucho su elástica existencia y al volver al reposo no recuperó su forma original y la deformación apareció de nuevo y de forma más virulenta al forzar la máquina.

Tony Edwards y John Coletta crean Purple Records, donde se editarán los futuros discos de la banda, así como otras formaciones que tienen en el *book* de trabajo.

Ellos dos sabían que los muchachos les habían entregado un ciclón en forma de master, un ciclón que nadie podría parar y ellos no tenían ninguna intención de intentar detenerlo.

Terminada la grabación de Montreux, comenzó una nueva gira interminable, que en esta ocasión acabaría con el Mark II. Tres citas obligadas, el famoso

Actuación en directo para TV. 1972.

programa de la BBC *Top Of The Pops* el 15 de diciembre, el 30 de diciembre concierto en Estocolmo y el 5 de enero una actuación en Hamburgo. Realizados los compromisos, arranca el 13 de enero la primera de cinco giras por USA y Canadá, en esta ocasión como cabezas de cartel y acompañados de Buddy Miles y Uriah Heep.

Febrero y principios de marzo es para recorrer Alemania, Suecia, Finlandia, Dinamarca y el Reino Unido. Y retornar a la segunda gira americana para apoyar la inminente salida de *Machine Head* para el 25 de marzo.

■ Segunda gira americana del año

Una semana antes de su edición comienzan en el Memorial Hall de Kansas, acompañados en esta ocasión tan sólo por Buddy Miles, la segunda gira americana del año y segunda gira accidentada de Purple en USA. El 31 de marzo en Flint, Michigan, Ritchie se encontraba mal y poco a poco fue a peor, hasta el punto de desaparecer del escenario cuando faltaban cuatro canciones: La banda aguantó sin el guitarrista y no hicieron bis. Ritchie Blackmore había contraído la hepatitis, igual que le pasó a Gillan el año anterior. Hubo que suspender siete fechas de la gira americana, más su primera visita a Japón, donde por imperativo de la compañía iban a grabar un disco en directo, que se pospondría al mes de agosto.

Como curiosidad, apuntar que Deep Purple ensayó con Randy California, grandioso guitarrista que había tocado con Spirit, para mirar de salvar la gira. Se realizó solo un concierto con Randy California, el 6 de abril en el Colisée de

Quebec, Canadá; pero el resultado no fue satisfactorio y la fechas se apearon del tour. La gira se reinició, con un Blackmore convaleciente y muy débil, el 25 de mayo en el Ford Auditorium de Michigan.

Mientras tanto *Machine Head* alcanzaba el número 1 en Australia, Dinamarca, Finlandia, Francia, Alemania, Yugoslavia, Canadá y en el Reino Unido. En Estados Unidos se posicionaba en el 7 del Billboard y en Japón llegaba al 6 ante la inminente primera visita del grupo.

Todo ello sin que el diamante en bruto del disco, «Smoke on the Water» fuera lanzado como single, incomprensiblemente la discográfica demostraba una vez más su completa ignorancia sobre música y había escogido como primer single «Never Before» y no fue hasta 1973 cuando se dieron cuenta de su tremendo error.

A mediados de julio del 72, la banda se marcha a Roma para grabar lo que será su último disco en estudio, *Who Do We Think We Are*, tarea que resulta imposible debido a las malas relaciones que la larga gira americana ha desatado en el seno del grupo, enturbiadas más si cabe porque Blackmore y Gillan apenas se dirigen la palabra y no desean estar en el estudio mientras se encuentre el otro. De las sesiones de Roma sólo salieron dos temas, «Woman from Tokyo» y «Painted Horse», mientras que el resto del álbum fue terminado en octubre en Frankfurt.

Con las relaciones tremendamente tensas, la banda se embarca en la primera gira por Japón, tres fechas durante las que grabarán el fabuloso disco en directo *Made In Japan*, del que ya os ofrecemos información detallada en el apartado de Anexos del libro.

El recibimiento del público japonés impactó en los componentes de la banda, por lo entusiasta y entregado que era, tan visceral que podía llegar a ser peligroso. Tres días solamente, 15, 16 y 17 de agosto del 72, dos conciertos en el Koseinenkin Hall de Osaka y otro en el Budokan Hall de Tokio. Los tres grabados por Martin Birch, que se llevó las cintas de regreso a Inglaterra para mezclarlas con tan sólo la ayuda de Glover y Paice. Aunque el disco *Made In Japan* estaba destinado en principio al mercado japonés, finalmente se editó a nivel mundial.

Made In Japan se convirtió poco más o menos en la biblia del hard rock, en un disco mítico grabado en directo, de una extraordinaria banda que se desin-

tegraba a marchas forzadas. Quien más pronto se rompía era Ian Gillan, que no encontraba ninguna satisfacción en estar todos los días en la carretera y no poder dedicarse a crear, le asfixiaba la sensación de que Purple se había instalado en una posición cómoda de éxito, que no arriesgaba, que no buscaba traspasar los límites, y sobre todo no soportaba el ego desmesurado de Blackmore.

Tras terminar la gira por Japón Gillan comunicó a Tony Edwards y John Coletta su decisión de macharse de Deep Purple, quizás buscando algo de comprensión en los gestores del invento que no encontró. No debemos olvidar la juventud de los músicos, Gillan cumplió 27 años dos días después del concierto de Tokio, y parecía un viejo, estaba agotado, consumido, seco.

Edwards y Coletta tan sólo acertaron a decir que aguantara los compromisos adquiridos, la respuesta más mezquina y mercantil del diccionario de crápulas ignorantes. De haber tenido la mínima sensibilidad exigida se habrían dado cuenta de que Deep Purple necesitaba un descanso, pero no lo supieron ver.

El resto de la gira americana fue un auténtico infierno, con Gillan y Blackmore peleando por cualquier decisión cuando estaban juntos, no mirándose encima del escenario; en el mejor de los casos ignorándose mutuamente.

En septiembre regresan a Europa para continuar con los conciertos por UK y Francia, tras los cuales se encierran en Frankfurt para terminar su nuevo álbum, *Who Do We Think We Are*.

Apenas dos semanas para grabar y mezclar junto a Martin Birch y de nuevo hacen las maletas para hipotecarse en la cuarta gira americana en un mismo año. 26 actuaciones que les llevan a las puertas de Navidad, viendo cómo se editaba *Made In Japan* entrando en las listas británicas en el puesto 16 y Gillan sentía como que eso obligaba a seguir manteniendo un repertorio que ya estaba agotado, pero era el que el público demandaba y el resto de la banda quería ofrecer, así que claudica.

El 7 de diciembre de 1972, al finalizar el concierto del Hara Arena de Dayton, Ohio, Ian Gillan entrega una carta a la gerencia de Purple Records y al resto de la banda, donde anuncia que al final de la gira dejará el grupo. Años más tarde, todavía se sorprendía de la reacción de sus compañeros: «Fue extraño. Porque había entregado mi carta de renuncia a la banda unos meses antes, mientras estábamos en Dayton, Ohio. Les dije que tenía la intención de dejar Purple al final de la próxima gira. Pero, en ese momento, nadie me dijo nada sobre mi decisión. Fuimos a Japón en junio de 1973, y la última fecha fue en Osaka el día 29. Ese fue el final del calendario de giras, y por lo tanto mi último show con la banda. Todavía nadie me dijo una palabra. Subimos al escenario, hicimos el concierto, y… bueno, ¡eso fue todo! Salí del lugar por mi cuenta y regresé al hotel. No hubo despedidas de nadie conectado a Purple. Ninguno de la banda, ninguno de la tripulación, nadie de la gerencia. Era casi como si hubiera sido barrido debajo de la alfombra».

Pero volvemos a la cara más fea de la banda, la misma que mostraron con Rod Evans y Nick Simper, desde el momento de saber la marcha de Gillan, Blackmore habló con Lord y Paice y les exigió que Glover se marchara o la banda se acabaría. Los otros dos componentes estuvieron tocando con su compañero sin decirle nada en absoluto, lo que denota una falta de personalidad y una deficiencia emocional muy crónica.

En enero de 1973 se editó el nuevo disco de estudio, *Who Do We Think We Are*, mientras que en los charts seguía instalado *Made In Japan* y en Estados Unidos todavía no se había editado. El disco lo recibieron de gira, como siempre, con un extenso tour europeo de 44 fechas y algunas de ellas en países donde no habían estado, como Francia, Italia o Austria. Conciertos en los que apenas se varió el repertorio para defender un disco que a casi ningún músico gustaba.

El *set list* de la gira es el siguiente:

«Highway Star», «Strange Kind of Woman», «Smoke on the Water», «Mary Long», «Lazy», «Space Truckin'»,«Black Night».

La consiguiente gira americana, ya marcada y estipulada como la última de Gillan y que duró tres meses, tan sólo vio cómo desaparecía el tema «Mary Long» y volvía a introducirse «Child in Time». Roger Glover seguía sin saber que estaba fuera del grupo, nadie se lo había comunicado. Lord, Paice y Blackmore guardaron silencio temiendo que Glover se marchara antes de tiempo, pero no fue así. El 15 de junio en el Veterans Memorial Coliseum de Jacksonville, Florida, Glover exigió explicaciones a Tony Edwards de lo que estaba pasando, y recibió como respuesta que para salvar la banda él debería macharse. El bajista de la banda, que ha demostrado en numerosas ocasiones ser el más razonable e inteligente de todos los miembros que han pasado por Purple, además de todo un *gentleman*, aguantó todo el final de gira y se marchó sin hacer ruido.

El 23 de junio de 1973 en el Koseinenkin Hall de Osaka, Deep Purple ofreció dos conciertos con el mismo repertorio de la gira americana más «The Mule». Al final del segundo pase, el tema «Space Truckin'» lo empalmaron con «Sunshine of Your Love», la banda se marchó del escenario quedándose solos Ian Gillan y Roger Glover saludando al público a modo de despedida. El Mark II había muerto... por el momento. «Nunca dije nada después del concierto». Dijo Gillan años más tarde: «El ambiente en ese momento en Purple era simplemente horrible, y para mí fue un gran alivio tenerlo todo hecho y desempolvado. Para entender lo que estaba sucediendo en la banda, necesitarías ser un psicólogo capacitado. Todos en la alineación en ese momento se comportaron como unos gilipollas, y me incluyo aquí. Yo era tan malo como el resto de ellos».

1974-1975. MARK III. LA TURBULENTA ÉPOCA COVERDALE

Tras la decisión tomada por Gillan de abandonar Deep Purple, Lord y Paice sucumbieron a las presiones y el chantaje de Blackmore, aceptando que Glover se quedara fuera sin saberlo y sin ningún motivo justificado. Paice y Blackmore comenzaron a seguirle la pista al grupo Trapeze, donde militaba un joven bajista llamado Glenn Hughes, con mucho groove y un toque especialmente funk, que además tenía una voz prodigiosa. Le propusieron entrar en la banda como bajista y segundo vocalista, algo inédito en la formación hasta la fecha. Hughes no tenía claro si aceptar la propuesta, pero se decantó por una afirmación rápida cuando le comunicaron que el vocalista principal sería Paul Rodgers, líder de Free y poseedor de una gran voz carrasposa y negroide que podría tener en Hughes el complemento perfecto.

Rodgers declinó la oferta de Deep Purple, básicamente porque estaba rumiando la construcción de uno de los primeros dinosaurios del hard rock, Bad Company (Paul Rodgers y el batería Simon Kirke procedentes de Free; el fundador de Mott the Hoople, el guitarrista Mick Ralphs y el bajista de King Crimson, Boz Burrell), y por si tenía dudas al respecto se las terminó de aclarar Peter Grant, manager de Led Zeppelin que firmó contrato con Rodgers para representar a Bad Company, cosa que hizo hasta 1982, cuando desapareció Swang Song Records.

El 10 de julio de 1973, Deep Purple anuncian públicamente el fichaje de Glenn Hughes como nuevo componente de la banda.

John Coletta colocó un discreto anuncio en el tabloide musical *Melody Maker*, donde solicitaba vocalista con experiencia para banda de rock potente y con agenda de trabajo comprometida. No se publicitó que era el puesto vacante en Deep Purple, pero de todas formas tuvieron un aluvión de cintas de casete con demos de cantantes de todas las texturas posibles, que Coletta y Edwards obligaban a escuchar una tras otra a los músicos, ya que las fechas corrían y

apremiaba solucionar el descanso del grupo, más teniendo en cuenta que a finales de abril se había editado *Made
In Japan* en Estados Unidos y estaba obteniendo una respuesta impresionante del público y crítica, alcanzando el
número 6 del Billboard y subiendo rápidamente la rampa
del Disco de Oro provocando que la purplemanía se ex-
tendiera a los USA.

Coverdale, joven y sin experiencia.

Al final, Deep Purple se decantaron por David Coverdale, un vendedor de una tienda de ropa del norte de
Inglaterra llamada 36 Boutique, que perdía el tiempo
por las noches cantando en el grupo local The Fabulosa
Brothers.

Una de las cuestiones vitales para el fichaje de Coverdale, fue la diferencia
de registro con Gillan, nadie podría sustituir al gran Ian y era un error intentarlo.
Sin embargo era el momento de reinventarse y ofrecer algo distinto, pero manteniendo la personalidad de siempre, algo que creo humildemente que consiguieron con creces.

Coverdale tenía un registro mucho más áspero y blusero, que puestos a com-
parar, se acercaba más a la textura de Paul Rodgers que a la de Gillan. De esta
forma conservaban el diseño programado por los tres fundadores del combo;
Lord, Paice y Blackmore querían darle un toque más blues, pero sin acercarse a
los terrenos dominados por Led Zeppelin, de ahí la disyuntiva de las dos voces,
un Coverdale poderoso y pantanoso, arropado por la voz casi hipnótica de Hughes, mucho más funky.

Otra de las batallas que deberían afrontar era la poca experiencia de Coverdale, tanto dentro como fuera de los escenarios y basta reflejar otro ejemplo de
malas artes dentro del seno Purple, que en este caso tiene como protagonistas
a John Coletta y David Coverdale. El manager se percató de lo inocente, poco
experimentado, que era Coverdale en los negocios, sin ningún tipo de reparo
moral o ético le plantó un contrato delante de los morros con la exigencia de
firmarlo allí mismo o no poder entrar a formar parte de Deep Purple. Todo esto
sin el conocimiento de los demás músicos y con unas cláusulas draconianas que
Coverdale padecería en el futuro, como por ejemplo el apartado donde el contrato le obligaba a estar diez años bajo el management de Coletta y Edwards.

Firmado el contrato, se cerró el inicio del Mark III, una de las etapas más tur-
bulentas de Deep Purple. Blackmore se erige como amo y señor de la banda,
de hecho Lord y Paice le habían colocado en el pedestal con su silencio en el
caso Glover.

■ La nueva formación

El 23 de septiembre de 1973, Purple Records convoca una rueda de prensa en Clearwell y se presenta oficialmente la nueva formación, el Mark III de Deep Purple, donde la prensa se volcó en intentar averiguar la marcha de Glover y Gillan, mientras que sobre todo Lord, cargó toda la responsabilidad en los ausentes.

En noviembre se escogió de nuevo Montreux para grabar el nuevo álbum, intentando rescatar el espíritu de *Machine Head*, con un resultado magnífico, pues se construyó uno de los mejores discos de la historia de la banda, *Burn*, álbum que diseccionamos en el apartado de Discografía Oficial y que supuso una perfecta entrada de los nuevos componentes, augurando una larga vida que no llegó a producirse.

Antes de iniciar los conciertos tuvieron que dejar paso a las tribulaciones clásicas de Lord y la presentación de su segunda incursión en terrenos orquestales. El 4 de octubre se presentó en el Olympia Halle de Múnich, Alemania, la obra *Gemini Suite*, que tenía programada una segunda noche en Colonia, pero no llegó celebrarse.

El debut oficial en concierto del Mark III se produjo la noche del 9 de diciembre en el K.B. Hallen de Copenhague, Dinamarca, en el inicio de una mini gira por el continente, donde ajustaron el repertorio de presentación de la banda en USA y consiguieron que Coverdale superara su miedo escénico y se aprendiera los textos que no consiguió en aquel primer show. Cinco actuaciones más tarde, ya estaba todo perfilado y tras el descanso navideño terminaron la gira por Francia y Alemania a finales de enero.

La banda cargó las pilas de forma excepcional ya que disfrutaron del descanso más largo desde que el Mark II inició su andadura en 1969, fueron algo más de cinco meses de inactividad encima de un escenario, de quitar el pie del acelerador, 163 días sin conciertos, sin viajes, sin prisas. Esa es una de las razones que podemos apuntar como causantes del extraordinario resultado de *Burn*, con momentos mágicos como el tema que le da nombre y el maravilloso «Mistreaded», que nos descubrió a un Coverdale pletórico en la voz y en tareas de composición. Pero no todo el *Burn* fue positivo, ese disco rompe la norma de firmar todos los temas conjuntamente y a partir de ahora quién trae el esqueleto del tema y la letra, es quien figura en la autoría y por lo tanto es quien cobra los royalties oportunos, siendo el más damnificado Hughes a quien se le niega la entrada por la puerta de la composición de la mitad del disco.

Sin embargo resulta curioso que el grupo al completo recogieran el 13 de diciembre en Bruselas, el Disco de Oro por *Made In Japan*, un álbum donde ni Hughes ni Coverdale habían aportado nada. *Burn* se editó el 15 de febrero de

El 23 de septiembre de 1973, presentación del Mark III en Clearwell.

1974 y estaba programado para adentrarse en el mercado cuando Purple estaba en los primeros conciertos de su nueva gira americana, pero la banda tuvo que realizar una parada forzosa en boxes antes de comenzar el tour y suspender los 11 primeros shows por una apendicitis aguda de Jon Lord.

La gira comenzó el 3 de marzo en el Cobo Hall de Detroit, con Deep Purple como grupo estrella, acompañado por Savoy Brown y Tucky Buzzard. Un cambio de estatus que se vio reforzado por una gira de grandes recintos y ser tratados por primera vez como auténticas leyendas del rock, en la mayor gira realizada por la banda, no sólo hasta su disolución en 1976, sino hasta la fecha.

■ A bordo del *Starship*

Una de las excentricidades de la banda fue el alquiler del avión del rock'n'roll, *Starship*, un avión Boeing 720 remodelado a partir de un 707 a principios de 1970 para ser usado por las estrellas del rock como vehículo aéreo de traslados en giras, pero que se ganó a pulso una fama como la Sodoma y Gomorra del aire. Led Zeppelin habían sido los primeros en pagar sus 2.500 dólares por cada hora de vuelo y Deep Purple no iban a ser menos, gastando más de 130.000 dólares en la gira. Las bacanales de sexo, drogas y poco rock'n'roll del *Starship*, sig-

Starship, sexo, drogas y poco rock'n'roll.

nificarían el primer lanzamiento fuera de órbita de Glenn Hughes, demasiado joven para asimilar tantos cambios, por lo que tuvo que pagar un peaje muy importante en el futuro.

La cita más intensa, espectacular y comprometida de Deep Purple fue el 6 de abril en el Ontario Motor Speedway, donde bajo el nombre de California Jam se organizó un festival para 200.000 personas, con Emerson, Lake & Palmer y Deep Purple como cabezas de cartel, además de Black Sabbath, Black Oak Arkansas, Earth, Wind & Fire y unos primerizos Eagles entre otros.

Lo acontecido en esa actuación mostró las dos caras de la moneda, se recuerda como uno de los momentos más álgidos del Mark III, pero como una demostración de locura y egocentrismo de Blackmore, que comenzaba a descubrir su cara más horrible. Se calcula que el festival reunió a más de 300.000 personas, con algo más de 100.000 saltando la valla. La cadena de televisión ABC grabó la totalidad de las actuaciones, lo que supuso unos ingresos adicionales para Purple de casi 100.000 dólares, más la posibilidad de editar un vídeo del que también hablaremos en este libro. Blackmore ofreció uno de sus espectáculos de niño consentido y destructivo arrasando con el escenario al final del concierto, Emerson, Lake & Palmer se negaron a tocar después de Deep Purple y el guitarra de negro la armó bien gorda, destrozando guitarras, quemando los amplis y medio *backline* y destrozando una cámara de televisión... nada que se saliera de lo normal en la espiral de egolatría aguda que padecía.

Se suspendieron los últimos tres conciertos de la gira (Tempe, San Diego y Tucson) y la banda voló urgentemente a Europa, mientras que los managers arreglaban el desaguisado de Blackmore, repartiendo compensaciones económicas a diestro y siniestro. Este hecho lamentable, provocó que Edwards y Coletta contrataran a Rob Cooksey como tour manager y dejaran de viajar con el resto del grupo.

El 18 de abril en el Gaumont Theatre de Southamton, el Mark III inició su primera y única gira por el Reino Unido, un UK Tour 74 que constó de 25 actuaciones donde pasaron muchas cosas importantes.

El 22 de mayo en el State Gaumont de Kilburn, la BBC Radio 1 realizó una grabación destinada a una emisión experimental el 6 de junio, una de las prime-

Los nuevos componentes, David Coverdale y Glenn Hughes.

ras con sonido cuadrafónico. Posteriormente se editó un álbum de nombre *Live In London*. Hughes se sentía arrinconado y poco valorado, tanto en el estudio, donde hemos visto que fue el que menos participó en las composiciones, como en directo, donde no le dejaban sacar y explotar todo su potencial. Durante el tour británico se reivindicó y sobrepasó el rol escénico que debía seguir, lo que provocó el enojo de Coverdale, que veía cómo se invadía su espacio vital demasiadas veces. Y es que Hughes no sólo tenía una voz maravillosa que podía hacerle sombra, es que además no abandonaba jamás el escenario, mientras que Coverdale desaparecía durante los largos solos de guitarra y teclado.

Blackmore por su parte comenzó a alejarse del resto de la banda, tal y como sucedió con el Mark II. De entrada, solicitó un camerino para él solo en los conciertos, mientras que el resto de la banda compartía el mismo. Hubo actuaciones donde Blackmore llegaba al recinto, se encerraba en su camerino, salía a tocar, volvía al camerino y desaparecía al hotel, sin interactuar con el resto más allá de lo estrictamente necesario encima del entarimado.

Con quien sí que comenzó a relacionarse fue con el vocalista de Elf, banda que les acompañó en la gira como teloneros, Ronnie James Dio, con quien tenía en común su afición por los textos apocalípticos de mundos imaginarios, mezcla de mitología e historia medieval.

■ Una nueva aventura sinfónica para Lord

En junio la actividad frenó debido a que Lord se embarcó en una nueva aventura sinfónica que se llamaría Windows, interpretada en Múnich, el 1 de junio en el Herkulessaal y el 3 de junio dos shows en el Circus-Krone. Fue una iniciativa municipal, en colaboración con la cadena de radio Bávara ARF, contando con la Orquesta de Cámara de la Ciudad de Múnich, bajo las órdenes del director Eberhart Schoener, bajo el nombre de *Rock Meets Classic*. Esta vez el elenco de colaboradores estuvo formado por Ray Fenwick y Pete York, guitarrista y batería de Spencer Davis Group, el vocalista Tony Ashton que había colaborado anteriormente con Lord y al que le unía una gran amistad, más los dos novatos de Purple, Coverdale y Hughes. Purple Records lazó un álbum bajo la asociación Tony Ashton and Jon Lord, llamado *First of the Big Bands*, un disco de blues y sonidos negroides que los dos protagonistas venían grabando desde noviembre de 1973, en periodos de inactividad laboral.

Tras la gira británica, los hechos se producen con una velocidad vertiginosa, hasta llegar al final de la historia del Mark III.

Blackmore convence a Purple Records para editar el álbum de Elf, con quien cada día estaba más unido. La banda se vuelve a concentrar en Clearwell Castle para la composición de los temas del nuevo disco, pero Blackmore no está por la labor, ya que inicia un proceso de divorcio largo y doloroso, que lo vuelve más taciturno, generando un rencor endógeno que le acompañará décadas.

■ Famoseo californiano

El fisco británico exprime al máximo los beneficios obtenidos de terceros o no directamente del trabajo realizado, y ahí entran directamente los derechos de autor y los royalties de las ventas de material fonográfico, lo que provocó que la familia Purple emigrara por cuestiones económicas. El resultado es que Purple Records afianza su central en París, mientras la banda se traslada a Los Ángeles, donde Hughes se sumerge en un proceso de reconversión al lujo y el estilo de vida del famoseo californiano, que no tardará en pasarle factura.

En agosto de 1974 la banda se encierra en los Musicland Studios de Múnich, bajo las órdenes de Martin Birch. Aquí es donde se produce el gran cambio; Blackmore que se involucró en la composición de siete temas del disco, se desentiende de la grabación, parece ausente y falto de interés. La excusa esgrimida es la negativa del resto de la banda a grabar el tema «Black Sheep of the Family», una cover de Quatermass por la que apostaba incluso como single.

Tras la ausencia a los mandos de Blackmore y el cansancio de Lord tras su aventura sinfónica es Hughes quien se reivindica y toma las riendas, firmando

Imagen promocional de *Burn*.

en la mayoría de los temas y llevando la batuta en el sonido final del disco que termina siendo antagónico a *Burn*, con un toque funk que desconcertó a propios y extraños.

Se sintió tan poderoso que incluso le discute el protagonismo a Coverdale; escuchad el maravilloso «Hold On» y comprenderéis lo que digo.

A finales de agosto, antes de entrar a mezclar el disco en los estudios The Record Plant de Los Ángeles, Deep Purple realiza cuatro conciertos multitudinarios en Florida, Connecticut, Misuri y Texas, acompañados de Elf y J. Geils Band, salvo en Connecticut donde tocan Aerosmith. Estadios deportivos con capacidades jamás soñadas por la banda y llenos hasta la bandera, en cuatro conciertos en los que no interpretaron ni un solo tema nuevo, basando el *set list* en *Burn* y *Machine Head*.

El regreso a Los Ángeles fue la culminación de un desastre anunciado para Glenn Hughes, un joven de 22 años que se codeaba con sus ídolos, y que contaba entre sus nuevas amistades a nombres como Keith Moon de The Who, Ron Wood de The Rolling Stones o David Bowie, un joven que todavía no tenía la cabeza demasiado bien amueblada y sucumbió en la coca. Durante las sesiones de *Stormbringer* el resto de la banda detectó los problemas con las drogas de Hughes. Purple siempre se habían declarado bebedores compulsivos de cerveza, pero no jugaron con otro tipo de drogas, al menos de forma abusiva. Blackmore era un enemigo acérrimo del consumo de ciertas sustancias y era lo que le faltaba para hacer cruz y raya con Hughes.

El álbum *Stormbringer* se editó a finales de noviembre, cuando ya había arrancado la gira de presentación, en la cual introdujeron tres temas del disco, el que

le da nombre, más «Lady Double Dealer» y «The Gypsy». El disco no funcionó como se esperaba, lo que acrecentó la herida en el grupo. La gira aguantó hasta el 18 de diciembre en Baltimore, habían sido una veintena de actuaciones acompañados de nuevo por Elf y en esta ocasión por Electric Light Orquestra. Durante los conciertos americanos la preocupación por el estado de Hughes fue más que evidente, y en algunas ocasiones su rendimiento en escena no era el deseado.

El 25 de enero de 1975 la banda participó en un festival llamado Sunbury Musical Festival, en Melbourne, Australia. Se trató de un sólo show muy bien remunerado y que puso punto y final a la primera parte de la gira de presentación del álbum.

Desde Australia, Deep Purple obtuvo unas vacaciones de casi mes y medio, algo añorado en el pasado y que probablemente no fue lo más acertado en esos momentos.

Blackmore se encerró en los Musicland Studios de Múnich, para grabar lo que debía ser su primer disco en solitario, pero se convirtió en el primer álbum de Rainbow. Durante la gira americana, Blackmore había programado unas sesiones de grabación en Tampa Bay, Florida, el 12 de diciembre, aprovechando una jornada libre de concierto. En esa sesión había grabado «Black Sheep of the Family» y el recientemente compuesto «Sixteenth Century Greensleeves», que debía ser el lado B de un single. Los músicos fueron Ronnie James Dio y Gary Driscoll, vocalista y bajista de Elf y violonchelista Hugh McDowell de ELO. El resultado fue tan satisfactorio que contrató a la banda Elf para grabar su primer disco en Múnich.

El 16 de marzo Deep Purple iniciaban el tour europeo de presentación de *Stormbringer* en el Palata Sportova Pionir de Belgrado, capital de la antigua Yugoslavia. Durante la rueda de prensa previa al concierto, Blackmore comenzó a hablar de su nuevo disco *Ritchie Blackmore's Rainbow*, dejando descolocados al resto de los compañeros, pero hay quien asegura que durante el concierto ejecutó partes de temas del disco en solos de guitarra.

A los pocos días comunicó al tour manager Rob Cooksey que abandonaría la banda al final de la gira, que llegó el 7 de abril de 1975 en el Palais Des Sports de París. Un último concierto en el cual Blackmore volvió a destrozar su guitarra y Ian Paice carbonizó su batería, como si fuera un presagio de no volverla a tocar más, al menos con Deep Purple. El Mark III había muerto.

Mark IV, primer Purple sin Ritchie Blackmore.

1975-1976. MARK IV. TRÁGICO FIN DE LA HISTORIA

Tras la marcha de Blackmore, Lord y Paice pensaron que no tenía sentido seguir con el grupo sin uno de los miembros fundadores, pero ni Coverdale ni Hughes querían perder el tren que les había llevado al punto en el que se encontraban. La historia nos ha dado tiempo para valorar si la decisión fue la correcta o no, siendo muchos los que opinan que tras la marcha del guitarra de negro, Deep Purple debía haber pasado a mejor vida o al menos hibernado una buena temporada. Sin embargo, hay que reconocer que de forma muy corta pero intensa, el Mark IV también deparó buenos momentos, que son los que perduran en la historia.

Fue Coverdale quien presentó al resto de la banda al joven Tommy Bolin, de sólo 22 años y un potencial extraordinario. Una copia del álbum *Spectrum* del batería de jazz Billy Cobham, donde Bolin tocaba la guitarra, les ayudó a decidirse por la joven promesa. Tras una audición con Bolin, la banda se convenció de que era el candidato ideal, no para sustituir a Blackmore, sino para ofrecer una visión diferente del sonido Purple, algo parecido a lo ocurrido con Coverdale y Hughes.

Finalmente, a principios de junio de 1975 Purple Records publicó un comunicado con la incorporación oficial a Deep Purple del joven guitarrista Tommy Bolin.

Se comenzó a ensayar en los Simon's Pirate Sound Studios de California, mientras que Hughes se sometía a un tratamiento de desintoxicación de la cocaína que pareció funcionar, no lo hizo la relación entre los músicos y Robert Simon, quien estaba destinado a producir el álbum. Finalmente la banda decidió viajar a los Musicland Studios de Múnich, para ponerse de nuevo bajo las órdenes de Martin Birch.

Come Taste the Band se grabó entre el 3 de agosto y el 1 de septiembre. Bolin aportó nuevas ideas, con una facilidad aplastante de mezclar rock, jazz y funk, con energía, fuerza, delicadeza y musicalidad; además era una persona jovial, de trato fácil y abierto a todo tipo de ideas que absorbía como si de una esponja se tratase. Podemos disfrutar momentos en el disco de una brillantez maravillosa, como la guitarra asesina de Bolin en «Gettin' Tighter», que no cesa en todo el tema, los momentos funk de «I Need Love». *Come Taste the Band* es un gran disco, con un sonido diferente; Jon Lord en el 2011 declaró que «es un álbum de Glenn Hughes, David Coverdale y Tommy Bolin con la ayuda de dos músicos de Deep Purple».

Todavía no habían salido del estudio cuando Hughes volvió a recaer en la cocaína y el efecto chicle fue muy destructivo, sumergiendo al músico en un infierno que lo consumiría poco a poco. La banda fue expulsada del hotel donde se alojaba por episodios violentos protagonizados por el bajista. Se peleó con parte del equipo de Purple y al final la banda le obligó a volver a ponerse en manos de los médicos para una nueva desintoxicación que no tuvo efectos positivos.

El disco se terminó sin su presencia, asumiendo Bolin labores de bajista y segunda voz en algunos surcos, como «Comin' Home» donde aparece haciendo coros.

El LP se editó el 10 de octubre del 75 y aunque está considerado un disco menor de Purple, la recepción fue bastante buena, alcanzando el #19 en el Reino Unido y el 43 en USA. En menos de un mes alcanzó el Disco de Plata en el Reino Unido por las primeras 60.000 copias vendidas.

Tan sólo cinco días después de su publicación, el 15 de octubre se presentaba en el Royal Albert Hall, *The Butterfly Ball and the Grasshopper's Feast*, el álbum de Roger Glover que consiguió reunir a una nutrida representación de la saga Purple. Además de él, invitó a Jon Lord, David Coverdale, Glenn Hughes y a Dio, que no pudo asistir por prohibición expresa de Blackmore y fue sustituido por Gillan en la primera ocasión que cantó en público tras su marcha de Deep Purple, configurando una bonita foto familiar.

La banda se puso a rodar de inmediato, comenzando por Australia, Nueva Zelanda y el Asia Tour' 75, que cubría Indonesia y Japón. El repertorio fue modificado y se basó en el Mark III y IV, con alguna representación del álbum Machine Head. Este es el *set list* de su actuación en el Festival Hall de Melbourne, Australia, los días 25 y 26 de noviembre: «Burn», «Lady Luck», «Love Child», «Gettin' Tighter», «Smoke on the Water/Georgia On My Mind» (Ray Charles), «Wild Dogs», «I Need Love», «Lazy», «This Time Around», «Owed Top 'G'», «Drifter», «You Keep On Moving», «Stormbringer», «Highway Star/Not Fade Away» (Buddy Holly).

Mark IV. Come Taste The Band. Paice, Coverdale, Hughes, Bolin y Lord.

■ Continúa el descontrol

Todo funcionaba bien, incluso la banda tuvo que hacer tres conciertos en Sídney y dos en Melbourne por la demanda de entradas; pero Hughes había recaído de nuevo en su adicción a la cocaína, al mismo tiempo que Lord y Coverdale comenzaron a ver comportamientos extraños en Bolín, cambios de humor, momentos en que se quedaba en blanco y otros que rompía el guion establecido sin avisar. Descubrieron que Tommy Bolin era un adicto a la heroína y que lejos de controlar su dependencia, cada día iba a peor, una adicción que había mantenido oculta a sus compañeros todo ese tiempo.

Toda esta situación se agravó con uno de los episodios más oscuros y terroríficos de la historia trágica del rock, vivido por Deep Purple en Indonesia.

Deep Purple tenía que tocar en Yakarta, capital de Indonesia el 4 de diciembre de 1975, cuando llegaron a la ciudad comprobaron que el manager local, Danny Sabri de Majalah Aktuil, estaba anunciando dos fechas seguidas y prácticamente ya se habían vendido la totalidad de las entradas. Esta anomalía estaba incrementada por el hecho de que el contrato de actuación figuraba que el show se celebraba en un recinto de 15.000 espectadores, pero en realidad el recinto era de 125.000 personas, el Sereyan Sports Stadium. El manager Rob Cooksey aumentó el caché de la banda y aconsejó a los músicos realizar el segundo concierto para evitar problemas con el pago de su contrato. El primer día, la banda actuó con demasiados nervios, porque entre el público y el escenario había instalado un batallón de soldados armados y con perros dóberman en actitud agresiva. Purple desarrolló un set reducido y se recluyó en el hotel esperando la segunda y odiosa cita, pero esa noche en la habitación de Glenn Hughes se celebró una fiesta con demasiado descontrol por el alcohol, drogas y participación de numerosas prostitutas introducidas por la organización local. Patsy Collins, miembro de seguridad de la caravana Purple y amigo de los músicos, se precipitó al vacío desde el sexto piso por el hueco de las escaleras, falleciendo en el hospital esa misma noche. De madrugada el ejército irrumpió en el hotel y detuvo a Hughes, Cooksey y dos miembros más de seguridad, acusándoles de asesinato.

Indonesia tenía un régimen autoritario auspiciado por Estados Unidos durante los años de la Guerra Fría, dirigido por el general Suharto, considerado por la agencia Transparency International como el hombre más corrupto del planeta, habiendo amasado una fortuna de 35 millones de dólares tras llegar al poder en 1965. En su primer año de mandato se calcula que eliminó a más de un millón y medio de personas, entre comunistas y la minoría china de Indonesia. Su gobierno se caracterizaba por la extorsión y corrupción a gran escala, sin

problemas por utilizar el asesinato entre sus formas de represión.

Ante este panorama Purple ofreció
el segundo concierto bajo un cuadro
de ansiedad y pánico; Bolin consumió
grandes dosis de morfina que le sumi-
nistraba el promotor local y Hughes fue
sacado de la cárcel por el ejército y con-
ducido directamente al escenario, para
volver a encerrarlo un vez acabado el
show. Una actuación que fue bastante
más corta de lo habitual, al dejar de tocar la banda cuando los soldados soltaron los perros que atacaron al público
que se había agolpado en la valla del foso.

Bolin, 22 años y un potencial extraordinario por explotar.

Finalmente un juez dictaminó que la muerte de Patsy Collins había sido un
accidente debido a la ingesta de drogas y alcohol, la banda se vio obligada a
renunciar a todo su taquillaje y además pagar una cantidad económica importante a Army and Airport Security para que les permitieran despegar del aeropuerto de Yakarta.

Estos hechos torpedearon de forma fulminante la moral de la banda y en
particular a Hughes y Bolin. El primero comenzó a beber de forma compulsiva,
al mismo tiempo que seguía consumiendo cocaína y comenzaba a jugar con
la heroína de Bolin, mientras el guitarrista llegó a Japón con la mano izquierda
completamente paralizada y sin apenas poder tocar, siendo tapado en sus solos
por Lord al teclado. La única grabación videográfica del Mark IV se produjo el
15 de diciembre en el Budokan Hall de Tokio para la televisión japonesa, con la
banda en un estado lamentable.

Tras un descanso de casi un mes, la banda inició el 14 de enero en Fayettevi-
lle State University de North Carolina, una gira de 35 conciertos por Norteaméri-
ca, con un talante diferente, plenamente recuperados y con grandes conciertos
en el principio del tour. Bolin era recibido por la audiencia como un héroe, más
si cabe cuando el 17 de noviembre del 75 se había publicado su primer álbum
en solitario, *Teaser*, magnífico trabajo que no pudo presentar en directo por sus
compromisos con Purple.

A medida que avanzaba la gira los excesos de Bolin y Hughes volvieron a
pasar factura, recolectando críticas nefastas de la prensa en las últimas citas en
Utha y Colorado.

El mes de marzo estaba previsto iniciar la gira por el Reino Unido y después saltar al continente con un tour alemán. Fueron cinco conciertos británicos que se convirtieron en un infierno. Bolin no fue bien recibido por el público británico que echaba de menos a Blackmore, le insultaban y abucheaban cada vez que se posicionaba delante del escenario o realizaba un solo. Para evadirse de ese comportamiento se drogaba más, entonces tocaba peor, los gritos eran más fuertes y se volvía a drogar entre bastidores, en un bucle que cada noche era más perverso. Hughes estaba en los huesos consumido por la cocaína y el alcohol, ya no llegaba a tiempo al micro cuando tenía que cantar y la banda sólo se sostenía musicalmente por Lord y Paice que se debían desdoblar para cubrir las apariencias, mientras que Coverdale cada día estaba más ausente, preparando su escapada.

La paciencia de Lord y Paice se agotó el 15 de diciembre en el Empire Theatre de Liverpool, cuando Hughes, ante los abucheos del público dijo: «Lo siento, no estamos tocando muy bien, pero estamos muy cansados y con problemas de *jet lag*». Jon Lord recuerda que pensó: «Habla por ti mismo. Tuve que escuchar a este tipo que estaba extremadamente drogado decir que no tocamos bien y me dolió. Cuando bajé del escenario fui directamente Ian Paice, y le dije, "Ian, eso es todo, ¿no? Este es definitivamente el final de esta banda en lo que a mí respecta". Nos dimos la mano y dijimos: "Se acabó. Gracias a Dios". Diez minutos más tarde, Coverdale entró gritando "¡Me voy de la banda!". Le dijimos, "ya no hay banda de la que irse"».

El tour alemán se suspendió y tras un periodo de silencio, el 6 de julio de 1976 Rob Cooksey emitió la declaración simple: «La banda no grabará ni tocará juntos como Deep Purple otra vez».

Cinco meses después, el 4 de diciembre de 1976 en Miami, Tommy Bolin fallecía de intoxicación por un cóctel de drogas a la edad de 25 años.

Deep Purple se separaron el 15 de diciembre de 1975, tan sólo siete años y ocho meses después de haber ofrecido su primer concierto en Dinamarca, todavía como Roundabout, han pasado cuatro formaciones diferentes en una historia que parece que haya durado décadas hasta llegar a lo que parece su fin...

Rainbow, dragones y mazmorras del hard rock.

RAINBOW

1975-1979. BLACKMORE & DIO

Cuando Blackmore decide marchar de Deep Purple y grabar su primer disco en solitario, tenía claro que su amistad con Dio, vocalista de Elf, sería una de las piezas clave de su nueva trayectoria.

Elf había sido la banda que abrió las últimas giras de Deep Purple, apadrinada por el guitarra de negro, que obligó a Purple Records a ficharla para su catálogo. No era precisamente por el sonido de la formación, más cercana al rhythm & blues tabernero con aromas de Nueva Orleans que al hard rock que deseaba desplegar Blackmore, era por la personalidad de Dio con quien compartía la afición por las historias fantásticas de caballeros y leyendas, historias épicas de grandes batallas, cuentos de mundos irreales. Blackmore contrató al grupo, salvo el guitarrista, y se los llevó a los Musicland Studios de Múnich, donde se encierra entre febrero y marzo de 1975, bajo las órdenes de Martin Birch. Ahí puede grabar el tema de Steve Hammond «Black Sheep of the Family», que Coverdale y compañía le habían vetado. Un tema que no fue significativo ni del disco, ni de los posteriores shows en directo.

El nombre del grupo proviene del restaurante Rainbow Bar and Grill de Hollywood, propiedad del cineasta Vincente Minnelli, marido de Judy Garland, la protagonista de *El mago de Oz*, película por la que Blackmore sentía devoción.

■ **Blackmore, amo y señor**

De hecho Rainbow nace con un homenaje encubierto al film, desde la portada del disco, con una Fender Stratocaster reconvertida en castillo medieval, al que conduce un camino de baldosas amarillas que Dorita debe seguir en la cinta, hasta la puesta en escena de los futuros directos, que comenzaban con una grabación extraída del film.

Nada más terminar el disco, Blackmore despide a los músicos de Elf, salvo Dio, en otra maniobra de mal gusto que fue sembrando toda su carrera de rencores y construyendo una personalidad dictatorial. No obstante era algo que Blackmore quería dejar claro desde el principio, Rainbow no era una democracia y él era el amo y señor.

El disco se edita el 4 de agosto de 1975 y Blackmore ya tiene una banda cerrada con Jimmy Bain al bajo, Tony Carey a los teclados y Cozy Powell a la batería, configurando de esta formación al estilo Purple.

El 10 de noviembre del 75 comienzan en el Forum de Montreal, una gira de 20 conciertos por Estados Unidos y Canadá que les sirve para poner a rodar la maquinaria y comenzar a presentar algunos temas de su segundo álbum, primero grabado con la formación más sólida y duradera de Rainbow.

La banda se vuelve a encerrar en Musicland Studios con Martin Birch, en febrero de 1976 para registrar *Rising*, el segundo disco de Rainbow. Un trabajo donde el grupo consigue definir el sonido que lo acompañará en los próximos años y el tándem Blackmore/Dio ofrece sus mejores momentos. Además se trataba de una combinación sólida de músicos donde el triángulo Blackmore/Dio /Powell, formaba el núcleo duro.

El inicio del álbum con el teclado de «Tarot Woman» indicaba que el sonido épico era lo que iba a primar en el resto de la obra, que alcanzaba el clímax en temas como «Starstruck» y «Do You Close Your Eyes», configurando una cara A antológica.

La cara B estaba destinada a dos dardos extremos y de gran valía, «Stargazer» y el himno hard «A Light in the Black».

Otro de los aspectos definitivos que presentaba *Rising* era la rivalidad manipulada de teclado y guitarra, algo que había producido rencillas con Lord en el pasado y que sin embargo en Rainbow explotaría hasta la saciedad.

La gira americana de presentación de *Rising* comenzó el 11 de junio de 1976 en Columbus, Ohio, con un total de 26 conciertos en poco más de dos meses. Rápidamente se embarcaron en el tour europeo, aterrizando en el Hipódromo de Bristol el 31 de agosto y finalizando el 18 de octubre en el Congres Gebouw de La Haya, Holanda. Habían dejado atrás 36 actuaciones por el Reino Unido, Alemania, Suecia, Suiza, Francia, Bélgica y Holanda, pero al mismo tiempo habían tenido que suspender tres conciertos debido a la escenografía que desplegaban, un arcoíris luminoso de 12 metros de ancho y casi 9 metros de alto, que Ritchie Blackmore había copiado del escenario del festival California Jam, donde tocó con Deep Purple. Blackmore no estaba dispuesto a que la banda saliera a escena sin su espectacular escenario, por lo que se cancelaron los dos shows de Cardiff en el Reino Unido y el de Lund, Suecia.

Noviembre y diciembre los destinaron a los conciertos de Australia y Japón, en los cuales se debió grabar el doble directo *On Stage*, que sin embargo no incluye en los créditos los lugares de grabación. Un extraordinario álbum en vivo que fue tuneado en estudio, y del que hablaremos más adelante.

■ Una fórmula que funciona

Al final de la gira de Japón, se pudo comprobar el inmovilismo de Blackmore a la hora de cambiar repertorios, cuando encontró la fórmula que funciona, decidió no cambiarla. Aunque tenía material nuevo que presentar, y pensad que algunos temas ya se habían presentado en la gira del primer álbum, tan sólo variaron tres canciones en el *set list*, y una de estas variaciones fue la inclusión de un pequeño guiño a Deep Purple, pero al Mark IV, incluyendo «Mistreated». Este fue el *set list* del último concierto de gira, el 16 de diciembre de 1976, en el Nippon Budokan de Tokio: «Kill the King», «Mistreated», «Sixteenth Century Greensleeves», «Catch the Rainbow», «Man on the Silver Mountain», «Starstruck», «A Light in the Black», «Still I'm Sad».

Musicalmente, Rainbow estaba en un gran momento, considerados como un grupo poderoso y auténtico heredero de Deep Purple, banda que había desaparecido ese mismo año, pero internamente las cosas no funcionaban del todo como deberían. Blackmore comenzaba a estar cansado de la que definía como falta de destreza y técnica de Bain y Carey, indicativo de que los cambios se avecinaban. De hecho durante los conciertos de Australia, Blackmore despidió en una rabieta a Carey, aunque la sangre no llegó al río en aquel momento. Bain es despedido al poco de acabar la gira, ante la preparación del material que deberá completar su tercer disco en estudio. En principio es sustituido por Mark Clarke (Colosseum y Uriah Heep), pero Blackmore prescinde de él en el estudio de grabación por no tener la sintonía que buscaba.

La banda entra en The Strawberry Studio de Château d'Hérouville en París, con la primera incorporación de David Stone (Symphonic Slam) al teclado y más tarde Bob Dassley (Chicken Shack) al bajo, quien se encuentra todo prácticamente hecho.

Blackmore destrozando la guitarra en Liverpool, 1977.

Antes de finalizar la grabación del disco, la banda vuelve a los escenarios, en esta ocasión presentando *On Stage* que se edita el 7 de julio del 77, mientras que se presenta dos días más tarde en el Hammersmith Odeon de Londres.

El 9 de septiembre tienen otra cita en el The Shire Auditorium de Los Ángeles, para iniciar el 23 del mismo mes un tour europeo de 45 conciertos por UK, Alemania, Suecia, Dinamarca, Noruega, Dinamarca, Holanda y Francia. El 18 de octubre en el Stadthalle Theatre Viena,

Blackmore se bajó del escenario a pegar a uno de los miembros de seguridad del foso, porque al parecer estaba agrediendo a un fan. Blackmore fue detenido y denunciado por romperle la mandíbula y el concierto previsto para el día siguiente en el Olympiahalle de Múnich se canceló al estar detenido. El segundo concierto programado se pudo realizar dos días después de su detención, siendo registrado por la cámara de televisión del programa germano *Rockpalast TV*.

El mes de diciembre lo dedican a terminar las grabaciones de *Long Live Rock'n'roll*, nombre que figurará en el tercer disco de estudio, para lanzar en enero una gira por Japón donde la tragedia se presentará en el Nakajima Sports Center de Sapporo, el 27 de enero, cuando Rainbow finaliza el show con el tema «Do You Close Your Eyes» y se despide del público, la multitud enloqueció y se abalanzó sobre el escenario, aplastando hasta la muerte a una joven estudiante universitaria y dejando numerosos heridos graves a pie de escenario. Nunca se aclaró el motivo de la avalancha. Blackmore volvió más taciturno de Japón y la próxima gira americana no ayudó a cambiar el panorama. La relación con Stone y Daisley se comenzaba a deteriorar, como si de un revival se tratara.

Long Live Rock'n'roll tuvo una gran acogida al editarse en abril de 1978, pero mientras que en Inglaterra eran unos auténticos dinosaurios del rock, criticados hasta la obscenidad por la nueva generación punk, en Estados Unidos no conseguían despegar. La gira yanqui comenzó el 9 de mayo del 78, en el Mid South Coliseum Memphis, como teloneros de la banda de A.O.R. (Adult Oriented Rock) Reo Speedwagon.

La banda debía actuar sin su arcoíris luminoso y con limitaciones en la mesa de sonido por orden de los managers de Reo (algo habitual en la época); en la mayoría de los shows les presentaba una voz en off como «With you tonight the invited group, Ritchie Blackmore's Rainbow», algo que enfurecía a Blackmore. Quizás por eso el 24 de junio en el Omni de Atlanta, Ritchie estalló en cólera y la emprendió a puñetazos con Andy Green, director de escena de Reo, porque encendió las luces del escenario nada más abandonarlo Rainbow. Blackmore declararía en una entrevista posterior: «Nos gusta mantener las luces apagadas hasta que el tema "Over The Rainbow" termine de reproducirse. Las luces se encendieron y fue como, "Ahora que la mierda ha terminado, viene lo bueno"».

Para colmo de males, los últimos conciertos de la gira, con Rainbow de cabeza de cartel y con AC/DC como banda de apoyo, el arcoíris del escenario provocó interferencias con el equipo de sonido y fue un completo desastre. El 17 de agosto en el Pittsburgh Stanley Theatre de Pensilvania, sólo pudo tocar 40 minutos con un sonido horroroso. El 20 de agosto se suspendió el concierto en la prueba de sonido por los mismos problemas. El 24 de agosto en el Palladium de Nueva York, pararon el concierto a la segunda canción y se retiraron anunciando que volverían tras resolver el problema de sonido, pero tras 90 minutos de espera Dio salió sólo a escena y anunció que el concierto se suspendía y el dinero de las entradas se devolvería.

El 26 de agosto en el final de gira en Asbury Park, la banda decidió en la prueba de sonido cancelar su actuación en lo que fue un final triste e incluso ridículo del tour americano.

Tras volver de la gira americana Stone y Daisley fueron despedidos por Blackmore, quien contrató a Roger Glover, para ayudarle en la composición de temas nuevos más encarados al mercado americano, dejando de lado las historias mitológicas de demonios y caballeros. Dio se sintió arrinconado y excluido de la tarea de composición, al mismo tiempo que se enteró de que cobraba mucho menos que Powell y bastante menos de lo que él pensaba que le correspondía. Dio aceptó la oferta de su amigo Tony Iommi para formar parte de una nueva formación de Black Sabbath, con la que firmó grandes páginas de la historia del hard rock.

La unión de Blackmore y Dio se había roto, la época más brillante del Rainbow había pasado, pero todavía le quedaría por recorrer un camino encaminado a conquistar el mercado americano.

1979-1984. TRANSICIÓN, ÉXITO Y SEPARACIÓN

Blackmore tenía decidido que iba a por el mercado americano, y para ese empeño necesitaba el empuje de un vocalista con personalidad. Al parecer, se tragó su orgullo pidiéndole a Coverdale y Gillan que fueran los protagonistas del cambio, pero finalmente el puesto se lo llevó Graham Bonnet, un desconocido en Europa, pero con una prometedora carrera en Australia con el dúo The Marbles.

Como teclista se contrató a Don Airey, actualmente en Deep Purple, y tras varios intentos de localizar y fichar a un nuevo bajista, se le ofreció el puesto a Glover, quien ya estaba a cargo de la producción y tareas de composición.

Cuando Graham Bonnet llegó a Rainbow, la composición de los textos del disco estaba muy avanzada, ya que Glover y Blackmore habían desarrollado parte del trabajo en casa del guitarrista, durante diciembre de 1978. De esta forma Bonnet creó todas las melodías de voz, pero su nombre no se refleja en créditos.

El disco *Down to Earth* se grabó entre abril y julio de 1979 en Francia y Nueva York, rematando en enero de 1980 en Copenhague, en lo que fue una grabación interminable por la obsesión de Glover de buscar la perfección, con largas sesiones a base de decenas de tomas que agotaron a los músicos.

El resultado es un disco comercial casi perfecto, que incluía dos temas disparados hacia las radios fórmula americanas; «Since You Been Gone», una versión de Russ Ballard (Argent) y «All Night Long», del que se grabó un videoclip denigrante y claramente sexista.

Ya no quedan historias de magia, guerreros y espadas, se ha cambiado el sonido, mucho más accesible, comercial y amable. El disco se edita y recibe una gran acogida en Estados Unidos y en Inglaterra alcanza el puesto 6 de las listas. La gira americana comienza el 2 de septiembre en el Civic Center Lakeland de Florida, la mayoría de los conciertos abrían Blue Öyster Cult, con un repertorio reducido basado en el siguiente *set list*: «Over the Rainbow», «Eyes of the World», «Love's No Friend», «Since You Been Gone», «All Night Long», «Catch the Rainbow», «Lost in Hollywood», «Man on the Silver Mountain», «Will You Love Me Tomorrow?», «Long Live Rock 'n' Roll», «Kill the King».

Un tour de 57 conciertos donde la cosa se simplifica, tanto luces como sonido, aunque sigue brillando la guitarra de Blackmore y el sonido en directo es mucho más duro que en el disco. Durante la gira aparecen dos nuevos datos inquietantes, Cozy Powell no está cómodo con el nuevo sonido, exigiendo mantener su solo de batería como rei-

Póster americano de la transformación.

vindicación personal y Blackmore, se obsesiona con Bonnet creyendo que no da la talla para Rainbow. En enero y febrero realizan 22 conciertos en el viejo continente antes de comenzar el esperado tour británico, que les llevaría dos noches seguidas al Wembley Arena de Londres, donde la banda se negó a hacer el bis en el segundo concierto, provocando la rabia del público que arrasó con las butacas del recinto.

La popularidad crecía al mismo tiempo que el mal ambiente interno. Tras la gira japonesa de ese año, tenían una cita importantísima en casa, el 16 de agosto en la primera edición del Monsters of Rock de Donnington Park, encabezando un cartel formado junto a Judas Priest, Scorpions, April Wine, Saxon, Riot y Touch, es decir una nutrida representación de la NWOBHM. Ese sería el último concierto de Cozy Powell y Graham Bonnet, y quizás por eso fue uno de los más memorables, introduciendo Lazy de Deep Purple en el inicio del bis. Rainbow cerró de esta forma una nueva etapa, su Mark V, de tan sólo año y medio de historia, pero la más exitosa en la venta de discos.

Bonnet se mantuvo en su puesto para entrar a grabar el nuevo álbum, *Difficult to Cure*, pero la deriva comercial de los nuevos temas y la incorporación

de Bobby Rondinelli como nuevo batería, con quien no tuvo buena química, le ayudó a decidir marchar antes de que la cosa fuera a peor.

Cuando llegó el nuevo cantante, Joe Lynn Turner, a los estudios Sweet Silence de Copenhague, el disco estaba grabado, por lo que tuvo que cantar en un tono mucho más alto del suyo. El resultado fue un disco descaradamente A.O.R. donde las canciones suenan frescas, dinámicas, pero sin alma.

Difficult to Cure se publicó el 3 de febrero de 1981 y supuso un paso más en el itinerario marcado por Blackmore, pero no pasó del puesto 50 del Billboard, mientras como si de un mal sueño se tratara, alcanzaba el número 3 en el Reino Unido. La banda comenzó seis meses de gira el 20 de febrero en el Peppermint Beach Club de Virginia. Un tour que les llevó por Estados Unidos, Canadá, Europa y Japón; precisamente en la manga europea se produjo la primera visita en España. Tres conciertos que comenzaron el 3 de julio en la Monumental de Barcelona, junto a unos imberbes Def Leppard y unos veteranos UFO (sustituyendo a Scorpions), y donde Blackmore volvió a ejercer de tirano engreído. No soportando los horarios de conciertos marcados, porque le obligaban a tocar último y a altas horas de la noche, forzó a la organización a colocarles en medio del espectáculo. Esto provocó el cabreo de UFO, en especial de su vocalista Phil Mogg, que se lió a guantazos con el manager de Rainbow, Ian Broad y que la actuación de UFO estuviera marcada por la falta de público y el estado de embriaguez del vocalista, que incluso cayó al foso en uno de los temas. Rainbow también actuó en Madrid y San Sebastián.

Al terminar la gira, eran crecientes los rumores de una posible reunión de Deep Purple, acrecentados por la marcha eventual de Glover, quien decidió no hacerla efectiva. Quien si decidió que no aguantaba más a Blackmore fue Don Airey, que abandonó para convertirse en el teclista de moda del hard rock mundial durante toda la década.

Su sustituto fue David Rosenthal, inclinando la balanza con tres músicos americanos y tan sólo Glover y Blackmore como británicos. La banda entra en estudio cuatro meses después de descansar de los escenarios y graban el segundo disco de la era Turner, *Straight Between the Eyes*, un trabajo menos comercial que *Difficult to Cure* pero carente de temas que marcaran la diferencia, no aportó casi nada a la memoria colectiva de la banda. Sin embargo fue muy bien acogido en Estados Unidos, donde llegó al número 30 del Billboard.

■ Tour americano

El tour americano, de mayo a agosto de 1982, les proporcionó un estatus más consolidado, consiguiendo colgar el cartel de *sold out* en recintos de gran capacidad, algunos de ellos con Scorpions de teloneros. De forma sorprendente, la banda no realizó gira por el Reino Unido y tras descansar durante el mes de septiembre se embarcan en el tour japonés y acto seguido el viejo continente, finalizando en la Península ibérica, el 30 de noviembre en el Palacio de los Deportes de Montjuic, el 1 de diciembre en el Pabellón Deportivo del Real Madrid y dos días después finalizando en Lisboa el tour.

La escenografía se fijó con unos ojos luminosos dominando el entarimado, pero el *set list*, mostró sólo tres temas diferentes: «Spotlight Kid», «MISS Mistreated» y «Stone Cold». Un inmovilismo por el que la banda recibió muchas críticas.

Finalizando la extensa gira, reaparecen los rumores de reunión del Mark II de Deep Purple, pero en esta ocasión más acrecentados porque Ian Paice se ha marchado de Whitesnake y Rainbow están demasiado tiempo callados, sin hacer nada.

Las negociaciones no llegan a buen puerto y la banda comienza a despertar del letargo sufriendo nuevos cambios, en este caso es despedido Rondinelli y sustituido por el batería Chuck Burgi, también americano.

Entran en estudio en junio del 83, tras seis meses de inactividad. Ahora se puede ver como un error, *Bent Out of Shape* no debería haberse editado, pero la inercia manda y mientras la nave nodriza no se puso en funcionamiento, hubo que echar más leña al fuego. El álbum se editó el 24 de agosto de ese mismo año y Rainbow emprendía un nuevo tour el 6 de septiembre en el Royal Court de Liverpool; una gira de escasos tres meses con 42 conciertos en Europa y Estados Unidos, que se cerró con tres conciertos en Japón en marzo de 1984, donde la banda estuvo acompañada por una orquesta sinfónica de 25 músicos, algo que Ritchie Blackmore había jurado que no volvería a hacer en la vida.

Turner se quejó de que la gira se había organizado cuando el retorno del Mark II de Deep Purple estaba firmado y sentenciado. Parecía el final de Rainbow, pero como veremos más adelante, no fue así.

WHITESNAKE

1976-1978. MAREANDO LA SERPIENTE

El 15 de diciembre en el Empire Theatre de Liverpool, Deep Purple ofrecía su penoso último concierto y el 6 de julio de 1976 Rob Cooksey hizo oficial la separación. Coverdale tenía entonces la insultante edad de 24 años y un impresionante bagaje al frente de una de las bandas más poderosas del planeta, con la que realizó la gira más extensa y exitosa pero conoció la descomposición del grupo a una velocidad de vértigo.

Cuando Deep Purple dejó de respirar momentáneamente, Coverdale ya tenía preparada la vía de escape con su amigo y guitarrista Micky Moody, pero no contaba con el contrato draconiano que le obligó a firmar John Coletta y que le ataba a Deep Purple Overseas Ltd. durante 10 años. Coletta le proporcionó la posibilidad de grabar su primer álbum, que editaría bajo Purple Records en el Reino Unido, pero le prohibió salir de gira mientras no estuviera asentada su carrera como solista. En verano de 1976, al mismo tiempo que se anunciaba

Coverdale esperando su oportunidad.

la separación de Deep Purple, Coverdale entraba en los Musicland Studios de Múnich para grabar *White Snake*, bajo la producción de Roger Glover. Un trabajo modesto que sin embargo planteaba una serie de ideas que serían el ADN de su futuro; escapar de la banda de guitar hero y el formato explotado en Deep Purple, con grandes progresiones instrumentales de guitarra y teclado, que le dejaban fuera del escenario durante mucho tiempo; centrarse más en canciones estándar con un rol que adoptaría de los viejos *blues man*, el *bad nigger* y el *male hunter*, y sus letras comenzaron a desarrollar dobles sentidos sexuales, de macho buscando hembra, dominando. Coverdale fue acusado a menudo de letras sexistas y misóginas, sólo hay que echar un vistazo a letras de Robert Johnson, Howlin' Wolf, Muddy Waters, Big Bill Broonzy o Skid James para saber de dónde viene esa tradición que fue adoptada por muchos cantantes blancos, siendo los mayores exponentes Robert Plant de Led Zeppelin y Coverdale.

El disco *White Snake* se editó de forma muy tímida, con diferentes sellos dependiendo del país y la recepción no animó a Coletta y Edwards a apostar por pagar una banda que lo defendiera en directo, pues los músicos del disco no les ofrecían mucha confianza: Tim Hinckley exteclista de Snafu, más tres desconocidos, De Lisle Harper al bajo, Ron Aspery a los vientos y Simon Phillips a la batería, con el apoyo a los coros de Liza Strike, Helen Chappele y Barry St. John, que provenían de la ópera de Glover The Butterfly Ball.

Coverdale tenía tanto mono de escenario que estuvo a punto de aceptar la oferta de Uriah Heep para que sustituyera a David Byron, pero el contrato de Coletta se lo impidió, como también le vetó aceptar en 1977 la proposición de Tony Iommi para que sustituyera a Ozzy en Black Sabbath.

Nada más editarse *White Snake* y ante la falta de agenda de conciertos, Coverdale entra de nuevo en estudio en marzo de 1977 para grabar su segundo disco, *Northwinds*, cambiando batería y bajista que ocupan respectivamente Tony Newman (David Bowie) y Alan Spenner (Joe Cocker). Aparecen Lee Brielleaux de Dr. Feelgood colocando algunas harmónicas y en el tema «Give Me Kindness» hacen coros Dio, Lord y Glover con sus parejas, bajo el seudónimo de *Class Of 77*. El disco aposenta lo anunciado en el anterior y se decanta por una banda de rock blues con inclinaciones hard. Micky Moody, compañero de composición y estudio se decide a apostar por el proyecto Coverdale y comienza la remodelación del mismo. Conocen a Bernie Marsden que acababa

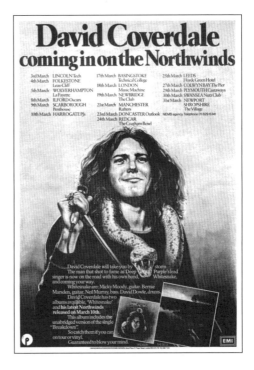

de salir de Paice, Ashton & Lord y lo fichan, con la noble y peligrosa intención de afianzar la fórmula de excluir a un guitar hero, como si los dos guitarras ejercieran de muro de contención. Posiblemente será comenzar la casa por el tejado, pero les funcionó. Neil Murray de Colosseum II al bajo, Dave Duck Dowie a la batería, y el teclista Brian Johnston cerraron la primera banda estable de Coverdale.

Con esta banda y el disco editado el 1 de marzo de 1978, debutan en directo dos días después como David Coverdale's Whitesnake, el 3 de marzo en el Lincoln College Of Tecnology, como inicio de una gira de diez conciertos por el Reino Unido.

Una gira que presentaba una estupenda banda que cojeaba en dos puntos, batería y teclado. El primero en saltar fue Johnston, sustituido por otro Snafu,

Pete Solley. Otro punto importante de la gira fue comprobar la respuesta positiva del público y la gran acogida del tema «Ain't No Love in the Heart of the City», versión de Dan Walsh, que había convertido en éxito el cantante de soul Bobby Blue Bland.

A Coverdale le sigue rechinando el teclista e intenta fichar a Jon Lord, que de momento se resiste, así que decide entrar en estudio para registrar un EP que le permita hacer más conciertos. El 29 de marzo terminan el Northwinds *Tour '78*, entre el 3 y el 13 de abril graban en Central Recorders de Londres con Martin Birch las cuatro canciones de *Snakebite*, juego de palabras que significa mordedura de serpiente venenosa y una bebida muy popular británica que mezcla a partes iguales cerveza y sidra. Whitesnake ha nacido.

1978-1984. EL CAMINAR DE UN CLÁSICO

Snakebite funciona como un dardo envenenado y coloca la banda en la parrilla de salida, dispuesta a arrancar posiciones rápidamente a base de un hard rock que huye de los clásicos grandilocuentes y se muestra accesible, directo, sin aquellas enormes tribulaciones instrumentales, manteniendo una raíz de blues que ni es arcaico ni les transporta a las bandas del blues rock setentero.

Sigue sin funcionar el teclista y Coverdale lo despide cuando están en estudio grabando el primer álbum de Whitesnake, *Trouble*, mientras que la compañía edita un LP con los cuatro temas de *Snakebite* y cuatro extraídos del segundo en solitario de Coverdale.

El 11 de agosto de 1978 se anuncia el fichaje de Jon Lord a los teclados de Whitesnake, pero cuando llega a Central Recorders Studio Martin Birch y el resto de los chicos ya han terminado el disco, por lo que sólo puede meter las teclas en todos los temas, algunos de ellos eliminando las colocadas Pete Solley.

Trouble se edita a principios de octubre de 1978 y se muestra una banda que no se anda con divagaciones y factura un hard muy rockanrolero y dinámico, con un trío en estado de gracia, formado por Moody, Marsden y Coverdale. Todavía no se nota la presencia de Lord, pero el resto de la banda camina de maravilla, un disco sin fisuras donde Coverdale explota el lado *male hunter* al más puro estilo *blues man* y el resultado es fantástico, incluso Lord coloca un piano casi de honky tonk en «Lie Down (A Modern Love Song)».

Bernie Marsden & Micky Moody.

La banda inicia el Trouble Tour el 26 de octubre en el City Hall de Newcastle, un total de 58 conciertos, que les lleva a recorrer el Reino Unido, Alemania, Francia, Austria y España con cuatro fechas del 6 al 9 de abril del 79, Valencia, dos noches en Euskadi y Madrid.

Otro momento importante de la gira fue el 3 de abril en el Hammersmith Odeon de Londres, donde grabaron la actuación para un álbum sólo destinado al mercado japonés *Live at Hammersmith*.

El concierto en el Teatro Monumental de Madrid fue el último de la primera manga del Tour, que estaría dos meses detenido para que entraran en estudio a grabar urgentemente el nuevo disco, *Lovehunter*, tras lo que continúan girando hasta julio de 1979. En el retorno del tour, el batería Dave Dowle, no está a la altura y cuando terminan Coverdale lo despide, barajando varios candidatos entre los que se encontraba Cozy Powell, que ya estaba incómodo con el giro comercial de Rainbow, pero al final fue Ian Paice, compañero en Deep Purple quien ocupó la plaza, configurando la formación clásica de Whitesnake.

Poco tiempo para prepararse el repertorio y tres pruebas de fuego de la nueva formación: El 18 de agosto el Bilzen Festival de Bélgica, el 26 del mismo mes aparecen por primera vez en el Reading Festival británico, aunque no en muy buena posición publicitaria el último día, donde las cabezas de cartel eran Molly Hachet,

Climax Blues Band y Peter Gabriel, incluso Ramones estaban mejor posicionados, aunque fueron sustituidos por Nils Lofgren. Sin embargo los 52 minutos del show en el Reading '79 fueron antológicos y consiguieron la mejor promoción que hubieran podido desear, la de miles de personas que se quedaron a ver cómo cerró el Reading comprendieron que estaban ante una banda que iba a escribir su propia gran historia. La tercera, su primera cita americana, un sólo concierto el 23 de septiembre en UCLA Royce Hall de Los Ángeles, donde comprobaron que eran una banda demasiado británica para el público americano.

■ Arrecian las críticas

Cuando a principios de octubre se edita *Lovehunter*, arrecian las críticas de los colectivos feministas acusando a la banda de machista, al mismo tiempo que sectores conservadores critican la portada ocupada por una ilustración de una mujer desnuda montada sobre una gran serpiente, en lo que muchos quisieron ver una representación fálica, en Estados Unidos se colgó un adhesivo que cubría el culo de la muchacha, mientras que en Argentina se le dibujó un ridículo dibujo de un bikini. Musicalmente el disco es perfecto y perfila su primer clásico con el tema «Walking in the Shadow of the Blues». La apuesta por las canciones directas, aunque es extraño ver relegados a Lord y Paice, siempre en pro de la cohesión del conjunto.

Inician una gira británica con 23 conciertos para entrar de nuevo en diciembre de 1979 en estudio y grabar el disco que Coverdale quería haber hecho hace tiempo, con la banda al completo, en plena efervescencia creativa y consolidada como una potente máquina de directo. *Ready An' Willing* se grabó entre diciembre de 1979 y febrero de 1980 en los Ridge Farm Studios y en Central Recorders de Londres, pero sin apenas asimilarlo marchan a Japón para una gira de siete shows multitudinarios donde defienden *Lovehunter* y *Live Hammersmih* grabado con otra formación.

Coletta y Coverdale imprimen una agenda frenética de gira, disco, gira, que les ocupará los próximos años; por eso apenas aterrizan de Japón el 31 de mayo de 1980 se edita *Ready An' Willing*, que contenía la canción que necesitaba Whitesnake para crecer, «Fool For Your Loving». Por otro lado el sonido es más duro adaptándose a los nuevos tiempos donde parece que mandan las bandas jóvenes de la NWOBHM. La fórmula funciona y el disco es el primero que entra en el mercado americano al mismo tiempo que alcanza un gran éxito en el Reino Unido.

Gracias al álbum el nuevo tour británico demuestra que son una de las bandas del momento con tres citas importantísimas. Dos noches en el Hammersmith Odeon de Londres que graban para un lanzamiento en vivo y de nuevo el

Whitesnake interpretando «Walking in the Shadow of the Blues».

Reading Festival (24.08.80), pero ahora sí como auténtico grupo principal; la primera noche fue Rory Gallagher, la segunda UFO e Iron Maiden y la tercera Whitesnake y Def Leppard.

Sin apenas descanso, entran de nuevo al estudio entre los meses de julio y septiembre para intentar repetir la fórmula de *Ready An' Willing*, grabando *Come An' Get It*, un disco que triunfaría en Inglaterra, pero se desplomaría en USA.

Los meses de octubre y noviembre marcharon a Estados Unidos teloneando a Jethro Tull en shows muy cortos y mermados de mesa de sonido y luces, un contraste demasiado fuerte para el ego cada día más crecido de Coverdale, que comprueba de nuevo durante el tour europeo de final de año, que el estatus es muy diferente entre el viejo y el nuevo continente.

EMI edita el doble directo de forma incomprensible, un primer disco extraído de las grabaciones de la gira de ese año y le añade como segundo vinilo la grabación del 78 que ya había comercializado como *Live at Hammersmith*, además lo edita cuando no han pasado seis meses de la edición del disco en estudio.

1981 fue un año de infarto, el 11 de abril se edita *Come An' Get It* y tres días después se pone en marcha un tour en Alemania que les llevará a recorrer medio planeta, con la repetición de resultados en Estados Unidos, donde fueron de teloneros de Judas Priest y no consiguieron los objetivos deseados, entre otras cosas porque su compañía, Mirage, estaba en la ruina. Sin embargo vuelven a ser cabeza de cartel con AC/DC en la segunda edición del Monsters of Rock de Donington (22.08.81).

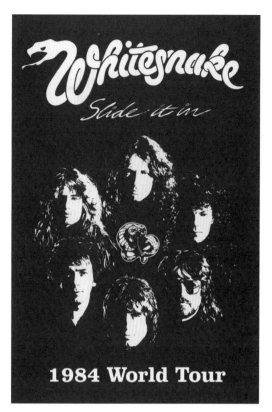

Seguramente por la decepción de Coverdale en la gira americana, el ambiente se enrareció en el grupo y se reprochó a los músicos no estar al cien por cien en la historia al mismo tiempo que se dejaba claro que Whitesnake era el proyecto de Coverdale. El nuevo disco se comenzó a grabar a finales de 1981, justo al terminar el tour, pero rápidamente saltó del grupo Marsden y al poco le copiaron Murray y Paice, adivinando el giro que estaba tomando la historia. 1982 resultó un año desastroso, sin actividad y lo que era peor, sin saber nada del futuro, por lo que crecieron los rumores de separación definitiva. Por fin el 20 de noviembre se edita *Saints & Sinners*, un gran disco grabado en plena decadencia interna y con un giro comercial muy marcado, sobre todo por la tendencia a las baladas que marcaban «Crying In the Rain» y «Here I Go Again», aunque el resto del trabajo escondía buen rock'n'roll. Se reforma la banda con Cozy Powell a la batería, Mel Galley a la guitarra y Colin Hodgkinson al bajo, emprendiendo un tour que les lleva de diciembre del 82 a septiembre del 83 por Europa y Japón, siendo cabezas de cartel del Monsters of Rock y visitando Madrid y Barcelona en su consiguiente gira acompañados de Meat Loaf, en un concierto extraño donde el protagonismo fue de Cozy Powell con un solo interminable, que a mi entender destrozó el show.

Coverdale continúa con sus planes de invadir Estados Unidos y una vez finalizado el contrato con Coletta, ficha por Geffen en USA que le aconsejan un cambio de imagen total del grupo. La banda entra a grabar *Side It In* hecha jirones en una grabación absurda y ridícula. Se graba con la banda actual, pero se llama a Eddie Kramer (Jimi Hendrix) a la producción. Coverdale se pelea con él y le pide a Martin Birch que finalice el disco. Una vez terminado, Geffen hace mezclas nuevas para USA y se borran las pistas de bajo de Hodgkinson y las de guitarra de Moody, por lo que se llama de nuevo a Neil Murray que graba el bajo y se ficha a John Sykes para que grabe las guitarras de nuevo.

En abril de 1984 en Suiza, antes de la gira americana Lord se despide para volver a la reunificación del Mark II de Deep Purple, por lo que no pudo comprobar in situ como sus pistas se bajaron de forma escandalosa en el disco americano. El tour americano ya presentó una banda tuneada para ofrecer lo que el mercado yanqui quería, con un grupo reducido a cuarteto, Coverdale, Sykes, Powell y Murray, más el teclista Richard Bailey que nunca fue considerado como miembro de la banda. Toda esta absurda situación terminó en Río de Janeiro en enero del 85 cuando Whitesnake participó en el primer Rock

in Rio con bandas como Queen, Iron Maiden, AC/DC, Rod Stewart o Yes entre otros. Esas dos actuaciones, el 11 y el 19 de enero, significaron el final de la primera etapa de Whitesnake, la etapa británica.

DEEP PURPLE

1984-1989. EL REGRESO DEL MARK II

Los rumores de reunión del Mark II se dispararon en varias ocasiones, siempre por indagaciones de Bruce Payne, manager de Rainbow. Era lógico que al final se produjera la reunión, más por intereses económicos que por otra cosa. Rainbow no funcionaba como Blackmore pretendía, ni el éxito en Estados Unidos colmó sus anhelos. En Whitesnake habían abandonado los miembros de Purple. La NWO-BHM se había aposentado, Deep Purple era una banda venerada y los protagonistas del Mark II ingresaban más por los derechos de autor que de las últimas aventuras musicales. Lo único que quedaba era cómo vestir la reunión para que no pareciera lo que era en realidad, una operación de caja.

Se editaría un nuevo álbum y de esta forma la gira mundial no sería tomada como una gira revival. Pero todo muy bien atado, ya no eran los tiempos de amistad desinteresada. El 18 de abril de 1984, se reúnen los cinco componentes del Mark II en Connectitut y se pactan los términos. El management sería por partida doble, Bruce Payne (responsable de Blackmore, Lord, Glover y Paice) y

El retorno deseado del Mark II.

Phil Banfield (Gillan), regirían los destinos de la banda. Se rompieron los lazos con John Coletta y Tony Edwards, sin llegar a trascender la cantidad económica que supuso. Se fijó que el productor del nuevo disco sería Roger Glover, al mismo tiempo que se acordó por imperativo de Blackmore que la autoría de las canciones sería individual, no colectiva. La banda hizo público un comunicado el 29 de abril de 1984, anunciando la reunión, grabación de un nuevo disco en estudio y el inicio de un tour mundial.

El disco se grabó durante el mes de agosto en los estudios Horizons de Vermont, con Le Mobile Studio y se editó el 29 de octubre en vinilo y el nuevo formato CD bajo el nombre de *Perfect Strangers*. La recepción del disco fue fantástica, más por las ganas de ver al clásico, que por la calidad atesorada en el álbum, con un sonido fresco y manteniendo la personalidad clásica. El tiempo sólo nos dejó dos piezas para el recuerdo colectivo, «Perfect Srangers» y «Knocking At Your Back Door», fijas de sus conciertos y lanzadas en videoclips. La promoción discográfica fue enorme y ayudó a alcanzar el número 5 en UK y romper previsiones en el Billboard con el número 17, vendiendo más de un millón de copias en USA.

Arrancan el 27 de noviembre en Perth, una gira de doce conciertos por Australia y Nueva Zelanda donde se ponen al día y perfeccionan el repertorio, el cual es similar al desarrollado en 1972, incluyendo cuatro temas del nuevo disco y «Difficult to Cure», una muestra de poderío de Blackmore que marca el terreno, por si alguien duda de quién manda. En enero comienzan en Texas una gira por USA y Canadá que los lleva por grandes estadios, acompañados por Giuffria o Girlschool, hasta el 9 de abril en Seattle. La gira más exitosa de la historia de Deep Purple por el continente americano, con más de siete millones de dólares de recaudación, sólo superada por la de Bruce Springsteen con su *Born in the USA*. Sin embargo la gira americana dejó secuelas lamentables como las ausencias de Blackmore en el bis de «Smoke on the Water» en numerosos conciertos, despreciando al público y a sus compañeros. Tras la gira japonesa con todo vendido, iniciaron el tour europeo que olvidó el Reino Unido, donde sólo tocaron el 22 de junio en Knebworth Park, encabezando un cartel ocupado por Scorpions, UFO, Meat Loaf, Blackfoot, Mama's Boys, Mountain y Alaska. Por donde sí pasó el tour fue por España, tras el susto de cancelar los conciertos de primeros de julio por enfermedad de Gillan, se reubicaron el 16 del mismo mes

en el Estadio Narcís Sala (C.F. San An-
drés) de Barcelona y el 17 de julio en el
Estadio del Rayo Vallecano de Madrid.
El concierto de Barcelona fue bastante
decepcionante para quienes esperába-
mos décadas la visita de Deep Purple.
Nos tocó lidiar con una de las noches
malas de Blackmore, que pasó más de
la mitad del concierto tocando para los
amplificadores e ignorando al público.
Sólo se molestó en cambiar la actitud
en el tema «Difficult to Cure» colocado
para lucimiento personal con un juego
de luces especial, que lo colocaba más
fuera de lugar.

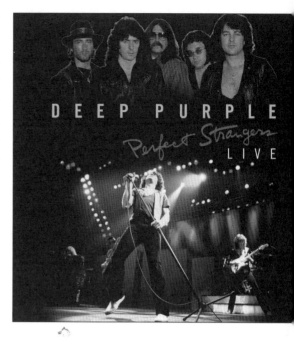

Como si de un bucle se tratara, se volvieron a repetir las situaciones de anta-
ño, con un Blackmore que se dedicó a vetar todas las ideas que aportaba el resto
de la banda, cuando en verano del 86 se volvieron a juntar en Vermont para grabar *The House of Blue Light*, cada decisión era una guerra entre Blackmore y Gillan.
El disco rompe por completo la cohesión de la banda, y exaspera más los ánimos
entre los dos, acrecentados por un problema con la bebida que se hace cada día
más evidente en el vocalista. El LP se edita el 12 de enero del 86 y la recepción no
es del todo mala, con un décimo puesto en el Reino Unido y un más que aceptable número 34 en el Billboard. El problema volvió a ser la gira y la negativa de
Blackmore a renovar el *set list*, con lo que volvió a ser idéntico al tour del año
anterior, y ¿para qué vamos a engañarnos?, a las giras del 72 y el 73.

Puntos poco agradecidos fueron el corta pega realizado en «Space Truc-
kin» uno de los temas más queridos por el público donde se insertó el sobado
«Difficult to Cure», además de incluir en los conciertos el «Blues» reciclado de
Rainbow.

La gira europea comenzó el 20 de enero del 87 en Budapest y terminó el 8
de marzo en Birmingham, con Bad Company como banda de apoyo, con cinco
noches en UK y dejando fuera nuestro país; por lo que muchos aficionados se
desplazaron el 20 de febrero al Palais Omnisports de París para ver y comprobar
in situ las tensiones, cuando en el bis de «Smoke on the Water», salió Blackmore
pero no el resto de la banda, algo inusual, porque era normalmente el guitarra
el que desaparecía.

Gillan y Blackmore, la lucha de egos.

Todo esto afectó a la gira y cuando el 30 de mayo en Phoenix, Blackmore se rompió un dedo al lanzar la guitarra al aire y pillarla mal, los conciertos no se aplazaron, se suspendieron directamente, porque la venta de entradas era pésima.

Deep Purple estaba en estado de descomposición otra vez, y Bruce Pyne intentó salvar los platos editando un doble directo llamado *Nobody's Perfect*, una recopilación de grabaciones de la gira del 87, falseadas al extremo del mal gusto en estudio y que no hizo más que retrasar lo inevitable. Gillan fue despedido a principios de 1989, tras haber realizado un tour desastroso entre julio y octubre del 88, con numerosas suspensiones por floja venta de entradas, rumores de peleas entre Blackmore y Gillan que podrían haber llegado a las manos, la caída en picado del vocalista en el alcohol, etc... Lo último que hizo esta formación, fue grabar de nuevo «Hush» esta vez con Gillan a la voz, para celebrar los 20 años de carrera.

1989-1992. MARK V. EXTRAÑOS EN EL PARAÍSO

Posiblemente estamos ante el episodio de la historia de Deep Purple que jamás debió producirse, y no seré yo quien arremeta contra Turner, pero desde luego estaba claro que no era el cantante adecuado. Tras algo más de seis meses de búsqueda de vocalista, la banda ficha a Joe Lynn Turner, por la insistencia de Blackmore, que erróneamente vuelve a confiar en él para ganar adeptos en el mercado americano. Todos sospechábamos que el acercamiento al AOR sería evidente, pero no resultó tan claro, *Slaves and Masters* es un álbum altamente comercial, pero no significó una perversión del sonido Purple. De hecho Glover, encargado de la producción consiguió que fuera coherente, pero la voz no cuadraba desde el primer tema, «King Of Dreams», un tema que Gillan hubiera bordado en oro. El disco se publicó en octubre de 1990 por la multinacional BMG; Polygram se había deshecho de Deep Purple debido a las bajas ventas de los últimos discos.

Las críticas hacia Turner fueron funestas y algunas sin sentido, el disco es para unos una obra fuera de la órbita Purple, para otros es un disco de Rainbow y para muchos está desfasado y sin personalidad.

La gira no mejoró esta situación, entre febrero y septiembre se desarrollaron conciertos por Europa, USA, Japón, Brasil e Israel. Ningún tramo del tour fue exitoso, suspendiéndose actuaciones como las italianas, por falta de interés. Quizás las actuaciones en Brasil fueron las mejores y más multitudinarias, al ser la primera visita de Deep Purple a Sudamérica. Ni siquiera renovándose el repertorio que admitió temas del Mark III como «Burn» consiguieron arreciar las malas críticas. Cuando la banda comenzó a trabajar en el nuevo álbum, a principios de 1992, los veteranos Lord, Paice y Glover, insistieron a Blackmore en que el único cantante válido para Purple era Gillan, al mismo tiempo que la compañía BMG presionaba para una reunión de su formación más clásica

Turner en Deep Purple. ¿Era necesario?

de cara a celebrar los 25 años de carrera en 1993. Todo se saldó con una propuesta económica a Blackmore por valor de más de dos millones de dólares, si permitía el regreso de Gillan, algo que consiguió que el guitarra de negro se comiera el orgullo.

El 14 de agosto de 1992, Bruce Payne comunicó a Turner que la banda prescindía de sus servicios.

1992-1993. MARK II. LOS EGOS CHOCAN DE NUEVO

En 1992 se produce la tercera y última reunión del Mark II, si en 1984 ya se trataba de una operación mercantil, disimulada con la aportación de un gran disco, en esta ocasión se trata sólo de una cuestión económica. Blackmore claudicando por dinero, Gillan porque se ha arruinado, BMG porque ve en esta operación un filón económico ante la celebración de los 25 años de toda una institución que ahora les pertenece. Pero ni los unos, ni los otros cuentan con la irracionalidad de las personas, que al fin y al cabo es lo que hay detrás de todo este circo.

The Battle Rages On se edita en julio de 1993 y aunque es un disco más Purple que el anterior, sorprende por su dureza, no le gusta a nadie. Gillan no cree en él porque cuando llegó ya estaba casi todo grabado; lo único que pudo hacer es componer nuevas letras y desechar las de Turner. A Blackmore no le gustaba porque Gillan no canta como Turner y compuso la mayoría de los temas

pensando en él. Al resto de los músicos tampoco les agrada porque no ha sido un disco compuesto bajo circunstancias normales y a BMG, termina por no gustarle porque sólo alcanza el número 21 de las listas británicas y se hunde en el 192 del Billboard.

Tampoco la gira fue un camino de rosas. Comenzaron las celebraciones del cuarto de siglo el 24 de septiembre en Roma y finalizaron el 17 de noviembre en Helsinki. El repertorio vuelve a retomar la lista de temas del 84 y se elimina «Burn» y cualquier evidencia de *Slaves and Masters*, por imperativo de Gillan. Blackmore impone por su parte a mitad de gira la incorporación de una corista muy jovencita llamada Candice Night, que ridículamente hace coros escondida detrás del escenario y que termina siendo la novia del guitarra y compañera en un proyecto musical futuro. Se trataba de la crónica de una muerte anunciada, pero más rápido de lo deseado. Como niños mal encarados en el recreo, comenzaron a hacerse putadas unos a otros, Blackmore tocaba solos no programados cuando Gillan tenía que cantar y el vocalista chillaba en los solos de Ritchie, el resto de la banda se puso al lado de Gillan y machacaban los solos de Blackmore sin pensar ninguno de ellos que el verdadero damnificado era el público. Fueron canceladas numerosas citas del tour, entre ellas las actuaciones en España, programadas en Barcelona y San Sebastián para octubre del 93.

Finalmente Blackmore anunció al resto de la banda que terminaba su relación con Purple y que no finalizaría los compromisos adquiridos de antemano, como la gira de Japón. A partir de ese momento llegaron algunas actuaciones patéticas de Blackmore como la del 9 de noviembre en el NEC de Birmingham, donde la banda salió sin el guitarrista a interpretar «Higwhay Star», que sólo se dignó a aparecer cuando llegaba su solo, y el resto del bolo a instigar a un cámara de televisión, en una grabación que se puede apreciar en el DVD *Come Hell Or High Water*. El 17 de noviembre en el Ishallen de Helsinki, la banda ofreció uno de sus mejores conciertos y Ritchie Blackmore se despidió definitivamente.

1993-1994. MARK VI. TRANSICIÓN EXTRAÑA

La marcha de Blackmore fue otra demostración de prepotencia por su parte, que presumía que sin él la banda desaparecería. La gira japonesa estaba completamente vendida con más de 80.000 entradas y era inviable suspen-

derla porque el perjuicio económico no dejaba discusión. Había que buscar una solución para al menos solventar ese escollo y vino de la mano del manager japonés, Mr. Udo, quien planteó la posibilidad de Joe Satriani, estupendo guitarrista, idolatrado en Japón y al cual se le perdonaría sustituir a Blackmore.

Satriani, el fan que salvó Deep Purple.

Satriani, con la agenda libre y declarado fan de Deep Purple, aceptó como un premio tocar con unos músicos de esas características. Glover le mandó la grabación de su último concierto en Stuttgart y el 29 de noviembre, tres días antes de comenzar la gira nipona la banda y Satriani se juntaron en Japón, comprobando que el americano se sabía todas las canciones de la grabación y algunas más.

Retocaron el *set list* e incluyeron canciones de *Machine Head* que siempre había vetado Blackmore, especialmente significativa fue la interpretación de «When a Blind Man Cries». La gira japonesa fue un éxito y la banda se planteó terminar el tour europeo entre junio y julio, incluyendo Barcelona, Madrid, Burgos y Gijón en la ruta.

Satriani aportó estabilidad y permitió que Purple descubriera que había vida después de Blackmore y es más, que se podía volver a disfrutar tocando juntos, sin problemas y malos rollos. Personalmente pienso que Deep Purple le debe a Satriani los 25 años que ha disfrutado desde que en noviembre del 93 decidió tocar temporalmente con ellos. La historia era temporal y debía terminar, por compromisos de Satriani con su discográfica y no querer pasar toda su vida siendo la sombra de Ritchie Blackmore. El 16 de julio de 1994, en el Bayreuth de Oberfrankenhalle, se realizó el último concierto de Deep Purple & Joe Satriani.

WHITESNAKE

1986-1990. LA LLEGADA DEL ÉXITO Y EL DESASTRE

Todavía me entran escalofríos cuando recuerdo una tarde de 1987, ver por primera vez el videoclip de «Still of the Night», con una panda de monigotes haciendo un playback ridículo, que más bien parecía una fornicación colectiva de instrumentos que una grabación musical. Un Coverdale rejuvenecido y rubio, acompañado por una serie de músicos que no distinguía y que habían pasado en bloque por la misma peluquería y por la misma nefasta academia de mimo. Eran los nuevos Whitesnake.

Tras quedarse sin banda en el Rock In Rio, Coverdale y Skyes comenzaron a componer el nuevo álbum, guiados por la mano oscura de David Kalodner y su visión comercial. Coverdale sufrió una afección de garganta que le obligó a pasar por el quirófano y estar más de seis meses en rehabilitación. Skyes se pasó de listo proponiendo a Geffen buscar un sustituto de Coverdale y empezar a funcionar; como resultado fue expulsado. Os remito a la sección de discos para comprobar las vicisitudes de la grabación, pero lo cierto es que cuando se terminó de grabar en abril de 1986, Whitesnake eran Coverdale y Adrian Vandenberg que sólo llegó a colocar las guitarras del remake de «Here I Go Again».

Geffen tenía previsto comenzar su campaña con la grabación del videoclip que os he comentado y para ello contrató a una serie de músicos de élite para hacer el paripé en la grabación. De esta forma además de Coverdale y Vandenberg, están Vivian Campbell, Rudy Sarzo y Tommy Aldridge. Un tema que no hacía otra cosa que imitar descaradamente la fórmula sexual de Led Zeppelin, pero que funcionó y empujó el éxito del álbum, conocido en Estados Unidos como *Whitesnake* y en Europa como *1987*. El disco batió todos los récords imaginables en la mejor campaña de marketing orquestada por una compañía en décadas. Se vendieron más de 10 millones de copias, y se realizó un tour de un año y tres meses USA, UK y Japón.

Coverdale logró su sueño de triunfar en Estados Unidos y también la caída de forma estrepitosa y vertiginosa. Despidió a Campbell y fichó al guitarra de moda, Steve Vai. Vandenberg se lesionó la mano y sólo pudo componer, pero no grabar el disco *Slip of the Tongue*, que debía ser la continuación del sueño americano, pero fue la pesadilla mercantilista de Geffen.

El álbum se publicó en noviembre de 1989 y desde el principio se vio que no seguía la estela del anterior y aunque llegó a vender casi tres millones de copias, no alcanzó los objetivos marcados por Geffen. La gira de siete meses obtuvo muy malas críticas, pero en esta ocasión sí incluyó el viejo continente y España con tres fechas en Madrid, Barcelona y San Sebastián. El primer concierto después de su paso por la península fue el *Monsters of Rock*, encabezando un cartel con Aerosmith, Posion, Thunder y Quireboys. Tras el último concierto del tour japonés, el 26 de septiembre en el Budokan de Tokio, la banda desaparece, sin comunicados, sin aspavientos, simplemente se desvanece en el tiempo y la memoria.

RAINBOW

1995-1997. LA REENCARNACIÓN

Blackmore tardó una buena temporada en dar señales de vida, hasta que comenzaron los rumores de una posible reencarnación de Rainbow. Se barajó el nombre de Dio, más tarde el de Turner e incluso Coverdale surgió al terminar su

 experimento con Geffen y Jimmy Page, pero decidió despegar la nave con tripulación completamente nueva bajo el nombre de Blackmore's Rainbow, como hizo con el primer disco. Paul Morris a los teclados, John O'Relly a la batería, Greg Smith al bajo, Candie Night como corista y Doogie White como vocalista.

Grabó el álbum *Stranger in Us All*, con Pat Regan, ingeniero de *The Battle Rages On...* de Deep Purple, consiguiendo un disco extrañadamente duro, pero sin personalidad y falto de ideas, que se reflejaba en un innecesario remake de «Still I'm Sad» cantado. Las ventas del disco no se reflejan ni en USA ni en UK y la gira consiguiente sólo sirve para reafirmar que los tiempos han pasado y Rainbow se ha quedado atrás.

El 30 de septiembre del 95, inicia una gira en Helsinki, donde dejó a Deep Purple, para terminarla el 11 de agosto del 96 en Copenhague, habiendo recorrido salas de mediano y pequeño aforo de Europa, Japón y su primera visita a Sudamérica, haciendo escala en Argentina, Chile y Brasil.

Al terminar el tour se embarca en grabar el primer disco de Blackmore's Night con su compañera Candice Night, antes de terminar la segunda manga del tour, en esta ocasión 17 conciertos en febrero y marzo del 97 en Estados Unidos, Canadá y uno final en Dinamarca. Todo lo que estaba programado, incluyendo conciertos en España se suspendieron y Carole Stevens, madre de Candice Night y pseudomanager de Blackmore comunicó al resto de los músicos que el guitarrista cerraba el proyecto para dedicarse en cuerpo y alma a Blackmore's Night. *Shadow of the Moon*, el primer disco de la nueva etapa de Blackmore se editó el mismo mes de marzo y lo que en un principio se dijo que sería un proyecto de música renacentista y estética medieval, se asemejó más a un compendio baladístico de música de pastoreo, muy en la línea de Mike Oldfield y Maggie Reilly, pero Candice no tiene la voz de Maggie. Ritchie Blackmore renegó públicamente del rock y parecía enterrar Rainbow, pero...

DEEP PURPLE

1994-2002. MARK VII. ETAPA DE ESTABILIDAD

La experiencia con Joe Satriani fue sanadora, espiritual, física y profesionalmente hablando y, aunque se suspendió la gira por Australia y Nueva Zelanda, fue porque habían aprendido a ir despacio, para no repetir errores del pasado.

Unas cortas vacaciones para reflexionar y comenzaron a buscar guitarrista de cara a la gira por México, país que repetidamente se había negado a visitar Blackmore. Tras varios nombres e intentos fallidos, el mismo Satriani les recomendó a Steve Morse, guitarra virtuoso, profesional y gran persona. Morse aceptó el reto de incorporarse a Deep Purple de forma provisional para salvar los muebles en la gira mexicana. Le facilitaron la grabación de uno de los conciertos con Satriani y otra con Blackmore del 93.

El debut del Mark VII fue el 23 de noviembre del 94, ante más de 15.000 personas en el Palacio de Deportes de Ciudad de México. El repertorio fue el mismo de los conciertos con Satriani y al finalizar la gira la banda le pidió a Morse que se incorporara al grupo.

1995 fue un año de sosiego y apertura. La banda se preparó a conciencia las composiciones del nuevo disco, intercalando actuaciones que les sirviera para probar la conjunción y al mismo tiempo abrirles nuevos mercados, ya que estaba comprobado que el mercado anglosajón estaba sufriendo una transformación donde una banda como Deep Purple no era importante. Purple actuó en Corea del Sur, Sudáfrica e India. *Purpendicular* se editó en febrero del 96 en Europa y en abril en USA, con ventas flojas que alcanzaron el número 58 del UK y no se reflejó en las listas americanas. La gira de 1996 marcó un punto de inflexión y nos mostró lo que Deep Purple iba a ser a partir de ahora, una máquina de carretera. 116 conciertos entre febrero y diciembre, recorriendo ampliamente Europa, en España cinco fechas en Madrid, Castellón, Granada, Salamanca y La Coruña, Japón y Estados Unidos, para tras un breve descanso de mes y medio afrontar la primera gran gira sudamericana con 18 conciertos en Chile, Argentina, Brasil, Perú, Bolivia y Venezuela, donde fueron recibidos como verdaderas leyendas del rock. Terminaron 1997 con una gira alemana, una actuación en el Líbano, más Canadá y USA, donde regresaron a salas de mediano aforo, comprobando cuál era la realidad actual del mercado; idolatrados en los mercados emergentes y casi olvidados en el anglosajón. A principios del 98, una nueva visita a México y una nueva plaza, Costa Rica, sólo sirve para corroborar lo apuntado con anterioridad.

Mark VII. Morse, Glover, Lord, Gillan y Paice.

Abandon se editó en junio del 98, otro disco que se hundió en las listas británicas y no apareció en las yanquis. Ese año Purple tuvo varias citas en España, una primera visita al Dr. Music Festival de Escalarre, Lleida, donde se perdieron entre una larga lista de estrellas clásicas y de nuevo cuño y una segunda en Vigo, Oviedo y Barcelona. Del concierto en la capital catalana guardo el buen recuerdo de la accesibilidad y amabilidad de la banda, pudiendo incluso grabar en vídeo dos temas en directo para el programa de televisión que realizaba en esa época.

1999 fue un año de conciertos, donde Purple visitó de nuevo Sudamérica, Asia y Europa, incluyendo la República Checa por primera vez y una nueva visita a España en julio, con actuaciones en Estepona, Madrid y Pamplona. Pero lo importante del año llegó en septiembre, los días 25 y 26 en el Royal Albert Hall Londinense, para celebrar el 30.º aniversario de *Concerto For Group And Orquestra* (24.09.69). La partitura original se perdió y no se recuperó, pero Marco de Goeij, músico holandés de *Deep Purple Appreciation Society*, la reconstruyó a partir del disco y vídeo de aquel concierto, hasta que a finales 1998, se lo mostró a Lord, que maravillado le ayudó a terminarlo. En esta ocasión fue la London Symphony Orchestra conducida por Paul Mann, contando con invitados de la talla de Dio, Sam Brown y Steve Morse Band.

Concerto salió de gira y pisó Buenos Aires con la Orquesta Sinfónica de la ciudad, Sao Paulo con la Orquesta Jazz Sinfónica y México con la Sinfónica de las

Américas, en un total de siete conciertos, para trasladarse a Europa y hacer 23 shows con la Philharmonic Orchestra Bucharest, visitando Madrid y Murcia. Tan sólo les quedaron dos fechas más en Tokio, los días 24 y 25 de marzo del 2001 para cerrar el periplo de *Concerto*.

El 28 de mayo de ese año falleció Tony Ashton de cáncer a los 55 años, amigo y compañero de Lord y Paice, que dejó tocado a Jon Lord y le hizo replantearse muchas cosas. Al finalizar la gira americana, el 8 de julio en Texas, Lord se apea del tren para operarse una rodilla fastidiada hace más de un año. La gira europea que comenzó el 9 de agosto en Dinamarca, la realiza Don Airey, antiguo amigo de la familia Purple, pero la recuperación y el estado de ánimo de Lord no mejoran la situación y en otoño de 2001, anuncia al resto de la banda que lo deja. No obstante cumplió con los compromisos establecidos y realizó la gira británica de 2002, siendo su último concierto completo el 22 de febrero en el Hammersmith Odeon de Londres, suspendiendo el resto de gira por sufrir la caravana Purple una gripe que contagió al personal y músicos. Como la marcha de Lord se llevó de forma discreta y la gripe fastidió el fin de gira, Deep Purple pensó que su teclista fundador debía de tener una despedida mejor.

2002-2018. MARK VIII. LA VOZ DE LA EXPERIENCIA

Don Airey debuta como miembro oficial el 17 de marzo de 2002, en el inicio del Russia Tour 2002 en San Petersburgo, que les lleva por Rusia, Ucrania, Letonia y Lituania. Sin parar de tocar, Deep Purple giran por Asia y USA, para realizar una gira alemana en verano de 2002 y centrarse en septiembre en los 11 conciertos de despedida de Jon Lord en el UK.

Una despedida que está hecha con sumo gusto. Don Airey realizaba ocho temas con Purple, para en «Perfect Strangers» intercambiar y ceder el puesto a Lord, que aguantaba hasta el final, mientras que el bis, siempre con «Hush», «Black Night» y «Highway Star», tocaban los dos teclistas juntos. Varios invitados se sumaron a las celebraciones: El 7 de septiembre en el Hammersmith Odeon, interpretaron «Smoke on the Water» Nicko McBrian, Janick Gers y Bruce Dickinson de Iron Maiden. El 12 de septiembre en Glasgow fue Dan McCafferty, vocalista de Nazareth quien apareció a cantar «Love Hurts». Cerrando la lista el 18 en Bristol, Bernie Marsden compartió el «Smoke on the Water» con su antiguo compañero de Whitesnake. El último bolo de despedida de Lord fue el 19 de septiembre en el Regent Theatre de Ipswich, con una imagen de banda unida, casi familiar, entre abrazos y alguna lágrima. Restaban cuatro conciertos de la gira, Suiza, Emiratos Árabes y Grecia en dos ocasiones.

Mark VIII. Paice, Glover, Gillan, Airey y Morse.

Siete meses sin shows, involucrándose en la grabación del nuevo disco, *Bananas*, que vuelve a desaparecer de las listas y del cual hacemos referencia en el aparatado de la discografía. Purple vuelve a salir de gira interminable. Dos mangas por Europa, contando con España (Barcelona, Murcia, Leganés y San Sebastián), para adentrase en 2004 en una espiral de conciertos que no para y que tiene dos puntos interesantes. En primavera realizan 4 conciertos multitudinarios en China y el tour americano junto a Thin Lizzy y Joe Satriani, provoca imágenes de reunión en numerosos conciertos. Purple vuelve a apostar por los mercados emergentes y programa 17 conciertos en Rusia y Ucrania.

De noviembre del 2004 a mayo del 2005, vuelven a encerrarse en el estudio, como si necesitaran una excusa para seguir danzando por el planeta. Finalizado el periplo de grabación, se lanzan a la carretera, mientras negocian el cambio de discográfica, que se termina materializando con la compañía alemana Edel Music.

En octubre del 2005 se edita *Rapture of the Deep*, un nuevo álbum que no pasa del número 81 en los charts británicos y que sorprende al salir en el número 43 del Top Independiente americano, la banda ya ha realizado casi 40 conciertos por Europa, Canadá y USA, con varias visitas a festivales españoles de verano: Quijote Rock en Puerto Llano, Mérida Rock Festival en Extremadura, Plaza de Toros de Granada, Totana Music Festival en Murcia y el Azkena Rock Festival

en Vitoria. Curiosamente una vez se edita el disco sólo realizan una nueva gira Sudamericana en 2005.

En 2006 se confirman 124 conciertos sin pisar Estados Unidos, con giras especialmente significativas en Rusia, Japón, Francia, Alemania, Sudamérica y Australia. Son invitados a varios festivales, siempre como cabeza de cartel o posiciones importantes, como el Monsters of Rock de Milton Keynes, el 3 de junio junto a Alice Cooper, Thunder, Queensrÿche y Ted Nugent.

En 2007 llegan casi a 100 actuaciones, y en esta ocasión sí que realizan gira americana, pero destaca su Tour Flugzeug *2007*, que los lleva a Rumanía, Bulgaria, Bosnia Herzegovina, Croacia y Hungría, todos los conciertos en estadios de más de 20.000 personas. El mismo año visitan tres veces Francia con un total de 23 conciertos, demostrando que los franceses padecen purplemanía crónica.

2008 no trae material que presentar, pero desde 1984 con la edición de *Perfect Strangers*, los discos han sido meras excusas para salir de gira, si bien es cierto que ahora se divierten.

En los cinco años del periodo comprendido entre 2008 y 2012, Deep Purple ofreció la friolera de 365 conciertos en todo el planeta, sin material nuevo que presentar, impresionante a la vez que incomprensible.

Entre esa enorme cifra de conciertos, se colocó el Mediterranean Tour del 6 al 25 de mayo con 9 actuaciones en Chipre, Turquía, Israel y Grecia, donde Glover fue sustituido por el bajista de Jamiroquai Nick Fyffe. Glover fue padre de una niña a la que pusieron Melody y el resto de la banda le ofreció vacaciones. El bajista lanzó un comunicado dando las gracias a sus compañeros y asegurando que eran los primeros conciertos a los que había faltado desde 1965, cuando se le perforó el apéndice en Frankfurt, tocando con Episode Six.

Las primeras vacaciones que se tomaron en cinco años, fueron para componer y grabar el nuevo disco en estudio, cuando ya nadie creía que fuera a pasar. Se encerraron con Bob Ezrin en los Rainbow Recorders de Tennessee y gestaron un álbum que volvió a colocarles en la primera división.

Desgraciadamente cuando la banda se disponía a comenzar su nueva tanda de conciertos, el 16 de julio de 2012 fallecía a consecuencia de un cáncer su amigo y compañero Jon Lord, por lo que suspendieron el inicio de la gira europea por Italia y Rusia.

Now What? se publicó en abril de 2013 y rápidamente comenzó a funcionar en ventas, alcanzando el puesto 19 en el Reino Unido y por primera vez en este siglo entrando en el Billboard al número 110, pero además estando entre los diez discos más vendidos de más de una docena de países europeos. ¿Qué podía suponer este éxito inesperado? Pues cuatro años más de gira, eso es lo que significó.

Soltaron un poco el pie del acelerador, pero desde 2013 con la salida de *Now What?* hasta julio de 2016 que pararon la actividad para entrar a grabar nuevo disco, Deep Purple realizó 213 conciertos. Todos estos periodos están salpicados por la edición de numerosos directos, oficiales y piratas, además de DVD de gran calidad. En octubre de 2012 Deep Purple fue inducido en el Rock And Roll Hall Of Fame, en otro episodio lamentable que os contamos en el apartado de Anexos.

El 4 de abril de 2014 participan en el Celebrating Jon Lord, en el Royal Albert Hall de Londres, festival organizado por la asociación benéfica The Sunflower Jam, que ayuda a buscar terapias naturales para paliar los efectos del cáncer, organización creada en 2010 por Jackie Paice, esposa del batería y cuñada de Lord. Toda la recaudación del evento fue destinada a la asociación. La lista de músicos que participaron en el homenaje son: Deep Purple, The Orion Orchestra and Miller Anderson, Steve Balsamo, Alfie Boe, Joe Brown, Bruce Dickinson, Nick Fyffe, Glenn Hughes, Rick Wakeman y Paul Weller entre otros.

El 14 de junio de 2016, en plena gira europea en Suecia, Ian Paice sufrió un derrame cerebral, que obligó a suspender algunos conciertos de la gira, con cantidad de rumores que obligaron al propio Paice a comunicar: «En la mañana del 14 de junio, me desperté y descubrí que el lado derecho de mi cuerpo se sentía insensible y no podía controlar mi mano derecha y mis dedos. Así que ingresé en el hospital donde me diagnosticaron haber sufrido un mini accidente

¿The Long Goodbye será cierto?

cerebrovascular. El personal del hospital en Estocolmo descubrió que no había daño serio o permanente. A partir de este momento todo lo que estoy sufriendo es un lado derecho ligeramente entumecido de la cara». 19 días después del susto, la banda estaba de nuevo en la carretera y Paice tocando con normalidad, para terminar el tour mundial con sendas mangas por Italia y Alemania.

Cuando terminan los conciertos en julio del 2016, la banda ya tienen planeado entrar de nuevo en estudio, repitiendo con Bob Ezrin como productor, utilizando diferentes estudios que narramos junto con otras informaciones en el apartado de Discografía. Purple se preparaba para las celebraciones del medio siglo, pero pocos podrían pensar que iba a ser de esta manera. En noviembre de 2016, se comunica que la banda editará un nuevo disco llamado *Infinite*, acompañado de un tour mundial de despedida, The Long Goodbye Tour. La maquinaria se pone en marcha y Deep Purple aparecen en todas las revistas especializadas, acaparando portadas en algunas ocasiones, los tabloides de internet echan humo e incluso diarios de información generalista se hacen eco de la despedida. Todo bajo una campaña de marketing perfectamente diseñada por la compañía independiente alemana earMUSIC. Se estrenan temas en Spotify y YouTube, se lanzan noticias cada tres días y el 16 de marzo de 2017 se estrena en Alemania, en los cines de la cadena UCI Kinowelt, el documental *Deep Purple from Here to Infinite*, asistiendo Roger Glover y Ian Paice al estreno de Düsseldorf, un documental que irá incluido en la edición discográfica. El álbum se edita el 17 de abril de 2017 (os remito al apartado de Discografía) y el 13 de mayo comienza el The Long Goodbye Tour en Rumanía. El repertorio en esta primera parte del tour está basado en el siguiente *set list*: «Time For Bedlam», «Fireball», «Bloodsucker», «Strange Kind Of Woman», «Johnny's Band», «Uncommon Man», «The Surprising», «Lazy», «Birds Of Prey», «Hell To

Pay», «Perfect Strangers», «Space Truckin'», «Smoke on the Water». Bis: «Highway Star», «Hush», «Black Night».

La gira europea les lleva el 16 de junio a ser cabeza de cartel del primer día del *Hellfest* de Clisson, Francia, en un festival que se grabó en vídeo para una edición posterior llamada *The inFinite Live Recordings, Pt. 1*.

La banda se despide del público español en tres actuaciones, el 31 de junio en el Bizkaia Arena BEC de Baracaldo, el 1 de julio encabezando el cartel del último día del Rock Fest de Santa Coloma de Gramanet, y el 3 de julio en el WiZink Center Ring de Madrid.

Agosto y septiembre lo dedican a una tanda de 20 conciertos por USA compartiendo con Alice Cooper y como invitado especial Edgar Winter Band. En estos conciertos ya sólo quedan dos temas de *Infinite*, «Time For Bedlam» y «The Surprising». Cierran el año 2017 con una minigira escandinava, un tour británico acompañados de Europe y en diciembre la despedida sudamericana con cinco actuaciones en Argentina, Chile y Brazil, junto a Cheap Trick (sustituyeron a Lynyrd Skynyrd a última hora) y Tesla.

WHITESNAKE

1994-2018. SER O NO SER

El año 1990 fue uno de los peores de Coverdale, a la desaparición de Whitesnake por la puerta de atrás, se le deben sumar problemas personales que se finiquitaron con un sangrante divorcio de Tawny Kitaen, la chica boom que salía en los videoclips del álbum *Whitesnake*.

David Kalodner de Geffen tenía otro problema, contaba con dos grandes estrellas como eran Jimmy Page y David Coverdale y sólo le daban disgustos. Page no había conseguido nada con *Outrider*, disco de 1984 y Coverdale ya lo hemos visto. Solución: juntarlos a los dos. De las presiones salió Coverdale Page, proyecto, disco y gira. El álbum que se editó en marzo del 93 tuvo una buena recepción, más por el reclamo de los astros que por la calidad del producto, un trabajo de

hard rock muy forzado, por lo que a nadie extrañó que el tour sólo tuviera una
parte por Japón, con siete conciertos en
diciembre del 93 y la historia se diluye-
ra en el tiempo. Page se juntó con Plant
para el maravilloso *No Quartet* y Coverdale volvió a su retiro, casi defenestrado.

La compañía quería sacar rentabilidad al nombre que le vendió más de 10
millones de discos y en vista de que las
musas y todo lo demás habían abandonado a Coverdale, pusieron en circulación un *Greatest Hits*, basado sólo en los
tres discos con Geffen. Con ese disco se
reunificó una banda con Vandenberg,
Sarzo y los fichajes de Warren DeMartini a la guitarra, el batería Denny Carmassi
y el teclista Paul Mirkovich. El tour se mantuvo durante 40 conciertos por Europa, Japón y Australia, con una noche anunciada para la antigua sala Zeleste de
Barcelona, pero que finalmente fue el 11 de julio en el Palau de la Vall d'Hebron,
donde pudimos comprobar que el *set list* a pesar de tener dos temas de Purple
y alguno de la etapa británica, sonaba demasiado heavy, demasiado americano.

En 1997 se lanza el álbum *Restless Heart* bajo el nombre de David Coverdale
& Whitesnake y vuelve a salir de gira con una banda reformada, donde aguantan
el tirón Vandenberg y Carmassi, más la incorporación de Guy Pratt al bajo y Brett
Tuggle al teclado, ambos tocaron en el disco con Jimmy Page. La gira de presentación conlleva 55 conciertos por Europa, Japón y Sudamérica, sin pisar Estados
Unidos, tras la cual la banda vuelve a hibernar durante unos cuantos años, en los
que parece que Coverdale renuncia al mundo de la música.

En diciembre de 2002 se reforma Whitesnake para celebrar el 25 aniversario de
la formación, con los guitarristas Doug Aldrich de Dio y Reb Beach de Winger, el
bajista Marco Mendoza, el baterista Tommy Aldridge y el teclista Timothy Drury.
El 25º Anniversary Tour ocupó todo 2003 con 97 actuaciones, En USA encabezó el
Rock Never Stops, festival itinerante done tocaban Warrant, Kip Winger y Slaughter.

2004 fue el turno del Live... In The Still Of The Night Tour, que transcurrió por
Europa con tres citas españolas en octubre, La Cubierta de Madrid, Polideporti-
vo Anoeta de San Sebastián y la sala Razzmatazz de Barcelona.

2005 es otra vez USA, Canadá y Sudamérica el destino del The Rock & Roll,
Rhythm & Blues Show Tour, con 45 conciertos, mientras que en 2006 serán 52

bolos en primavera y verano por Japón y Europa, con cuatro visitas en España, Madrid, Murcia, Zaragoza y Barcelona. Al mismo tiempo Coverdale firma un nuevo contrato discográfico con Steamhammer/SPV Records y edita el doble directo *Live: In the Shadow of the Blues*, que contiene cuatro temas nuevos en estudio. En lugar de salir de gira, en 2007 se lanza un trabajo especial llamado *1987 20th Anniversary Collector's Edition*, con el álbum remasterizado y abundante material extra, pero cuando la banda se prepara para la gira abandona Aldrigde y es remplazado por Chris Frazier (Edgar Winter).

En una época de abundante actividad fuera de los escenarios, en 2008 se edita el nuevo disco en estudio de la banda, *Good to Be Bad* y en marzo se lanzan al tour de presentación con 78 conciertos por Australia, Sudamérica y Europa, con visitas a Barcelona, Valencia, Baracaldo, La Coruña y Madrid, un tour que descansa en Navidad y es retomado en mayo de 2009 con las fechas en Europa y en USA, que se presumía muy largo, pero se truncó el 11 de agosto en el concierto de Red Rocks en Colorado, cuando Coverdale se quedó sin voz. Al día siguiente se anunciaba la suspensión de toda la gira y que el vocalista tenía un edema en las cuerdas vocales, agravado por una lesión vascular.

En 2011 se edita el nuevo disco en estudio, *Forevermore* (sección Discográfica) y vuelve a involucrarse en un tour de 96 conciertos entre mayo y diciembre, donde se comprueba que su voz está en perfecto estado. Europa, USA, Japón y Sudamérica.

En 2013 se edita *Made In Japan*, grabado en la actuación de la banda en el Loud Park Festival en Saitama, Japón el 15 de octubre de 2011, que sirve de excusa para un nuevo tour llamado The Year of the Snake Tour y que lo devuelve con cuatro fechas a España, San Sebastián, Barcelona, Madrid y Santiago de Compostela, en una gira que les lleva por medio planeta con 62 actuaciones.

Coverdale entra en estudio durante 2014 para grabar un álbum llamado *The Purple Album*, donde hace una selección de los tres discos con Deep Purple y vuelve a grabar con músicos nuevos, Reb Beach (guitarra), Joel Hoekstra (guitarra), Michael Devin (bajo), Tommy Aldridge (batería) y Derek Hilland (teclados),

David Coverdale siempre ha sabido resurgir de sus propias cenizas.

el problema es que se trata de un disco sin alma, bien ejecutado pero vacío. Con él debajo del brazo se lanza al penúltimo tour hasta la fecha, The Purple Tour, nombre con reclamo más que suficiente como para asegurarse 86 conciertos en espacios amplios en USA y Japón y salas de mediano aforo en Europa.

La última cita con los escenarios de Whitesnake fue durante 2016 en el The Greatest Hits Tour, con el que nos visitó en el Rock Fest de Santa Coloma de Gramanet el 17 de julio, en una edición encabezada por Iron Maiden. El tour recorrió USA, Europa, Sudamérica y acabó en Japón en octubre de 2016, en lo que podría parecer un adiós definitivo, pero no será así.

Whitesnake anunció nuevo disco en estudio para 2018, un álbum que se llamará *Flesh & Blood* y que debía haberse editado a principios de 2018, pospuesto por problemas de producción al verano del mismo año pero que aparecerá en 2019.

De esta forma, todo el Flesh & Blood World Tour que se estaba contratando y que incluía España en su ruta, se ha vuelto a retrasar a la primavera de 2019, y mientras tanto, para no perder la costumbre, la banda ha anunciado para verano de 2018, el Juke Box Heroes Tour, que sólo abandonará Estados Unidos para pisar un sólo día Canadá.

David Coverdale parece que tiene cuerda para rato, aunque muchos echemos en falta aquella banda británica que nos enamoró con su hard cercano al blues. Pero ser o no ser no será el dilema, porque siempre nos quedarán los discos y a las nuevas generaciones las numerosas reencarnaciones de Whitesnake.

Ritchie Blackmore deja pequeñas dosis de Rainbow cada año.

RAINBOW

2015-2018. SÍ PERO NO

Tras casi 20 años renegando del rock y dedicado a su proyecto Blackmore's Night, en 2015 sorprendió reformando la banda con una nueva alineación. Ronnie Romero, vocalista de Lords Of Black; Jens Johansson, bajista de Stratovarius, más dos componentes de Blackmore's Night, el batería David Keith y el bajista Bob Nouveau. Con ellos realizó tres actuaciones en junio de 2016; el 17 de junio en el Monsters of Rock de Freilichtbühne Loreley y el 18 de junio en el Festplatz de Bietigheim-Bissingen, en Alemania y el 25 de junio en el Genting Arena de Birmingham. Tras los conciertos y numerosas especulaciones, la banda quedó aparcada hasta que en 2017 volvió a la carretera para ofrecer tan sólo tres fechas: 17 de junio en O2 Arena de Londres, el 25 en The SYY Hydro de Glasgow y el 28 en Geting Arena de Birmingham, suspendiendo la cuarta fecha en el Manchester Arena. Una tercera tanda de conciertos llegó en 2018, con cinco actuaciones en abril en Moscú, San Petersburgo, Helsinki, Berlín y Praga.

Rainbow, ha editado dos discos en directo, acompañados de DVD: *Memories In Rock – Live In Germany* y *Memories in Rock II*. Este último disco contiene «Waiting for a Sing» el primer tema grabado en estudio desde 1996.

Blackmore asegura que no habrá disco en estudio, pero sí conciertos… ya veremos qué nos depara el futuro.

DEEP PURPLE

2018... ¿Y AHORA QUÉ?

Debemos tomar por buenas las noticias que apuntaban que este sería el último disco y la última gira, pero en este circo del rock'n'roll, el adiós es siempre muy relativo. Sin ir más lejos, cuántas veces nos hemos despedido de The Rolling Stones y cuántas nos quedan todavía. Deep Purple finalizarán 50 años de historia musical en el mismo país donde cerraron algunos capítulos de esta historia, en la tierra del *Made In Japan*, con cinco conciertos en Japón.

No seré yo el que ponga un *The End* en esta historia... tiempo al tiempo.

CAPÍTULO III

MIEMBROS DESTACADOS DE LA SAGA

III. MIEMBROS DESTACADOS DE LA SAGA

Es imposible realizar un repaso exhaustivo de todos los músicos que han colaborado de una forma u otra en la saga Deep Purple. Hemos repasado todos los que han sido en alguna ocasión tripulantes de la nave nodriza, pero no repetiremos con Rainbow y Whitesnake, porque esa tarea podría producir un nuevo libro, que no es el caso ni el objetivo.

Estos son algunos de los principales actores de la saga Purple.

RONNIE JAMES DIO

Su verdadero nombres es Ronald James Padavona, nació en New Hampshire en el seno de una familia de italoamericanos, el 10 de julio de 1942. El joven Ronald creció escuchando ópera, pero si bien en su casa siempre sonaban los tenores italianos, quien más le marcó fue Mario Laza, otro descendiente de ítaloamericanos que falleció cuando él tenía 15 años.

Comenzó a tocar la trompeta a los cinco años y llegó a participar en una banda de calle, aunque fue contagiado por el virus del rock'n'roll muy rápido por lo que su primera banda, The Vegas Kings, la formó en la escuela. Es ahí donde decidió cambiar su nombre por el de Ronnie y pasó a llamar al grupo Ronnie and the Rumblers, Ronnie and the Red Caps y algunas variaciones más, pero él siempre con la trompeta en la boca, hasta que dio un segundo paso y comenzó a cantar. Con Ronnie and the Red Caps editó dos singles y en el segundo, «An Angel Is Missing/What'd I Say», ya aparece como voz principal.

Dio ha sido el mejor compañero de Blackmore en Rainbow.

En 1960 militó en una banda llamada Seneca, que fichó por Atlantic para grabar una serie de singles, la banda cambia el nombre a Ronnie and the Prophets y es entonces cuando Ronnie adopta el nombre de Dio, según parece inducido por su abuela, mujer de gran influencia en Dio, que siempre decía que él era un regalo divino y debería haberse llamado Dio (Dios en italiano), aunque hay quien afirma que el nombre lo adoptó del mafioso Johnny Dio, famoso por pertenecer al International Brotherhood of Teamsters, sindicato dirigido por el crimen organizado de Nueva York.

Dio estuvo con Ronnie and the Prophets hasta 1967, año en que añaden un teclista y cambian otra vez de apelativo por el de The Electric Elves, formación con la que sufrió un terrible accidente automovilístico en febrero de 1968, en el cual falleció el guitarrista Nick Pantas y el resto de los componentes sufrieron heridas de consideración. Tras salir del hospital, recortaron el nombre por el de The Elves y continuaron hasta 1972, cuando decidieron cambiarlo definitivamente por el de Elf.

Elf, el grupo, pasó a ser el telonero oficial de las giras de Deep Purple, donde contactó con Blackmore, quedando el guitarrista muy impresionado por su forma de cantar y por la imaginación que desplegaba al relatar historias medievales, algo por lo que Blackmore sentía pasión. Dio grabó con Elf tres discos, *Elf* en 1972, *Carolina County Ball* en el 74 y *Trying to Burn the Sun* en el 75, hasta que Blackmore contrató a toda la banda, salvo al guitarrista Steve Edwards y Elf desaparecen del mapa para formar parte de la historia de Rainbow.

La época de Rainbow, en la que manda el binomio Blackmore/Dio es para muchos la más brillante del grupo británico, tan sólo tres discos que se consideran imprescindibles en la historia del hard rock, *Ritchie Blackmore's Rainbow* (1975), *Rising* (1976) y *LongLive Rock'n'roll* (1978), sin olvidar el doble directo *On Stage* de 1977.

Dio rompió relaciones con Ritchie Blackmore debido a la deriva comercial que pretendía seguir con la banda. Marchó en 1979 y rápidamente se unió a Black Sabbath, que tras la marcha de Ozzy estaba intentando reclutar un vocalista para seguir adelante. El paso de Dio por Black Sabbath no deja de ser de nuevo impresionante, con la facturación de dos discos maravillosos, *Heaven and Hell* (1980) y *Mob Rules* (1981), sin poder dejar de lado otra vez un doble directo, *Live Evil* de 1992.

Uno de los vocalistas más respetados del heavy metal.

Desavenencias y discusiones sobre la mezcla de este disco en directo le llevaron a partir de Black Sabbath y centrarse en su carrera en solitario, formando Dio junto a Vinny Appice a la batería, Vivian Campbell a la guitarra y Jimmy Bain al bajo.

Con Dio grabó diez discos entre 1982 y 2004, con tan sólo un paréntesis en 1992 donde regresó a Black Sabbath para grabar *Dehumanizer*. Su relación con el guitarrista de Black Sabbath, Tony Iommi, le llevó a formar una banda para salir de gira interpretando los temas que él había grabado para el grupo. Se unieron Dio, Iommi, el bajista Geezer Butler y el batería Vinny Appice, pero no sólo realizaron la gira, sino que crearon temas nuevos que fueron incluidos en la recopilación *Black Sabbtah: The Dio Years*. La formación que adoptó el nombre de Heaven & Hell, debido a problemas legales, grabó un disco en estudio llamado *The Devil You Know* en 2009, año en que se le diagnosticó un cáncer de estómago. En noviembre de 2009 se anunció que debería operarse y regresaría a los escenarios para continuar la gira de los 30 años de *Heaven and Hell*, pero ya no pudo ser y el 10 de mayo de 2010 falleció a consecuencia de la metástasis del cáncer de estómago.

Dio también ha colaborado en diferentes ocasiones con la familia Purple. En 1974 participó en la ópera rock de Roger Glover *The Butterfly Ball and the Grasshopper's Feast;* en 1978 colaboró en el disco de David Coverdale *Northwinds*, antesala de Whitesnake; en 2006 hizo lo propio con el álbum del cantante Ian Gillan *Inn*. Directamente con Deep Purple participó en una serie de conciertos en los cuales se interpretó la partitura reconstruida de Jon Lord, *Concerto for Group and Orchestra* y aparece en tres discos en directo: *In Concert with The London Symphony Orchestra* (1999), *Live at the Rotterdam Ahoy* (2001), *The Soundboard Series* (2001).

Dio fue protagonista de una de las historias más patéticas que ha ofrecido el circo del rock'n'roll. La viuda de Ronnie James Dio consintió en que en el Festival Wacken 2016 la empresa Eyellusion creara un holograma del vocalista fallecido para poder rendirle un homenaje en concierto. Wendi Dio, no sólo consintió ese concierto, sino que aprobó que el proyecto bautizado como Dio Returns, realizara una gira mundial con algunos músicos que tocaron con su marido, el guitarrista Craig Goldy, el batería Simon Wright, el teclista Scott Warren y el bajista Bjorn Englen, a quien además acompañan los cantantes Tim *"Ripper"* Owens y Oni Logan. Un triste epílogo a su historia, siendo el primer cantante de hard rock que regresa después de muerto para actuar.

COZY POWELL

Colin Trevor Powell nació el 29 de diciembre de 1947 en Cirencester, abandonado al nacer creció en un orfanato sin conocer a sus progenitores. A la temprana edad de doce años ya tocaba la batería en la banda de la escuela y en sus ratos libres se dedicaba a aporrear los tambores sobre discos de jazz. De ahí escogió el seudónimo de Cozy, del gran batería de jazz Cozy Cole.

A los 19 años ya se había ganado un prestigio como batería y comenzó a desfilar por diferentes bandas como The Sorcerers, Youngblood, The Ace Kefford Stand y Big Bertha, hasta que en 1970 le llama el gran Tony Joe White para que toque con él la batería en el festival de la Isla de Wight y Jeff Beck le ficha para su grupo, con quien graba dos discos: *Rough and Ready* (octubre de 1971) y *Jeff Beck Group* (julio de 1972).

La primera conexión con el universo Purple la tiene en 1974, cuando forma el proyecto Cozy Powell's Hammer, donde coincide con dos futuros miembros de la familia; el guitarrista Bernie Marsden y el teclista Don Airey.

En 1975 Powell entra formar parte de Rainbow, con quien estuvo los siguientes cinco años, grabando

Cozy Powell, uno de los baterías más deseados del hard rock.

los discos *Rising* (1976), *On Stage* (1977), *Long Live Rock 'n' Roll* (1978) y *Down to Earth* (1979). Abandonó Rainbow tras la actuación como cabeza de cartel del Monster of Rock de Donington, el 16 de agosto de 1980.

Tras la marcha de Rainbow, acompañó a su compañero ·Graham Bonnet en su nuevo proyecto Graham Bonnet & The Hooligans, pero tras la grabación del disco *Line-Up* abandonó para unirse a Michael Shencker Group, donde aguantó un disco en estudio, *MSG* (1981) y el directo *One Night at Budokan* (1982). En medio había colaborado con su antiguo compañero Bernie Marsden en dos discos, *And About Time Too* (1979) y *Look at Me Now* (1981), que se había convertido en uno de los dos guitarristas de Whitesnake. Otro miembro de Whitesnake y de Deep Purple con quien compartió estudio fue Jon Lord, y su disco *Before I Forget* (1982), donde se reunieron varios componentes de la saga, como Bernie Marsden, Neil Murray y Ian Paice. Fue precisamente este último quien le recomendó a David Coverdale al marcharse de Whitesnake.

Powell entra en Whitesnake para grabar el disco *Slide It In* (1984) y abandona la formación.

La trayectoria de Cozy Powell tras salir de Whitesnake siguió siendo errática, formó parte del supergrupo Emerson, Lake & Powell, con quien grabó un disco en estudio del mismo nombre y posteriormente se publicaron dos directos. Entre 1985 y 1989 formó parte de una de las etapas menos brillantes de Black Sabbath, donde volvió a coincidir con Neil Murray. Pasó por la banda de Gary Moore, donde grabó *After the War*, último disco de hard rock de Moore antes de pasarse al blues.

Finalmente Cozy Powell recayó en la banda de Brian May, donde estuvo desde 1993 hasta 1998, cuando falleció el 5 de abril en un accidente automovilístico en Bristol.

GRAHAM BONNET

Bonnet nació en Skegness, Inglaterra en 1947. A los 20 años alcanzó su primer éxito con el single «Only One Woman», firmado como The Marbles, dúo creado junto a Trevor Gordon. Su voz le proporcionó trabajo en estudios de grabación, cantando y colocando diálogos en anuncios de radio y televisión, al mismo tiempo que se iniciaba en el mundo del teatro, su otra gran pasión, marcada por James Dean. Llegó a trabajar en el film *Three For All* de 1974, interpretando al cantante de una banda de rock'n'roll.

En 1977 lanzó su primer álbum homónimo, que alcanzó el Disco de Oro en Australia, consiguiendo el número 5 en el Top australiano, seguido del single

Graham Bonnet, la voz de Down to Earth.

«Warm Ride», un tema escrito por los Bee Gees, que le proporcionó otro éxito comercial.

Ritchie Blackmore se fijó en él y en 1977 le ofreció sustituir a Dio en el nuevo proyecto de Rainbow. Sólo grabó el álbum *Down to Earth*, un disco que marcó un cambio de sonido mayúsculo en Rainbow y que a día de hoy sigue siendo el disco más exitoso de la formación. Los singles «Since You Been Gone» y «All Night Long» fueron los hits más rentabilizados de la banda y le abrieron el camino al mercado americano. Junto con Bonnet, Rainbow fue cabeza de cartel del prestigioso festival Monsters of Rock en Donington Park.

Cuando la banda estaba componiendo y a punto de grabar su nuevo disco *Difficult to Cure*, Bonnet fue despedido por Blackmore y sustituido por Joe Lynn Turner. Las líneas de melodías de voz de ese disco estaban compuestas por Bonnet, pero no se le incluyó en créditos.

Al marchar de Rainbow reanudó su carrera en solitario con un disco, *Line-Up*, donde colaboraban miembros de la saga Purple. Una superbanda formada por Micky Moddy a las guitarras (Whitesnake), Jon Lord al teclado (Deep Purple y Whitesnake), Cozy Powell a la batería (Rainbow y Whitesnake) y las colaboraciones de dos StatusQuo, Francis Rossi y Rick Parfitt. A pesar del éxito del disco, puesto 62 de la lista de álbumes del Reino Unido, era imposible aguantar la banda para los directos, por lo que Bonnet continuó con su carrera errática. Fichó por Michael Schenker Group, grabando el disco *Assault Attack* (1982), pero siendo expulsado tras un único concierto. Pasó a formar el grupo Alcatrazz (1983–1989), donde entre otros militó el gran guitarrista sueco Yngwie Malmsteen. Con Alcatrazz lanzó tres discos en estudio, uno de ellos, *Disturbing the Peace*, con el guitarrista Steve Vai (Whitesnake) reemplazando a Malmsteen. Alcatrazz se volvieron a reunir en el año 2006, trabajando con diferentes músicos hasta 2014.

En 2014 inició una gira para celebrar el 35 Aniversario del lanzamiento del álbum *Rainbow Down to Earth*, con una banda llamada Rainbow Catch the Rainbow, donde interpretaba temas de su etapa en la banda y temas de *Difficult to Cure*. Desde entonces Bonnet ha puesto en circulación la Graham Bonnet Band, editando su primer disco, *The Book*, el 4 de noviembre de 2016, girando por todo el planeta interpretando temas de Rainbow y Alcatrazz.

BERNIE MARSDEN

B ernard John Marsden nació el 7 de mayo de 1951 en Buckingham, Reino Unido. Sus influencias musicales fueron marcadas por guitarristas como Peter Green, Rory Gallagher y Jeff Beck; de esta forma se formó como un estupendo guitarrista de blues y rhythm & blues.

Su primera experiencia profesional fue con la banda Skinny Cat, cuando tenía 17 años a finales de los sesenta, pero su primer salto importante lo hizo al fichar por UFO, la banda británica que en esos días abandonaba el space rock para sumergirse en los océanos del hard rock. Con ellos

grabó un par de temas, «Oh My» y «Sixteen» y realizó una gira por Europa en 1972, pero al final apareció Michael Schenker y se quedó con el puesto de guitarrista de UFO.

Bernie Marsden copiloto en Whitesnake.

Militó durante una temporada en la banda Wild Turkey y pasó a formar parte del proyecto Cozy Powell's Hammer, donde ya toma el primer contacto con un futuro miembro de la saga Purple.

En 1977 participa en el álbum *Malice in Wonderland* de Paice, Ashton & Lord, donde trabaja con dos miembros fundadores de Deep Purple. Con ellos realizó una gira de la que luego aparecieron dos discos en directo. Fue a principios de 1978 cuando Ian Paice le recomienda a Coverdale que llame al guitarrista para grabar *Snakebite*, cuatro temas que marcan el inicio de Whitesnake.

Con Whitesnake fueron cinco años en los que Marsden forjó su reputación como guitarrista y compositor, hasta que en 1982, viendo el giro sonoro, abandonó la banda antes de la grabación del álbum *Slide It In*. Los ochenta los pasó montando la banda Alaska y colaborando en el disco de Jon Lord, *Before I Forget*, así como en el álbum de Cozy Powell *Tilt*, y crear una banda efímera llamada MGM, junto a excompañeros de Whitesnake, Neil Murray y Mel Galley, además de otras colaboraciones que nada tienen que ver con la saga Purple.

A finales de la década se reunió junto al también ex Whitesnake Micky Moody, formando The Moody Marsden Band, en principio para grabar un acústico en la localidad de Hell, Noruega, pero la aventura se alargó con gira europea, lanzamiento de un directo eléctrico y la grabación de un disco en estudio. La banda sufrió una mutación de nombre con el ingreso del vocalista de Bad Company Robert Hart, con lo que unieron Bad Company y Whitesnake y la cosa quedó en The Company of Snakes. Con Neil Murray al bajo, casi eran unos Whitesnake con otro cantante y creyeron lógico grabar un disco con canciones de la Serpiente Blanca. A la formación se incorporó el exRainbow Don Airey y terminó cambiando el nombre por el de M3.

Bernie Marsden tiene una extensa discografía en solitario que abarca desde 1979 a 2014 con su último disco en estudio llamado *Shine*, donde colabora David Coverdale cantando el clásico de Whitesnake «Trouble» y Ian Paice se encarga de la batería.

MICKY MOODY

M ichael Joseph Moody nació el 30 de agosto de 1950 en Middlesbrough, Reino Unido. De muy jovencito comenzó a tocar la guitarra y rápidamente contactó con un bajista unos meses más joven que él, del mismo Middlesbrough, que atendía al nombre de Paul Rodgers. Con Rodgers formó The Roadrunners, banda local de rhythm & blues que despuntó por la calidad de las versiones de standars que interpretaban, sobre todo por la pareja Rodgers/Moody. Pronto ficharon a un bajista llamado Bruce Thomas (Elvis Costello) para que Rodgers dejara el bajo y se dedicara sólo a cantar.

Micky Moody, la mano derecha de Coverdale.

En 1967 ya era una banda profesional, se mudaron a Londres y cambiaron su nombre por el de The Wildflowers, formación con la que realizó algunas giras, pero que desapareció de la escena londinense por discusiones internas. Tras la separación de The Wildflowers, entró en una fase errática que lo llevó tomar clases de música clásica y a trabajar para numerosos proyectos como guitarra a sueldo, siendo uno de esos trabajos para el cantante Paul Jones.

En 1970 formó parte del grupo Juicy Lucy, con quien grabó tres discos en tres años, *Lie Back and Enjoy It* (1970), *Get a Whiff a This* (1971) y *Pieces* (1972), hasta que en la gira de este último álbum se separaron. Historia que se repite con la banda Snafu, creada por Moody, con la que registró tres nuevas entregas, *SNAFU* (1973), *Situation Normal* (1974) y *All Funked Up* (1975), separándose en la gira del tercer álbum.

Fue en 1977 cuando David Coverdale, antiguo amigo de la escena musical de Middlesbrough, donde habían coincidido en pubs musicales, le comunicó que estaba pensando en lanzar su primer álbum en solitario. Moody no sólo aceptó la proposición, sino que en el primer disco llamado White Snake, aparece acreditado en cuatro temas junto a Coverdale. Desde la edición de este disco en 1977, hasta la publicación de *Slide It In*, Moody fue una pieza clave de Whitesnake. En 1981 Moody buscó aire fresco en el primer disco de Graham Bonnet tras su marcha de Rainbow, *Line-Up*, donde también colaboró en la composición.

Moody está acreditado en más de 100 discos y sigue en activo.

Con la reforma de Whitesnake realizada por Coverdale, Moody retornó para terminar la grabación de *Slide It In* de 1984, comenzó la gira, pero terminó quemado en lo que ha calificado en numerosas ocasiones como «una experiencia traumática».

Pasó un periodo de tiempo colaborando con numerosos músicos de nuevo, gente como Mike Oldfield, Gary Glitter, Mike d'Abo, Roger Chapman y Chris Farlowe entre otros.

En los noventa se reúne con su compañero Bernie Marsdem en The Moody Marsden Band, The Company of Snakes y M3, una historia que ya hemos visto anteriormente y no volveremos a repasar.

En el nuevo siglo ha seguido editando discos en solitario, la mayoría alejados del hard rock y cercanos al rhythm & blues, ha escrito y grabado música para televisión y cine. Micky Moody ha tocado en directo para una larga lista de músicos como Roger Chapman, Frankie Miller, Chris Farlowe. Eric Clapton, Alvin Lee, Mick Taylor, Bruce Dickinson, Sam Brown, Paul Jones, P. P. Arnold, James Hunter, Rick Wakeman, Jon Lord, Newton Faulkner, Uriah Heep, Alice Cooper, Brian Auger, Paul Weller, Eric Bibb, Meat Loaf y Mud Morganfield, entre muchos otros. Su nombre aparece acreditado en más de 100 discos de larga duración y lo que es más importante, todavía sigue en el candelero.

LA LISTA INTERMINABLE

L a dificultad de estudiar la Saga Purple se hace más compleja a la hora de desentrañar la maraña de nombres que han entrado, salido, cambiado de rumbo, de banda, que han regresado y han vuelto a desaparecer. Por todo ello nos hemos dejado muchos en el tintero, que posiblemente para algunos de los lectores serían de obligada inclusión, pero que es inviable introducirlos en un libro como el que nos atañe.

Es importantísimo el papel de Neil Murray, el bajista fiel de David Coverdale, que lo acompañó desde *Snakebite* en 1978, al álbum conocido como *1987*. Murray terminó su relación con Whitesnake en los tribunales, reclamando derechos de autor de ese último disco.

También es importante el guitarrista John Sykes, que fue contratado por Coverdale tras la grabación del disco *Slide It In*, sustituyendo a Micky Moody. Syke regrabó partes de guitarra de ese disco para su lanzamiento en Estados Unidos y fue el impulsor del cambio de rumbo, que derivó en el éxito en USA. Es el principal compositor, junto a Coverdale en el disco *1987*, pero cometió el error de querer pasar por encima del vocalista y provocó la separación de la banda.

Adrian Vandenberg, extraordinario guitarrista que no tuvo mucha suerte en Whitesnake, fue contratado como músico de sesión para terminar el álbum *1987*, pero Jon Sykes no le dejó apenas grabar ninguna guitarra, salvo el solo de «Here I Go Again». Vendenberg se erigió como principal compositor musical en *Slip of the Tongue*, pero no pudo grabar el disco por una lesión y se contrató a Steve Vai para hacerlo.

En el caso de Rainbow las salidas de la banda provocaron que muy pocos músicos dejaran una huella profunda, salvo compañeros ya retratados como músicos de Deep Purple. Por eso a modo de tributo y deferencia, aquí tenéis la lista completa de los músicos de Rainbow y Whitesnake. (No hemos añadido a Ritchie Blackmore y David Coverdale, por razones más que evidentes.)

RAINBOW

Ronnie James Dio	Vocalista	1975-1979
Cozy Powell	Batería	1975-1980
Craig Gruber	Bajista	1975
Gary Driscoll	Batería	1975
Micky Lee Soule	Teclista	1975
Jimmy Bain	Bajista	1975-1977
Tony Carey	Teclista	1975-1977
Mark Clark	Bajista	1977
Bob Daisley	Bajista	1977-1979
David Stone	Teclista	1977-1979
Roger Glover	Bajista	1979-1984
Don Airey	Teclista	1979-1981
Graham Bonnet	Vocalista	1979-1980
Joe Lynn Turner	Vocalista	1980-1984
Bobby Rondinelli	Batería	1980-1983
David Rosenthal	Teclista	1981-1984
Chuck Burgi	Batería	1983-1984 y 1995-1997
Doogie White	Vocalista	1994-1997
Paul Morris	Teclista	1994-1997
Greg Smitt	Bajista	1994-1997
John O'Reilly	Batería	1994-1995
John Micelli	Batería	1997
Ronnie Romero	Vocalista	2015-Presente
Jens Johansson	Teclista	2015-Presente
Bob Nouveau	Bajista	2015-Presente
David Keith	Batería	2015-Presente

WHITESNAKE

Micky Moody	Guitarrista	1978-1983
Bernie Marsden	Guitarrista	1978-1982
Neil Murray	Bajista	1978-1982 y 1983-1987
Peter Solley	Teclista	1978
Dave Dowle	Batería	1978-1979
Jon Lord	Teclista	1978-1984
Ian Paice	Batería	1979-1982

Cozy Powell	Batería	1982-1985
Mel Galley	Guitarrista	1982-1984
Colin Hodgkinson	Bajista	1982-1983
John Sykes	Guitarrista	1983-1987
Richard Bailey	Teclista	1984-1985
Aynsley Dumbar	Batería	1985-1987
Adrian Vandenberg	Guitarrista	1987-1990 y 1994-1997
Tommy Aldridge	Batería	1987-1990, 1994-1997 y 2002-Presente
Rudy Sarzo	Bajista	1987-1990 y 1994
Vivian Campbell	Guitarrista	1987-1988
Steve Vai	Guitarrista	1989-1990
Rick Seratte	Teclista	1989-1990
Denny Carmassi	Batería	1994-1997
Warren DeMartini	Guitarrista	1994
Paul Mirkovich	Teclista	1994
Brett Tuggle	Teclista	1997
Guy Pratt	Bajista	1997
Steve Farris	Guitarrista	1997
Mark Francis	Guitarrista	1997
Tony Franklin	Bajista	1997
Derek Hilland	Teclista	1997
Doug Aldrich	Guitarrista	2002-2014
Marco Mendoza	Bajista	2002-2005
Timothy Drury	Teclista	2002-2010
Uriah Duffy	Bajista	2005-2010
Chris Frasier	Batería	2007-2010
Brian Tichy	Batería	2010-2013
Brian Ruedy	Teclista	2011-2013
Reb Beach	Guitarrista	2002-Presente
Michael Devin	Bajista y harmonicista	2010-Presente
Joel Hoekstra	Guitarrista	2014-Presente
Michele Luppi	Teclista	2015-Presente

Un total de 65 músicos, pero en el momento de cerrar la redacción de este libro, ambas bandas están preparando sendas giras y posibles nuevas grabaciones, por lo que no nos responsabilizamos de que esta lista pueda seguir creciendo.

CAPÍTULO IV

Deep Purple

BURN

THE BOOK OF TALIESYN

DEEP PURPLE

DISCOGRAFÍA OFICIAL

IV. DISCOGRAFÍA OFICIAL

DEEP PURPLE

SHADES OF DEEP PURPLE (1968)
Parlophone (Europa)
Tetragrammaton Records (EE.UU.)

■ **Temas:**

1.	«And the Address»	Ritchie Blackmore y Jon Lord
2.	«Hush»	Joe South
3.	«One More Rainy Day»	Lord y Rod Evans
4.	«Prelude: Happiness/I'm So Glad»	Blackmore, Evans, Lord, Ian Paice y Nick Simper/Skip James
5.	«Mandrake Root»	Blackmore, Evans y Lord
6.	«Help!»	John Lennon y Paul McCartney
7.	«Love Help Me»	Blackmore y Evans
8.	«Hey Joe»	Billy Roberts

■ **Remasterización del año 2000:**

1.	«Shadows»	Lord, Evans, Simper y Blackmore
2.	«Love Help Me»	Blackmore y Evans
3.	«Help!»	Lennon y McCartney
4.	«Hey Joe»	Roberts. Grabada en TV
5.	«Hush»	South. Grabada en TV

Primer disco de la banda británica Deep Purple, que con tan sólo dos meses desde su formación entraron en estudio para registrar su álbum debut. Un disco grabado en tan sólo tres días, del 11 al 13 de mayo de 1968, en los estudios Pye de Londres. Tras el abandono de Chris Curtis del proyecto Roundabout, del que era el principal cerebro, la empresa Hire-Edwards-Coletta (HEC), confía a Jon Lord y Ritchie Blackmore la dirección de la banda. Una vez que terminan de configurar el grupo con el vocalista Rod Evans, el bajista Nick Simper y el batería Ian Paice en marzo de 1968, contactan con el productor Derek Lawrence y entran en los estudios Trident de Londres a grabar una demo con varios temas, que envían al sello discográfico estadounidense Tetragrammaton Records, ávido por descubrir bandas británicas con las que ampliar su catálogo musical. Al mismo tiempo Lawrence presenta la versión de The Beatles, «Help!», a los directivos de EMI que deciden firmar con la banda su distribución en Europa a través del sello Parlophone.

El 11 de mayo entran en los estudios Pye de Londres para realizar una grabación de tres días. Debido al presupuesto tan ajustado con el que contaban, se vieron obligados a registrar los temas en una o a lo sumo dos tomas, e incluir los efectos de sonido de temas como «One More Rainy Day», extraídos de un disco de efectos especiales editado por la BBC.

La banda se decantó por un sonido progresivo y muy psicodélico, con el que ninguno de los componentes estaba muy familiarizado. Jon Lord venía del mundo de la música clásica y de grupos de jazz y rock blues, Blackmore y Simper eran básicamente músicos de sesión de artistas pop, y Paice y Evans estaban sumergidos en la inmensa atmósfera beat.

Cinco temas propios y tres versiones, aunque el surco «Prelude: Happiness/I'm So Glad», debería ser considerado un cover del clásico blues de Skip James, con arreglos de música clásica incorporados por la banda.

La crítica británica no fue especialmente entusiasta, debido sobre todo, a la fama de grupo ruidoso que se ganó en concierto, donde usaban grandes columnas de amplificadores Marshall pintados de color púrpura. Sin embargo el single «**Hush**» (junio de 1968), obtuvo una buena acogida en el Estados Unidos, alcanzando el puesto número 4 del Billboard Hot 100, lo que les proporcionó una rápida fama a lo largo de todo el país, cimentada por la radiodifusión del tema en las Radio Stations, mayoritariamente en la costa oeste americana, donde entró como un bombazo entre las legiones de juventudes playeras. Este éxito impulsó al disco un mes más tarde, a la posición 24 del Billboard americano.

En el Reino Unido ni el single ni el álbum obtuvieron el éxito esperado. Fue reeditado en varias ocasiones con diferentes portadas y en combinación con los siguientes dos trabajos, pero siempre se trató de un álbum olvidado.

Sin embargo, podemos decir que es un gran disco, muy enmarcado en los sonidos de la década de los sesenta, pero con una fuerza inusitada y una producción que décadas más tarde influyó en numerosas bandas y corrientes musicales.

El álbum se editó en el Reino Unido en julio de 1968, en Estados Unidos en septiembre de ese mismo año. Tan sólo se editó un single, «**Hush**», en junio del 68.

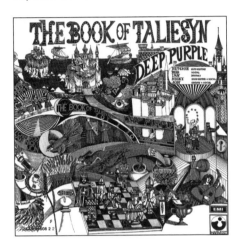

THE BOOK OF TALIESYN (1968)
Harvest/EMI (Europa)
Tetragrammaton Records (EE.UU.)
Polydor (Canadá y Japón)

■ **Temas:**

1. **«Listen, Learn, Read On»**   Ritchie Blackmore, Rod Evans, Jon Lord, Ian Paice
2. **«Wring That Neck»** (instrumental, «Hard Road» en USA)   Blackmore, Nick Simper, Lord, Paice
3. **«Kentucky Woman»**   Neil Diamond
4. **«Exposition»/«We Can Work It Out»**   Blackmore, Simper, Lord, Paice, John Lennon, Paul McCartney
5. **«Shield»**   Blackmore, Evans, Lord
6. **«Anthem»**   Lord, Evans
7. **«River Deep, Mountain High»**   Jeff Barry, Ellie Greenwich, Phil Spector

■ **Temas en la reedición:**

8. **«Oh No No No»** (studio out take)   Bert Berns, Mike Leander
9. **«It's All Over»** (BBC Top Gear. 14.01.69)   Berns, Leander
10. **«Hey Bop a Re Bop»** (BBC Top Gear. 14.01.69)   Blackmore, Evans, Lord, Paice
11. **«Wring That Neck»** (BBC Top Gear. 14.01.69)   Blackmore, Simper, Lord, Paice
12. **«Playground»**   Blackmore, Simper, Lord, Paice

Segundo trabajo de larga duración de Deep Purple, grabado a los tres meses de haber terminado la grabación del álbum debut. La banda entró en los

De Lane Lea Studios, Kingsway, Londres, grabando entre los meses de agosto y octubre de 1968.

Las presiones de la compañía de discos por editar nuevo trabajo en estudio, pilló al grupo a contrapié, más preocupados en aposentar su repertorio y esperando compromisos promocionales del primer disco, que les habían impedido dedicarse a encontrar nuevas composiciones.

Los tres meses, con sus interrupciones, que estuvieron en el estudio, los debieron invertir en componer y grabar casi al unísono, por lo que el resultado del trabajo jamás agradó a los responsables del mismo. Para paliar las tareas de composición y aligerar la producción, se volvió a tirar de versiones, con tres temas concretos: «Kentucky Woman», versión de Neil Diamond, donde la banda comienza a engranar un sonido más cercano al desarrollado por el Mark II años más tarde. «Exposition»/«We Can Work It Out», un tema de The Beatles, que al parecer sugirió el mismo Paul McCartney tras escuchar la versión de «Help!» incluida en *Shades of Deep Purple*. En esta versión la banda añade una introducción llamada «Exposition», muy cercana a la música clásica. Por último graban «River Deep, Mountain High», tema que hicieron popular Ike & Tina Turner en 1966.

Las composiciones propias van encaminadas al público post hippie americano, que se mostraba como un auténtico negocio en esos años, alcanzando su eclosión tres años más tarde. Tanto marcó el tipo de público que el sello censuró el título del segundo tema, el instrumental «Wring That Neck» (Estrangula ese cuello), por considerarlo muy violento de cara al futuro consumidor, por lo que lo cambio por un inofensivo «Hard Road» (Camino duro), publicándose de esta forma en EE.UU.

El álbum fue editado en octubre de 1968, alcanzando el puesto 54 en las listas de éxitos estadounidenses y el 48 en las listas canadienses. El single «Kentucky Woman», editado en diciembre de 1968 con «Hard Road» como cara B, entró directamente al número 38 de la lista de singles y obtuvo un excelente trato radiofónico, impulsando más si cabe la fama del grupo.

En Inglaterra EMI, relega la edición del álbum a junio de 1969, cuando el grupo regresa tras una extensa gira por Estados Unidos y cuando ya tenían grabado su tercer disco *Deep Purple*. La multinacional edita *The Book Of Taliesyn* en un subsello, Harvest Records, que crea para dar salida a las bandas de rock progresivo británicas, algo que enfureció a los componentes del grupo, que cada día se veían más menospreciados por su propia compañía. El álbum profundiza en los sonidos de *Shades of Deep Purple,* pero es algo más oscuro y encontramos los primeros indicios serios del hard rock, que más tarde hizo popular a la banda.

Del disco se editaron dos singles:

- «**Kentucky Woman**» y «**Hard Road**» como cara B. Publicado en diciembre de 1968 en Estados Unidos, y el 6 de diciembre de 1968 en Reino Unido.
- «**River Deep, Mountain High**» y «**Listen, Learn, Read On**» como cara B. Editado solamente en Estados Unidos en febrero de 1979.

DEEP PURPLE (1969)
Harvest/EMI (Europa)
Tetragrammaton Records (EE.UU.)
Polydor (Canadá y Japón)

■ **Temas:**

1.	«**Chasing Shadows**»	Jon Lord, Ian Paice
2.	«**Blind**»	Lord
3.	«**Lalena**»	Donovan
4.	«**Fault Line**»	Ritchie Blackmore, Nick Simper, Lord, Paice
5.	«**The Painter**»	Rod Evans, Blackmore, Simper, Lord, Paice
6.	«**Why Didn't Rosemary?**»	Evans, Blackmore, Simper, Lord, Paice
7.	«**Bird Has Flown**»	Evans, Blackmore, Lord
8.	«**April**»	Blackmore, Lord

■ **Temas en la reedición:**

9.	«**The Bird Has Flown**»	(Versión alternativa) Lord, Evans, Blackmore
10.	«**Emmaretta**»	Lord, Evans, Blackmore
11.	«**Emmaretta**» (BBC Top Gear. 14.01.1969)	Lord, Evans, Blackmore
12.	«**Lalena**» (BBC. 24. 06.1969)	Donovan
13.	«**The Painter**» (BBC. 24.06.1969)	Blackmore, Evans, Lord, Simper, Paice

Tercer disco de la banda, conocido como *Deep Purple III*. La banda repitió con el productor Derek Lawrence, en los De Lane Lea Studios de Londres, grabando entre los meses de enero y marzo de 1969. La grabación se efectuó en medio de una gira por el Reino Unido y con discusiones, sobre todo por la posición de poder que estaba adquiriendo Ritchie Blackmore, debido a su progresión como músico y su nueva faceta de compositor, acercándole cada vez más al hard rock.

Para terminar de redondear una situación cada día más tensa, el sello americano, Tetragrammaton Records, estaba al borde de la bancarrota, tan sólo Deep Purple era el grupo que había tenido éxito de su catálogo, y era necesario un single que les diera el éxito de «Hush», pero el single escogido fue un auténtico fracaso comercial y no ayudó a solventar los problemas económicos del sello. «Emmaretta» fue el tema elegido para adelantarse al lanzamiento del álbum en abril de 1969 e iniciar con él, la nueva gira americana del grupo. Las cuentas en negativo de Tetragrammaton Records, obligaron a retrasar la edición del disco hasta el 21 de junio del 69, cuando la banda ya estaba de regreso en Inglaterra.

En el Reino Unido se presentaban los temas «Lalena» y «The Painter», cuatro días después de la edición del álbum en EE.UU. Se presentaron en vivo el 24 de junio de 1969 en una sesión de la BBC Radio, mientras que el álbum se editó en septiembre de 1969, cuando la banda ya se había transformado en el Mark II.

La repercusión del disco en Estados Unidos fue completamente nula, alcanzando un modesto puesto 162 en el Billboard 200. En el Reino Unido el álbum fue completamente eclipsado por el anuncio del concierto con la Royal Philharmonic Orchestra. Todo esto provocó el final abrupto del Mark I y el inicio de la época más brillante de la banda.

Blackmore, Simper, Evans, Paice y Lord.

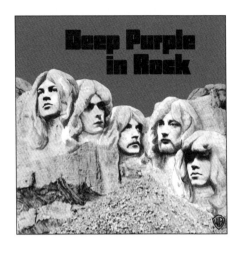

IN ROCK (1970)
Harvest/EMI (Europa)
Warner Bros. Records (EE.UU.)

■ **Temas:**
1. «Speed King»
2. «Bloodsucker»
3. «Child in Time»
4. «Flight of the Rat»
5. «Into The Fire»
6. «Living Wreck»
7. «Hard Lovin' Man»

Todos los temas firmados por Blackmore, Gillan, Glover, Lord, Paice.

■ **Temas en la reedición 25 aniversario:**

8. «Black Night» Single	
9. «Studio Chat (1)»	
10. «Speed King» (piano version)	
11. «Studio Chat (2)»	
12. «Cry Free»	Roger Glover remix
13. «Studio Chat (3)»	
14. «Jam Stew» (Instrumental)	
15. «Studio Chat (4)»	
16. «Flight of the Rat»	Roger Glover remix
17. «Studio Chat (5)»	
18. «Speed King»	Roger Glover remix
19. «Studio Chat (6)»	
20. «Black Night»	Roger Glover remix

Cuarto disco en estudio de Deep Purple y primero del Mark II, considerada como la mejor formación de toda la historia de la banda. Tras el despido del bajista Nick Simper y el vocalista Rod Evans, la formación se refuerza con el fichaje de dos componentes de Episode Six, el vocalista Ian Gillan y el bajista Roger Glover.

In Rock fue grabado entre el 14 de octubre de 1969 y el 13 de abril de 1970, en tres estudios diferentes de Londres; IBC, De Lane Lea y Abbey Road. En todo el proceso se contó con la colaboración de tres productores, Andy Knight fue el productor de las sesiones realizadas en IBC, Martin Birch se encargó de las realizadas en De Lane Lea, mientras que en los estudios Abbey Road, la producción fue de Philip McDonald. La banda, que comenzaba a plantearse dominar todos los campos del negocio musical, se interesó por la labores de producción y se encargaron de la mezcla final del trabajo.

Debido a los problemas económicos del sello Tetragrammaton Records, la edición del disco se retrasó cierto tiempo, hasta que finalmente Warner Bros. Music compró Tetragrammaton y asumió todas las deudas de la etiqueta musical. EMI lanza a través de Harvest Records, el álbum *In Rock* el 3 de junio de 1970 y dos días más tarde se publica un single de apoyo al disco, que curiosamente no iba incluido en el larga duración. «Black Night» se editó el 5 de junio con «Speed King» y «Living Wreck» como cara B. Su éxito fue fulminante, alcanzando el número 2 de las listas británicas, siendo el primer single de la banda que impactó en ese mercado y el más exitoso en cuestión de ventas en toda su historia. «Black Night» se incluyó en el álbum *In Rock* en la reedición de 1995.

El diseño de la portada del disco es una reproducción del Monte Rushmore, donde están esculpidos en roca cuatro presidentes de los Estados Unidos, George Washington, Thomas Jefferson, Theodore Roosevelt y Abraham Lincoln, sustituidos en esta ocasión por los cinco componentes del Mark II. Una portada que asumía el cambio de sonido del grupo, sólido como una roca, duro como el granito, el álbum que sentó las bases del hard rock y el heavy metal de las próximas décadas; una obra imprescindible en la historia del rock.

A la dureza y fuerza desbocada de temas como «Speed King», «Bloodsucker» y «Hard Lovin' Man», hay que sumar una de las joyas de la corona, con más de diez minutos de duración está «Child in Time», una composición donde Gillan despliega todo su potencial vocal y aúlla como un verdadero demonio, alcanzando cotas que jamás igualó.

In Rock tuvo problemas de censura en algunos países, por ejemplo en Corea desaparecieron del disco los temas «Child in Time» y «Hard Lovin' Man», porque los textos podrían ofender al público coreano; en Estados Unidos la multinacio-

In Rock fue el primer disco en estudio del Mark II.

nal Warner mandó acortar en casi un minuto la duración de la introducción de «Speed King», sin ningún motivo ni explicación. En la mayoría de los países no apareció el single «Black Night», de forma incomprensible puesto que la duración del vinilo tan sólo alcanzaba los 41 minutos de grabación, sin embargo, en México sí se incluyó el tema.

El éxito de *In Rock* fue veloz, alcanzando el número 4 en las listas británicas y manteniéndose más de un año en ellas. Fue superventas en Alemania, Austria, Finlandia, Dinamarca, Francia, Italia y en general en media Europa, salvo en España, que todavía estaba inmersa en los años oscuros de la dictadura. Los primeros discos de Deep Purple no se editaron en nuestro país hasta 1973 cuando EMI publicó *The Book of Taliesyn* con siete años de retraso.

En Estados Unidos tan sólo alcanzó el puesto 143 del Billboard 200, posiblemente debido a la mala distribución y poco apoyo radiofónico, en medio del problemático cambio de compañía discográfica.

De *In Rock* se editaron tres singles incluidos en el álbum:

*   **«Speed King»**. Junio de 1970.
*   **«Flight of the Rat»**. Septiembre de 1970.
*   **«Child in Time»**. Noviembre de 1970.

FIREBALL (1971)
Harvest/EMI (Europa)
Warner Bros. Records (EE.UU.)

■ **Temas:**
1. «Fireball»
2. «No No No»
3. «Demon's Eye»
4. «Anyone's Daughter»
5. «The Mule»
6. «Fools»
7. «No One Came»

Todos los temas firmados por Blackmore, Gillan, Glover, Lord, Paice.

■ **Temas extra en la reedición 25 aniversario:**
8. «Strange Kind of Woman»
9. «I'm Alone»
10. «Freedom»
11. «Slow Train»
12. «Demon's Eye»
13. «The Noise Abatement Society Tapes» (tradicional)
14. «Fireball» (Instrumental)
15. «Backwards Piano»
16. «No One Came»

Todos los temas firmados como en el álbum original.

Se trata del quinto álbum en estudio de la banda británica y segundo del denominado Mark II. Grabado entre los meses de septiembre de 1970 y junio de 1971, todo ello en sesiones separadas y aprovechando los descansos de la gira de presentación de *In Rock*.

Se utilizaron tres estudios para la grabación de este disco, los conocidos De Lane Lea Studios y Olympic Studios en Londres, y The Hermitage de Welcombe, North Devon. La banda se encargó de la producción del disco y contaron con la colaboración de Martin Birch como ingeniero de sonido, quien ya había trabajado en *In Rock* y en esta ocasión realizó las mezclas definitivas.

El disco estuvo precedido por el single «Strange Kind of Woman», que se editó en febrero de 1971, acompañado en la cara B por el tema «I'm Alone». Se trata de un tema que Gillan introdujo en el repertorio del concierto que la banda había ofrecido en la BBC el 19 de febrero de 1970, sustituyendo a Joe Cocker en el prestigioso programa de John Peel. En un principio la canción debía llamarse «Prostitute», pero para evitar problemas de censura la propia banda decidió llamarla «Strange Kind of Woman».

El single tuvo un éxito rotundo, alcanzando el número 8 de las listas británicas y convirtiéndose en una referencia obligada en sus conciertos, tema durante el cual Blackmore y Lord realizaban uno de sus famosos duelos de guitarra y órgano, con una duración extrema y zanjado visceralmente por un grito diabólico de Gillan.

Incompresiblemente, igual que con el single «Black Night» de *In Rock*, «Strange Kind of Woman» no aparece en el disco en su versión europea, aunque sí lo hace en la edición para Estados Unidos, Canadá y Japón, en detrimento de «Demon's Eye» que se perdió para esa versión del álbum.

El álbum se editó en julio de 1971 y fue un rotundo éxito, alcanzando por primera vez el número 1 de las listas británicas, aunque no consiguió mantenerse en ellas el mismo periodo de tiempo que su predecesor *In Rock*.

Musicalmente, *Fireball* es algo más difuso que el anterior *In Rock* y que los dos siguientes discos del grupo, aunque pertenece al póquer de joyas del Mark II.

Descartando el tema de entrada que da nombre al disco y que es una perfecta continuación lineal de lo ofrecido en *In Rock*, el resto del trabajo muestra una apertura sonora que descolocó a más de uno. Desde la comercialidad hard de «No No No», el blues rock de «Demon's Eye» o el regreso al folk psicodélico de «Anyone's Daughter», pasando por la incomprensible paranoia de «Fools» o la psicótica propuesta «The Mule», que pasó a ser el tema donde Paice realizaba su extraterrestre solo de batería en los conciertos, *Fireball* es un trabajo de gran calidad, muy meritorio y con grandes momentos de lucidez, pero algo estrábico y confuso.

Los propios componentes de la banda no quedaron conformes del resultado, y entre otras razones achacaron el desconcierto compositivo a no tener prácticamente tiempo para dedicarlo a dicha tarea, limitada por la prisas y presiones de la compañía y la interminable gira de conciertos de *In rock*. El álbum consiguió el número 1 en el Reino Unido, Bélgica, Alemania, Dinamarca y Suecia, siendo de vital importancia para la banda que fuera el primer álbum que triunfó en Japón.

De *Fireball* se editaron dos singles:

- «**Strange Kind of Woman**»/«**I'm Alone**» en febrero de 1971.
- «**Fireball**»/«**Demon's Eye**» en el reino Unido. Octubre de 1971.
- «**Fireball**»/«**Anyone's Daughter**» en EE.UU. Octubre de 1971.

MACHINE HEAD (1972)
Purple Records/EMI (Europa, Australia, Sudamérica)
Warner Bros. (EE.UU. Japón)

■ **Temas:**

1.	«**Highway Star**»	Blackmore, Gillan, Glover, Lord, Paice
2.	«**Maybe I'm a Leo**»	Blackmore, Gillan, Glover, Lord, Paice
3.	«**Pictures of Home**»	Blackmore, Gillan, Glover, Lord, Paice
4.	«**Never Before**»	Blackmore, Gillan, Glover, Lord, Paice
5.	«**Smoke on the Water**»	Blackmore, Gillan, Glover, Lord, Paice
6.	«**Lazy**»	Blackmore, Gillan, Glover, Lord, Paice
7.	«**Space Truckin**»	Blackmore, Gillan, Glover, Lord, Paice

■ **Temas extra en la reedición 25 aniversario:**

8. «**When a Blind Man Cries**» (B-Side)
9. «**Maybe I'm a Leo**» (Quadrophonic mix)
10. «**Lazy**» (Quadrophonic mix)

Sexto álbum en estudio, grabado del 6 al 21 de diciembre de 1971 en el Grand Hôtel de Montreux, Suiza, con el Rolling Stones Mobile Studio. Un trabajo donde el grupo repite en la producción del mismo, ayudado en todo momento por el ingeniero de sonido Martin Birch, que también se encargó de las mezclas definitivas, como en anteriores producciones.

La grabación de *Machine Head* ha sido una de las más accidentadas de su historia. En primer lugar la banda debió retrasar la entrada en estudio por una hepatitis que pilló Ian Gillan y que lo tuvo un tiempo fuera de circulación por prescripción facultativa. Más tarde, ya en el Casino de Montreux, por el incendio que destruyó el edificio y del cual hablamos en otro apartado del libro.

La cosa no terminó ahí, ya que la nueva ubicación que se le buscó a la banda para la grabación del disco, The Pavilion, no ofrecía una insonorización decente, por lo que las autoridades prohibieron la grabación mientras no se respetara el descanso de los vecinos. Al final la banda se alojó en el desértico Grand Hôtel, ubicando la sala de grabación a más de 100 metros de distancia del exterior, donde se situó la unidad móvil.

La propia banda comentaba que la distancia del estudio móvil provocó que la banda aceptara tomas con las que no estaba muy conforme, por lo arduas y agotadoras que eran las caminatas al estudio, lo que provocó que el resultado del álbum fuera más espontáneo y a la postre más fresco y atractivo.

Machine Head se publicó el 25 de marzo de 1972, precedido una semana antes por el single «Never Before» (años más tarde se dijo que Peter Frampton había plagiado el riff de guitarra de «Do You Feel Like We Do» con este tema), un error de la compañía que sólo alcanzó el número 35 en el chart inglés. Sin embargo el álbum se posicionó rápidamente como uno de los discos más atractivos del año y consiguió encaramarse al número 1 a los siete días de su lanzamiento, mientras que en Estados Unidos subió hasta el 7, pero se quedó en las listas durante más de dos años. En Europa, sin seguir incluyendo España, *Machine Head* consiguió el número 1 en siete países y ser superventas en un total de doce, vendiendo casi medio millón de discos. En Estados Unidos *Machine Head* vendió algo más de 2 millones de copias, sin coronar en el Billboard, consiguiendo ser por primera vez en su carrera Disco de Platino.

«Highway Star» también salió como single del álbum, pero el verdadero impacto fue el single editado un año más tarde, «Smoke on the Water», un tema que la propia banda consideraba muy sencillo, pero que les proporcionó una fama inusitada en todo el planeta (sorprende la posición número 7 en los charts de Sudáfrica), alcanzando más de 1 millón de copias del sencillo en Estados Unidos, donde se posicionó en el número 4.

De *Machine Head* se editaron tres singles:
- **«Never Before»/«When a Blind Man Cries»**
- **«Highway Star»/«Lazy»**
- **«Smoke on the Water»/«Space Truckin'»**

WHO DO WE THINK WE ARE (1973)

Purple Records/EMI (Europa, Australia, Sudamérica)
Warner Bros. (EE.UU. Japón)

■ **Temas:**
1. «Woman from Tokyo»
2. «Mary Long»
3. «Super Trouper»
4. «Smooth Dancer»
5. «Rat Bat Blue»
6. «Place in Line»
7. «Our Lady»

Todos los temas firmados por Blackmore, Gillan, Glover, Lord, Paice.

■ **Temas extra en la reedición del 2000:**
8. «Woman from Tokyo» ('99 Remix)
9. «Woman from Tokyo» (Alternate bridge)
10. «Painted Horse» (studio out-take)
11. «Our Lady» ('Remix)
12. «Rat Bat Blue» (Writing session)
13. «Rat Bat Blue» (Remix)
14. «First Day Jam»

Todos los temas firmados como en el álbum original.

Who Do We Think We Are fue grabado en Roma en julio de 1972 y Walldorf, Frankfurt en octubre de 1972, utilizando el Rolling Stones Mobile Studio de nuevo. Es el último álbum de la primera etapa del Mark II, un trabajo grabado con enormes tensiones internas, lucha de egos, presiones de la discográfica, cansancio por las giras interminables y poco tiempo dedicado a las composiciones. La banda rompe la norma de grabar todos juntos y la mayoría de los temas se terminan fuera de plazo, por la tardanza en grabar cada uno por separado. El mal rollo entre ellos propició que el tema instrumental «First Day Jam», no entrara en el disco por prohibición de Roger Glover, quien llegaba tarde al estudio el día de la grabación del mismo y se encontró que en lugar de esperarlo, Blackmore grabó el bajo del tema. La canción se publicó en la reedición del año 2000.

Años más tarde, Gillan, durante la promoción del disco *Perfect Strangers*, que significó el retorno del Mark II, aseveró que la ruptura fue por causas ajenas a la banda: «Llevábamos una gira de 18 meses. Algunos habíamos sufrido enfermedades importantes. Nos tendrían que haber prohibido tocar, obligarnos a parar, pero en su lugar nos empujaron al estudio, agotados, secos… creo que si hubiéramos parado, todavía seguiríamos juntos».

El caso es que Deep Purple grabó sólo dos temas en Italia, «Woman from Tokyo» y «Painted Horse», teniendo que salir de gira para acumular el resto de la grabación en Frankfurt, lo que propició el desastre.

Musicalmente, *Who Do We Think We Are*, sufre una deriva al rock blues, abandonando en cierta medida el hard rock expuesto en los dos anteriores discos. Las composiciones son de alta calidad, pero pierden algo de gancho y se tornan difusas en el marco general de esta formación. Incluso el tema «Place in Line», cuenta con una parte muy llamativa en formato scat singing, lenguaje musical que proviene del jazz y la música negra, donde el vocalista improvisa estrofas sin sentido, utilizando su voz como instrumento musical y no como vehículo del mensaje.

A pesar de que el grupo se estaba desintegrando por dentro, el apoyo radiofónico del single «Woman from Tokyo», logró que las ventas del disco fueran excelentes, alcanzando el número 1 en Noruega y Dinamarca. En el Reino Unido ascendió al número 4 de las listas y en Estados Unidos, sin pasar del 15, vendió más de 500.000 copias en menos de tres meses, consiguiendo la certificación de oro más rápida de la carrera de Deep Purple.

De *Who Do We Think We Are* se editaron dos singles:

- **«Woman from Tokyo»/«Black Night (live)»**, single con numerosas portadas, dependiendo del país donde se publicaba.
- **«Super Trouper»/«Blood Sucker»**, single sólo editado en Europa.

BURN (1974)
Purple Records/EMI (Europa, Australia, Sudamérica)
Warner Bros. (EE.UU. Japón)

■ **Temas:**

1.	«Burn»	
2.	«Might Just Take Your Life»	
3.	«Lay Down, Stay Down»	
4.	«Sail Away»	Blackmore, Coverdale
5.	«You Fool No One»	
6.	«What's Goin' On Here»	
7.	«Mistreated»	Blackmore, Coverdale
8.	«'A' 200»	Blackmore, Lord, Paice

Todos los temas firmados por Ritchie Blackmore, David Coverdale, Glenn Hughes, Jon Lord y Ian Paice, salvo los indicados.

■ **Temas extras de la edición del 30 aniversario**

9.	«Coronarias Redig»	Blackmore, Lord, Paice
10.	«Burn» (remix)	
11.	«Mistreated» (remix)	Blackmore, Coverdale
12.	«You Fool No One» (remix)	
13.	«Sail Away» (remix)	Blackmore, Coverdale

Octavo álbum en estudio y primero del Mark III. En el disco se presentaban las dos nuevas incorporaciones que venían a suplir la huida de Gillan y Glover, David Coverdale como vocalista y Glenn Hughes de la banda Trapeze como bajista y segunda voz, aunque siempre ha demostrado ser un maravilloso cantante. El disco fue grabado de nuevo con el Rolling Stones Mobile Studio, y en la ciudad de Montreux, Suiza, con la banda realizando la producción y Martin Birch como ingeniero de sonido y encargado de las mezclas.

El disco significa varias cosas además del final del Mark II e inicio del Mark III. Primero de todo se rompe el acuerdo de firmar todos los temas en conjunto y salir reflejados en orden alfabético. Quien tiene la sartén por el mango a partir de ahora es Ritchie Blackmore y ejerce de boss.

Técnicamente, Glenn Hughes participó en la composición y grabación del álbum, pero su nombre no apareció en la primera edición del disco por problemas legales que no se pudieron solventar a tiempo, sin embargo en la edición remasterizada de 2004 para el 30.º aniversario de *Burn*, ya está incluido como compositor en todos los temas, excepto los mencionados anteriormente. Glenn Hughes canta en todos los temas menos en «'A' 200».

En la portada Blackmore sale como punta del podium que dibujan las cabezas en cera de los componentes de la banda, por lo que no cabe ningún tipo de error y malentendido por adivinar quién lleva las riendas.

Burn es el primer Long Play a nivel mundial con el cual se hizo una campaña de televisión, algo que venía a demostrar que el álbum era el concepto que se imponía en el mercado, un trabajo coherente, marcado por una línea musical en detrimento de la época de los sencillos, canciones sueltas que encumbraban o desahuciaban la carrera de una banda.

Musicalmente, *Burn*, significa un acercamiento al blues y a los ritmos negroides de la mano de Coverdale. Deep Purple pierde un poco de dureza en este disco, se baja del camino hacia el heavy metal y vuelve a pillar el billete del hard rock con aires blues.

Es una transformación de la banda que no a todo el mundo encantó, pero que nos muestra un sonido muy maduro, potente y cargado de personalidad, alejado de intentar ser una copia o sustitución del Mark II. *Burn* es un disco extraordinario, donde todo encaja y se nos muestra casi perfecto. Dentro del álbum encontramos dos temas imprescindibles en la carrera de Purple, «Burn» y «Mistreated», este último representa el punto álgido de esta formación, con dos genios trabajando codo con codo Blackmore y Coverdale, que más tarde se hicieron insoportables el uno hacia el otro.

El álbum tuvo muy buena acogida, no sufriendo el desgaste de un cambio tan importante como era el del vocalista. En Estados Unidos alcanzó el número 9 del Billboard y vendió más de 500.000 copias por lo que certificó el Disco de Oro.

En el Reino Unido ascendió a la posición 3 de las listas y certificó Disco de Oro al vender más de 100.000 copias (los baremos de certificación, son muy diferentes en cada país). *Burn* consiguió ser número 1 en Alemania, Austria y Noruega; posicionándose en el puesto número 11 de los charts japoneses.

Se trató del primer disco de la banda que triunfó en Sudamérica, alcanzando el primer Disco de Oro de Deep Purple en Argentina, al vender más de las 50.000 copias necesarias para tal categoría.

De *Burn* se editaron dos singles:

- «**Might Just Take Your Life**»/«**Coronarias Redig**» el 12 de febrero de 1974.
- «**Burn**»/«**Coronarias Redig**», tan sólo en Estados Unidos.

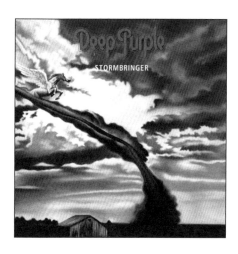

STORMBRINGER (1974)

Purple Records/EMI (Europa, Australia, Sudamérica)
Warner Bros. (EE.UU. Japón)

■ Temas:

1.	«Stormbringer»	Blackmore, Coverdale
2.	«Love Don't Mean a Thing»	
3.	«Holy Man»	Coverdale, Hughes, Lord
4.	«Hold On»	Coverdale, Hughes, Lord, Paice
5.	«Lady Double Dealer»	Blackmore, Coverdale
6.	«You Can't Do It Right (with the One You Love)»	Blackmore, Coverdale, Hughes
7.	«High Ball Shooter»	
8.	«The Gypsy»	
9.	«Soldier of Fortune»	Blackmore, Coverdale

Todos los temas firmados por Blackmore, Coverdale, Hughes, Lord y Paice salvo los indicados.

■ Temas extras de la edición del 35.º aniversario:

10. «**Holy Man**» (remix)
11. «**You Can't Do It Right**» (remix)
12. «**Love Don't Mean a Thing**» (remix)
13. «**Hold On**» (remix)
14. «**High Ball Shooter**» (instrumental)

Noveno álbum de estudio, que significó la marcha de Ritchie Blackmore de la formación. Aunque el guitarrista participó en las composiciones de todos los temas, estaba sufriendo una tremenda depresión por la reciente ruptura de su matrimonio. Perdió el timón de la banda que fue rápidamente asumido por la pareja Coverdale y Hughes, quienes llevaron el disco por una senda muy negra. El disco se grabó en los estudios Musicland de Múnich, Alemania, en agosto de 1974, bajo la producción de Martin Birch y la propia banda. El resultado es un disco de blues rock o funk rock, con aires de hard rock americano, muy cercano a bandas como los Free de Paul Rodgers, pero con un apunte mayúsculo al so-nido americano. Si lo miramos con la perspectiva que nos da la distancia, podría haberse tratado del primer álbum de Whitesnake.

Blackmore no tiene rabia tocando y explota la pentatónica sin pasión, los coros de Hughes son angelicales, casi perfectos, pero nada corrosivos, es más, el sonido del órgano de Lord pierde toda su grandilocuencia y consistencia en temas como «You Can't Do It Right (with the One You Love)», que escandaliza a los más fieles seguidores. El propio Ritchie Blackmoore, declaró años más tarde que este disco era «una grandiosa mierda». Bien, no se trata de un disco que siga las postulaciones de *Machine Head* o *Burn*, mucho menos de *In Rock*, pero no es un mal disco, algo que no creía Blackmoore y que fue la gota que colmó el vaso de su desesperación y se largó con viento fresco.

Con el paso del tiempo el disco está considerado como una obra mayor de Deep Purple, y la formación del Mark III alcanzó un prestigioso reconocimiento por parte del público y la crítica. Quizás en la época sufrió el radicalismo que existía en el mundo fan y fue menospreciado por los seguidores que seguían pensando que con la marcha de Gillan y Glover se rompió algo.

En Estados Unidos alcanzó en puesto número 20 del Billboard y vendió más de 500.000 copias, siendo Disco de Oro. En el Reino Unido escaló hasta el sexto puesto de las listas, pero desapareció rápidamente. Las ventas se redujeron a 60.000 copias, siendo Disco de Plata; sin embargo alcanzó el oro en países como Francia y Suecia.

Se extrajeron dos singles de *Stormbringer* sólo en el mercado americano:

- **«Stormbringer»/«Love Don't Mean a Thing»** con la cara A recortada la introducción.
- **«You Can't Do It Right (with the One You Love)»/«Love Don't Mean a Thing»**

COME TASTE THE BAND (1975)

Purple Records/EMI (Europa, Australia, Sudamérica)
Warner Bros. (EE.UU. Japón)

■ **Temas:**

1.	«Comin' Home»	Tommy Bolin, David Coverdale, Ian Paice
2.	«Lady Luck»	Jeff Cook, Coverdale
3.	«Gettin' Tighter»	Bolin, Glenn Hughes
4.	«Dealer»	Bolin, Coverdale
5.	«I Need Love"»	Bolin, Coverdale
6.	«Drifter»	Bolin, Coverdale
7.	«Love Child»	Bolin, Coverdale
8.	«This Time Around/Owed to 'G'»	Hughes, Jon Lord/Bolin
9.	«You Keep On Moving»	Coverdale, Hughes

Décimo disco en estudio, primer y último del Mark IV y el álbum que significó el cierre de una etapa de la banda, la más importante y turbulenta, con cuatro formaciones distintas y con la publicación de algunos de los discos más importantes de su carrera, así como trabajos imprescindibles para poder entender la historia del rock y la música en general, durante el siglo pasado.

Todo apuntaba a que tras la marcha de Blackmore, Deep Purple pasaría a mejor vida, pero la insistencia de Coverdale y Hughes cerró las fisuras y consiguió poner en funcionamiento de nuevo la maquinaria púrpura.

Se fichó a Tommy Bolin, un jovencísimo guitarrista, virtuoso, con una estupenda voz y gran capacidad de composición. Con Bolin la banda ganó estabilidad, la tranquilidad que les robaba el temperamento y personalidad de Blackmore. El grupo entró a grabar el disco en Musicland Studios de Múnich, el 3 de agosto de 1975, cinco meses después de que los abandonara Ritchie Blackmore con el master de su primer disco en solitario bajo del brazo, y tan sólo un día antes de que Ritchie Blackmore's Rainbow se editase a nivel mundial.

En un principio las sesiones de grabación estaban dirigidas por Robert Simon en Pirate Sound Studios de California, donde la banda trabajó los primeros ensayos con Tommy Bolin, preparando repertorio y componiendo temas de cara al nuevo disco. Esta experiencia se truncó y decidieron entrar de nuevo en Musicland y a las órdenes de Martin Birch, terminando la grabación el 1 de septiembre de 1975. De las sesiones de Pirate Sound Studios se editó en marzo del 2000, un disco llamado *Days May Come and Days May Go*, donde aparecen algunos temas inéditos, alguno incluido en este disco y lo más interesante, jam sessions de gran calidad, donde se ve el acercamiento de la banda a la música negra, empujados por Coverdale, Hughes y Bolin.

El disco se consideró como uno de los más flojos de la banda a pesar de tener una recepción más que positiva, con un número 19 en las listas del Reino Unido, consiguiendo ser Disco de Plata con 60.000 copias vendidas, y un más que discreto puesto 43 en el Billboard americano, donde las ventas fueron de las más flojas del grupo. Por segunda vez consecutiva un álbum de Deep Purple consiguió la certificación de Disco de Oro en Argentina, donde ya contaban con una nutrida legión de seguidores, al igual que en Venezuela, Brasil y México.

Con el paso de los años este disco ha ganado reputación y dejó de estar defenestrado para ser considerado un gran trabajo. Incluso los mismos músicos de Purple, como Jon Lord, quien lo había criticado en su momento, terminó admirando la fuerza y calidad del álbum, al mismo tiempo que reconocía que no se ajustaba a lo que el público entendía como un disco de Deep Purple.

De *Come Taste the Band* se editaron dos singles:

* «**You Keep On Moving**» que se editó sólo en Europa.
* «**Gettin' Tighter**» con «**Love Child**» como cara B, publicado en 1976 y tan sólo en Estados Unidos.

PERFECT STRANGERS (1984)
Mercury (Sólo Estados Unidos)
Polydor (A nivel mundial)

■ **Temas:**

1.	«Knocking at Your Back Door»	Blackmore, Gillan, Glover
2.	«Under the Gun»	Blackmore, Gillan, Glover
3.	«Nobody's Home»	Blackmore, Gillan, Glover, Jon Lord, Ian Paice
4.	«Mean Streak»	Blackmore, Gillan, Glover
5.	«Perfect Strangers»	Blackmore, Gillan, Glover
6.	«A Gypsy's Kiss»	Blackmore, Gillan, Glover
7.	«Wasted Sunsets»	Blackmore, Gillan, Glover
8.	«Hungry Daze»	Blackmore, Gillan, Glover
9.	«Not Responsible» *(Sólo versión casete y CD)*	Blackmore

■ **En 1999 se reeditó con un tema adicional:**

10.	«Son of Alerik»	Blackmore

Undécimo disco de estudio, primero desde su separación nueve años atrás y el regreso del Mark II, tras once años desde su despedida.

Blackmore y Glover regresaron desde Rainbow, Lord de Whitesnake, Paice de Gary Moore Band y Gillan de Black Sabbath.

La banda se encerró en Horizons Studios de Stowe, Vermont, USA, con Le Mobile, un camión estudio itinerante, propiedad del ingeniero canadiense Guy Charbonneau, quien llegó a obtener un premio Emmy en Artes Creativas. El álbum se grabó durante el mes de agosto de 1984, bajo la supervisión de Roger Glover como máximo responsable de la producción y con el consentimiento y apoyo del resto de la banda que firman también la producción. Glover, un maestro de los estudios de grabación supo adaptar el sonido del grupo sin per-

der la esencia de antaño. *Perfect Strangers* suena actual, a los ochenta, pero se sabe desde un principio que es Deep Purple y que es el Mark II. La guitarra de Ritchie suena como en *Machine Head*, la voz de Gillan aúlla como en sus mejores tiempos sin llegar a los registros de la juventud, el órgano de Lord ya no suena arcaico y su sonido es más amable y menos áspero, mientras que la sección de bajo y batería es posiblemente la más poderosa de los discos del Mark II.

El regreso fue una sorpresa muy agradable y un éxito sin precedentes. Apoyados por una campaña de promoción envidiable y bien diseñada, algo que jamás habían tenido, Deep Purple se transformó en el grupo de moda dentro del hard rock y el heavy metal. Una banda añorada por los veteranos y respetada y querida por las nuevas generaciones.

El disco se editó el 29 de octubre de 1984 y el éxito se subrayó con un número 5 en los charts británicos y el 17 en el Billboard 200 de USA; lo que traducido en ventas le supuso ser posiblemente el álbum más exitoso a corto plazo de su historia y uno de los más valorados. Disco de Platino en Estados Unidos con más de un millón de copias en menos de un año. Disco de Oro en el Reino Unido con 100.000 copias vendidas tan sólo en 1984. Por primera vez Disco de Platino en Canadá y de Oro en Alemania y la banda volvió a repetir éxito en Argentina, vendiendo más de 30.000 copias y alcanzando el Disco de Oro.

Del álbum se extrajeron tres singles:

- «**Perfect Strangers**»/«**Son of Alerik**» en octubre de 1984 como adelanto del disco.
- «**Nobody's Home**»/«**Perfect Strangers**» en1985.
- «**Knocking at Your Back Door**»/«**Perfect Strangers**» en1985.

THE HOUSE OF BLUE LIGHT (1987)

Mercury (Sólo Estados Unidos)
Polydor (A nivel mundial)

■ Temas:

1.	«Bad Attitude»	Blackmore, Gillan, Glover, Lord
2.	«The Unwritten Law»	Blackmore, Gillan, Glover, Paice
3.	«Call of the Wild»	Gillan, Blackmore, Glover, Lord
4.	«Mad Dog»	
5.	«Black & White»	Blackmore, Gillan, Glover, Lord
6.	«Hard Lovin' Woman»	
7.	«The Spanish Archer»	
8.	«Strangeways»	
9.	«Mitzi Dupree»	
10.	«Dead or Alive»	

Todas las canciones compuestas por Blackmore, Gillan y Glover, salvo las indicadas.

Duodécimo álbum en estudio y segundo trabajo grabado por el Mark II tras su reunión en 1984.

Se trata de uno de los discos más complicados de grabar por el grupo, tal y como ellos mismos reconocieron más tarde. Las viejas discusiones llevaron a regrabar muchas de las partes del trabajo en numerosas ocasiones. La escalada belicista entre Gillan y Blackmore, era insoportable para el resto del equipo y la tensión se podía cortar.

Todo esto terminó con un golpe de estado de Blackmore y la expulsión o despido de Gillan.

Gillan comentaba: «La creación del álbum fue un proceso extremadamente largo y difícil, como con *Who Do We Think We Are*. Hay algunas buenas canciones, pero algo falta en el álbum en general. No puedo sentir el espíritu de la banda.

Puedo ver o escuchar a cinco profesionales haciendo todo lo posible, pero es como un equipo de fútbol, no funciona. Es como once superestrellas que juegan en el mismo campo pero no están conectadas por el corazón o el espíritu».

Pero no eran solamente las malas, pésimas, relaciones entre Blackmore y Gillam, la banda había realizado un cambio muy importante en su sonido que se asemejaba mucho más a discos de Rainbow como *Difficult to Cure, Straigth Between the Eyes* y *Bent Out of Shape*, que a la veterana banda que lo interpretaba y grababa. Jon Lord años más tarde de su edición aclaraba su postura ante el disco: «Cometimos el gran error de tratar de actualizar nuestra música. Descubrimos que la gente no quería que hiciéramos eso».

La banda volvió a repetir en los estudios Playhouse, en Stowe, Vermont, y con Le Mobile, pero bajo la producción total de Roger Glover, entre los meses de abril y septiembre de 1986. A pesar de ser considerado un disco menor, contiene momentos de guitarra verdaderamente memorables, pero la sensación general era que la cosa se acababa, lo que se plasma en el resultado del disco.

La versión del CD contenía temas de más duración que la versión de vinilo, que era más corta debido a la imposibilidad de incluir más de 45 minutos en los vinilos de 33 r. p. m. La versión del álbum que se remasterizó en 1999, utilizó las cintas maestras de vinilo originales, por lo que su tiempo de ejecución es de la versión cortada, no del original en CD.

El disco no triunfó en USA ni en el Reino Unido, alcanzando los puestos 34 y 10 respectivamente, pero sí que lo hizo en países como Alemania y Suecia donde llegó al número 1, o en Noruega que llegó al 2 y en Suiza al 3.

Del álbum se editaron dos singles:

* «**Call of the Wild**» con «**Strangeways**» como cara B, salvo en USA, que se acompañó de «Dead or Alive», un tema demasiado parecido a «Spotlight Kid» del álbum *Difficult to Cure* de Rainbow.
* «**Bad Attitude**», tema que abría el álbum, acompañado por «**Black & White**».

SLAVES & MASTERS (1990)
RCA/BMG

■ **Temas:**

1. **«King of Dreams»**   Ritchie Blackmore, Joe Lynn Turner, Roger Glover
2. **«The Cut Runs Deep»**   Blackmore, Turner, Glover, Jon Lord, Ian Paice
3. **«Fire in the Basement»**   Blackmore, Turner, Glover, Lord, Paice
4. **«Truth Hurts»**   Blackmore, Turner, Glover
5. **«Breakfast in Bed»**   Blackmore, Turner, Glover
6. **«Love Conquers All»**   Blackmore, Turner, Glover, Lord
7. **«Fortuneteller»**   Blackmore, Turner, Glover, Lord, Paice
8. **«Too Much Is Not Enough»**   Turner, Bob Held, Al Greenwood
9. **«Wicked Ways»**   Blackmore, Turner, Glover, Lord, Paice

En la versión de vinilo se cambió el orden de los temas para adaptar la duración de cada cara del álbum.

Decimotercer álbum de la banda británica y primero y único con el vocalista Joe Lynn Turner en sus filas. El disco se grabó de principios a mediados de 1990 en diferentes estudios de grabación, Greg Rike Productions, Altamonte Springs, Florida Sountec Studios, Connecticut The Powerstation, con Roger Glover como productor absoluto del trabajo. Joe Lynn Turner era un gran amigo de Blackmore y estaba al tanto de sus neuras y cambios de personalidad tras su etapa en Rainbow, por lo que fue la baza perfecta para terminar, primero el tour y después la grabación del próximo disco.

Sin ser un mal trabajo, se trata del disco donde el declive de Purple se hace evidente. Nunca más volvieron a tener un repunte tan espectacular como con *Perfect Strangers* y mucho menos con los discos clásicos de los setenta.

El disco se editó el 5 de octubre de 1990, casi tres años después de *The House of Blue Light*, y las ventas estuvieron muy por debajo de las pretensiones de la banda y el nuevo sello, RCA/BMG.

Las listas reflejaban que Deep Purple había sufrido una importante pérdida de fans con la marcha de Gillan. Mientras que en el Reino Unido el álbum no pasaba del puesto 45 de los charts, en USA el *Billboard* no le permitía subir del puesto 87. Volvían a ser países europeos los que mejor recibirían *Slaves & Masters*, que alcanzó el número 5 en Suiza, el 12 en Suecia y el 16 en Noruega. Por esa misma razón la gira europea del disco fue la que mejor funcionó.

Del álbum se extrajeron dos singles:

- «**Love Conquers All**» como cara A, acompañado por los temas «**Truth Hurts**» y el inédito «**Slow Down Sister**».
- «**King of Dreams**» en dos versiones, una versión corta como cara A y la toma original del álbum de casi un minuto más, acompañada del tema «Fire in the Basement», como cara B.

THE BATTLE RAGES ON... (1993)
RCA/BMG
GIANT (USA, Canadá)

■ **Temas:**

1.	«**The Battle Rages On**»	Gillan, Blackmore, Glover, Jon Lord, Ian Paice
2.	«**Lick It Up**»	Gillan, Blackmore, Glover
3.	«**Anya**»	Gillan, Blackmore, Glover, Lord
4.	«**Talk About Love**»	Gillan, Blackmore, Glover, Lord, Paice
5.	«**Time to Kill**»	Gillan, Blackmore, Glover
6.	«**Ramshackle Man**»	Gillan, Blackmore, Glover
7.	«**A Twist in the Tale**»	Gillan, Blackmore, Glover
8.	«**Nasty Piece of Work**»	Gillan, Blackmore, Glover, Lord
9.	«**Solitaire**»	Gillan, Blackmore, Glover
10.	«**One Man's Meat**»	Gillan, Blackmore, Glover

Decimocuarto álbum en estudio, con un título muy explícito sobre lo que pasaba en el interior del grupo, sumergido en un periodo de guerras internas que no terminaron con un tratado de paz precisamente. El disco comenzó a grabarse en los Red Rooster Studios de Tutzing, Alemania y en los Greg Rike Studios de Altamonte Springs, Florida, durante el primer trimestre de 1992. En ese periodo seguía siendo Joe Lynn Turner el vocalista, pero salvo Blackmore, nadie defendió su presencia en el trabajo y fue despedido. Su sustituto, propuesto por Blackmore una vez más, era Mike DiMeo, un desconocido vocalista de una banda llamada Josie Sang, quien llegó a grabar algunas demos de los nuevos temas, hasta que la banda decide volver a llamar a Gillan, que regresa en abril del 93 en contra de la voluntad de Blackmore. Mike DiMeo fichó por Riot al cabo de un año.

Lo primero que hace Gillan es reescribir todos los temas del disco, desechando las canciones que Turner había dejado compuestas. Para ello se usa un tercer estudio de grabación, Bearsville Studios de Bearsville, Nueva York.

El disco está producido de nuevo por Roger Glover, pero en esta ocasión en compañía de Thom Panunzio (Bob Dylan, Bruce Springsteen, Aerosmith, Black Sabbath, Iggy Pop...). Se edita el 2 de julio de 1993 con RCA/BMG, salvo en Estados Unidos y Canadá que lo hace bajo el sello Giant del grupo Warner Music.

A pesar de que el disco representaba la vuelta del Mark II al completo, y que eso suponía la versión clásica de Deep Purple, el álbum no supuso un éxito arrollador como tras la edición de *Perfect Strangers* y se hundió en las listas americanas, donde no consiguió los mínimos exigidos a una banda de este talante. El Billboard americano refleja que *The Battle Rages On...* tan sólo alcanzó el número 192, mientras que en el Reino Unido se ancló en el 21. El disco fue muy bien recibido en Japón entrando directamente al Top Ten, con un número 5 importantísimo, así como en países como Suiza número 7, Suecia número 8 y Austria, Noruega y Finlandia con un número 9.

El trabajo de estudio y la posterior gira de conciertos despertaron las enormes diferencias personales y artísticas que existían entre Blackmore y Gillan. En esta ocasión fue Blackmore quien se marchó del grupo, de la peor manera posible, abandonando el escenario en mitad del concierto del 17 de noviembre de ese mismo año en Helsinki, Finlandia. Fue sustituido temporalmente por Joe Satriani.

Del álbum se extrajeron dos singles:
- «**Anya**»/«**One Man's Meat**» en julio del 93.
- «**Time to Kill**»/«**Nasty Piece of Work**», a finales de 1993.

[dee·Pur.ple]

PURPENDICULAR (1996)
RCA/BMG
CMC International (USA, Canadá)

■ **Temas:**
1. «Vavoom: Ted the Mechanic»
2. «Loosen My Strings»
3. «Soon Forgotten»
4. «Sometimes I Feel Like Screaming»
5. «Cascades: I'm Not Your Lover»
6. «The Aviator»
7. «Rosa's Cantina»
8. «A Castle Full of Rascals»
9. «A Touch Away»
10. «Hey Cisco»
11. «Somebody Stole My Guitar»
12. «The Purpendicular Waltz»
13. «**Don't Hold Your Breath**» (Este tema sólo en Japón y USA)

Todas las canciones escritas por Gillan, Morse, Lord, Paice y Glover.

Decimoquinto álbum en estudio y primero del Mark VII, penúltima formación de Deep Purple. Tras la marcha de Ritchie Blackmore, Joe Satriani terminó
los conciertos comprometidos con gran éxito y aceptación por parte de los fans,
pero los compromisos con su sello discográfico le impidieron seguir en el seno
de Purple; no obstante recomendó a Steve Morse como candidato idóneo a cubrir la vacante de guitarrista del grupo púrpura.

El álbum fue grabado en Greg Rike Productions, Orlando, Florida, de febrero
a octubre de 1995, en un proceso muy diferente a lo que habitualmente utiliza-
ba Deep Purple. La producción corre a cargo de todo el grupo y se eliminan las

jerarquías a la hora de decidir lo que entra o no en el álbum. Se trata del disco más libre de ataduras de Purple y ello se trasmite con un disco muy experimental, que rompe con el pasado intentando imponer unas bases para el futuro del grupo.

La primera diferencia notable es la supremacía de las guitarras de Morse, como si todo el grupo trabajara para mostrar al mundo el nuevo componente. Hay partes en las que se echa de menos el teclado de Lord, que a la postre es el más perjudicado. Temas muy diferentes entre sí, que además caminan por senderos desconocidos en el pasado, pero sobre todo lo más sorprendente es no encontrar el sonido Blackmore y darse cuenta de que esa diferencia cambia todo el contenido. Ni siquiera en la época de Tommy Bolin la diferencia era tan palpable y evidente; pero ahora, Morse ha cambiado el concepto, algo que acompañará a la banda hasta su despedida.

Esa experimentación o búsqueda les lleva a grabar el álbum más extenso de toda su discografía, con más de 62 minutos de duración.

La aceptación del álbum, después de tres años de silencio discográfico, no fue la deseada y las ventas no llegaron a los mínimos aceptables en algunas ocasiones, como es el caso de USA, donde tenemos el primer disco de Deep Purple que no aparece en el Billboard 200. Vuelven a ser países europeos como Suiza, Finlandia y Austria los que mejor reciben el disco con altas posiciones en las listas (3, 9 y 16 respectivamente), mientras que en el Reino Unido se hunde en el puesto número 58.

Del álbum tan sólo se extrajo un single, pero en versión CD, ya que la extrema duración del contenido musical hizo imposible su lanzamiento en vinilo de 45 r. p. m.

«**Sometimes I Feel Like Screaming**» fue el tema elegido, pero se recortó en casi tres minutos. Le acompañaba «**Vavoom: Ted the Mechanic**» y la versión original de «**Sometimes I Feel Like Screaming**», de 7 minutos y medio.

ABANDON (1996)
EMI (Europe)
CMC International/BMG (US)
Thames (Japan)

■ **Temas:**
1. «Any Fule Kno That»
2. «Almost Human»
3. «Don't Make Me Happy»
4. «Seventh Heaven»
5. «Watching the Sky»
6. «Fingers to the Bone»
7. «Jack Ruby»
8. «She Was»
9. «Whatsername»
10. «'69»
11. «Evil Louie»
12. «Bludsucker»   Ritchie Blackmore, Gillan, Glover, Lord, Paice

Todos los temas compuestos por Gillan, Glover, Lord, Morse, Paice, excepto donde se indique.

Decimosexto álbum en estudio y segundo del Mark VII. Un disco que significa la última grabación en estudio de Jon Lord, que fallecería cuatro años más tarde a consecuencia de un cáncer. Más aposentado en el sonido Purple con guiños al Mark II, como la recuperación del tema «Bludsucker», que en el disco *In Rock* aparecía como «Bloodsucker». Sin embargo el conjunto del álbum no alcanza, ni mucho menos la calidad de los discos grabados por el Mark II. Tras la sorpresa de *Purpendicular*, que a pesar de pasar desapercibido, no se le puede tratar como un disco menor de Purple, *Abandon* sí puede llevar esa etiqueta. Grabado de nuevo en los Greg Rike Studios, Altamonte Springs, Florida, durante los últimos meses de 1997 y primeros del 98, con la producción de toda la banda pero con un peso específico superior de Roger Glover, se editó el 2 de junio de 1998.

Su repercusión fue muy baja y confirmó que la banda había perdido mucho terreno y se aposentaba como grupo de culto que sólo interesaba a los fans. El disco alcanzó una más que discreta posición 76 en los charts del Reino Unido y se convirtió en el segundo disco seguido que no entraba en el *Billboard 200* de USA. Sólo cabría destacar haber alcanzado en Noruega el puesto número 6, porque ni siquiera en Japón, donde era una banda idolatrada, pasó del 58.

Sólo se extrajo un single, el tema «Any Fule Kno That», que además tuvo problemas de emisión en radio, por contener la palabra *shit* (mierda). Es una de las pocas ocasiones en que un álbum de Deep Purple fue acompañado de la etiqueta de *Parental Advisory: Explicit Content*.

BANANAS (2003)
EMI (Europa y Japón)
Sanctuary (USA)

■ **Temas:**

1. «House of Pain»	Gillan, Michael Bradford
2. «Sun Goes Down»	
3. «Haunted»	
4. «Razzle Dazzle»	
5. «Silver Tongue»	
6. «Walk On»	Gillan, Bradford
7. «Picture of Innocence»	Gillan, Morse, Glover, Jon Lord, Paice
8. «I Got Your Number»	Gillan, Morse, Glover, Lord, Paice, Bradford
9. «Never a Word»	
10. «Bananas»	
11. «Doing it Tonight»	
12. «Contact Lost»	Morse

Todos los temas compuestos por Ian Gillan, Roger Glover, Steve Morse, Ian Paice y Don Airey, excepto donde se indique.

Bananas es el decimoséptimo álbum en estudio, primero sin Jon Lord, miembro fundador y el primero con Don Airey como sustituto a los teclados. Este disco supone también el nacimiento discográfico del Mark VIII, última formación de Deep Purple, que será la encargada de poner el punto y final a una larga historia.

Han pasado cinco años desde la edición de *Abandon*, tiempo que la banda ha utilizado para que Jon Lord se despidiera de sus fans durante el World Tour, y hacer realidad un viejo sueño del teclista, volver a interpretar y grabar el *Concerto for Group and Orchestra*, del que se celebraban 30 años. La partitura del mismo se había perdido y era imposible de recuperar, por lo que Lord decidió volverla a escribir y finalmente el concierto se celebró los días 25 y 26 de septiembre de 1999 en el Royal Albert Hall, junto a la Orquesta Sinfónica de Londres, bajo la batuta del director Paul Mann.

Volviendo al disco que nos atañe; se grabó en los Royaltone Studios, de Burbank, California, en los meses de enero y febrero de 2003, contando con la producción en exclusiva de Michael Bradford, quien como habéis podido ver, también se involucró en tareas de composición del disco. Se editó el 9 de septiembre de 2003 en Europa, y el 7 de octubre en el resto del planeta.

Otro detalle interesante del disco lo encontramos en el tema «Haunted», donde aparecen unos coros fabulosos de Beth Hart, siendo la primera vez que Gillan cuenta con apoyo de coros desde 1972, en la grabación de *Woman from Tokyo*, donde Glover y Lord hacen las segundas voces.

El disco cuenta con una de las portadas más horrorosas que jamás se hayan publicado en la historia de la música rock. Se trata de una foto realizada por Bruce Payne, gerente de Deep Purple Records, durante una gira por la India.

No se sabe si fue por la portada, que tira para atrás, o porque Deep Purple ya no interesaba como banda, el caso es que este disco contó con muy poca promoción y fue escasamente radiado, sobre todo en Estados Unidos.

Francamente el disco es un gran trabajo, con buenas canciones que quizás no perdurarán en la memoria, pero en conjunto es un álbum muy abierto, que suena a Purple y contiene grandes momentos, utilizando un abanico de sonidos muy variado utiliza componentes de rock, blues, funk y espirituales.

La recepción del álbum fue algo mejor que el anterior *Abandon*, pero vuelve a ser un disco que no aparece en el Billboard 200, mientras que en el Reino Unido se quedó en el puesto 85, algo que reafirmaba la falta de interés por este dinosaurio del rock.

Vuelve a ser el viejo continente quien remarca las mejores ventas de la banda, con Alemania a la cabeza, donde alcanza un tercer puesto en las listas, el sexto en Finlandia, un país que es totalmente fiel a Deep Purple, y un séptimo en la República Checa.

La sorpresa es el aumento de ventas en Sudamérica, sobre todo Argentina, donde *Bananas* alcanzó el décimo puesto de discos más vendidos.

De *Bananas* se editaron dos singles, que tan sólo fueron sencillos de promoción, dedicados a radios y salas musicales, no a la venta al público.

«Haunted» fue el anticipo del disco, mientras que «House of Pain» fue el segundo e iba acompañado del instrumental «Contact Lost», un tema que Steve Morse compuso tras el accidente del Transbordador Columbia, que se desintegró el 1 de febrero de 2003 en su reingreso en la atmósfera.

RAPTURE OF THE DEEP (2005)
Edel Music (Europa)
Eagle (USA)
JVC Kenwood Victor Entertainment (Japón)

■ **Temas:**
1. «Money Talks»
2. «Girls Like That»
3. «Wrong Man»
4. «Rapture of the Deep»
5. «Clearly Quite Absurd»
6. «Don't Let Go»
7. «Back to Back»
8. «Kiss Tomorrow Goodbye»
9. «MTV»
10. «Junkyard Blues»
11. «Before Time Began»

Todos los temas compuestos por Ian Gillan, Roger Glover, Steve Morse, Ian Paice y Don Airey.

Decimoctavo álbum en estudio. Grabado entre mayo y junio de 2005, en Chunky Style Studios, Los Ángeles, California. Al igual que con Bananas, el anterior disco, la producción corre a cargo de Michael Bradford quien había trabajado como músico o productor de gente como Madonna, Run D.M.C., Kula Shakers (grabaron una versión fantástica del «Hush» de Deep Purple). La intención era grabar un álbum rápidamente para rescatar la frescura del directo, donde Bradford pensaba que estaba la magia de Deep Purple.

Sin embargo, algunos miembros del grupo declararon que se sintieron bajo mucha presión al grabar en estas condiciones y que no les gustaría repetirlo.

El resultado fue uno de los mejores discos del Mark VIII, con un sabor al sonido clásico de la banda que nadie esperaba. La intención de Bradford de buscar la frescura se consigue y Purple suena mucho mejor que en anteriores discos, la magia de Airey y Morse, nos recuerda a los viejos y buenos tiempos de Lord y Blackmore, e incluso Gillan está más libre y suelto, como si ya no se viera obligado a demostrar nada. El disco se editó el 24 de octubre de 2005 en Europa y el 1 de noviembre en Estados Unidos y el resto del planeta. Tuvo una gran acogida, inesperada y sorpresiva, sobre todo en los Estados Unidos donde alcanzó el número 43 en el Top Independent Albums del Billboard... (¿Deep Purple en una lista de discos independientes?)

En Inglaterra seguían vendiendo discos, pero no los suficientes para entrar en una buena posición en las listas, quedándose en esta ocasión en el 81. Volvían a ser Alemania y Finlandia los países que mejor acogieron este álbum, con un puesto 10 y 11 respectivamente.

De este álbum se editó sólo un single con el tema **«Rapture of the Deep»**.

NOW WHAT?! (2013)
Edel Music (Europa)
Eagle (USA)
JVC Kenwood Victor Entertainment (Japón)

■ **Temas:**
1. «A Simple Song»
2. «Weirdistan»
3. «Out of Hand»
4. «Hell to Pay»
5. «Bodyline»
6. «Above and Beyond»
7. «Blood from a Stone»
8. «Uncommon Man»
9. «Après Vous»
10. «All the Time in the World»
11. «Vincent Price»
12. «It'll Be Me» (bonus track)
13. «First Sign of Madness» (bonus track solo en Gold Edition)

> Todos los temas compuestos por Ian Gillan, Roger Glover, Steve Morse, Ian Paice, Don Airey y Bob Ezrin, salvo el tema «It'll Be Me», compuesto por Jack Clement.

Now What?! es el decimonoveno álbum de estudio de Deep Purple y el primero en siete años, cuando muchos apuntaban que tras la muerte de Jon Lord y la edición de *Rapture Of The Deep*, ya no volverían a entrar en estudio. La banda no dejó de tocar y empalmó un tour tras otro en esos años, Rapture of the Deep World Tour, que duró desde 2006 a bien entrado el 2011, y The Songs That Built Rock Tour que se extendió casi dos años, parando en 2012.

El disco fue grabado en The Tracking Room, Anarchy Studios y Rainbow Recorders de Nashville, Tennessee, bajo las órdenes de Bob Ezrin, productor de gran

prestigio que había realizado notables trabajos para Alice Cooper, Kiss, Peter Gabriel, Lou Reed o Pink Floyd, entre otros. El álbum se grabó en el verano de 2012,
cuando aumentaban los rumores de una reunión del Mark III y en pleno duelo por
la muerte de Jon Lord. Precisamente los temas «Uncommon Man» y «Above and
Beyond», están dedicadas a la memoria del compañero desaparecido.

El disco sin llegar a ser un clásico, muestra una banda cohesionada a la perfección, que ha sabido cimentar un sonido nuevo, alejado de la sombra de Blackmore,
pero a la vez familiar y fácilmente reconocible. Don Airey se crece en este disco
y como si de un tributo se tratara domina los temas de la misma forma que lo
hubiera hecho Lord, dando una sensación de confianza y consanguinidad que lo
transforma en un sonido familiar.

A la adquisición de Bob Ezrin, se le debe sumar que se trata del primer disco
de toda la carrera de Deep Purple que tuvo una acertada promoción y criterio
de lanzamiento. El 26 de febrero de 2013 se lanza en una rueda de prensa internacional, que se ha grabado un nuevo disco, el nombre del productor y el
título del álbum. El 29 de marzo se lanza un single con los temas «All the Time
in the World» y «Hell to Pay», en formato CD y vinilo. El mismo día que se edita
el álbum, 26 de abril de 2013, se lanza el sitio web oficial de la banda, donde se
anuncia que se actualizarán temas del disco y descargas adicionales, cosa que
se produce el 7 de junio con la edición de un nuevo single, «Vincent Price», que
además de CD y vinilo, se puede descargar de la web con temas adicionales y
una pista de vídeo.

Now What?! Fue número 1 en Alemania, Austria, República Checa y Noruega,
número 2 en Suiza y 3 en Rusia, entrando en el ranking de los discos más vendidos en casi toda Europa. Sin ir más lejos, es el primer disco de Deep Purple
que entra en el ranking de los más vendidos en el paupérrimo mercado español, alcanzando el número 19, igual posición de la obtenida en el Reino Unido,
aunque con un número muy inferior de copias vendidas. Deep Purple volvió a
posicionarse en el Billboard 200, en la posición 110 y consiguió el beneplácito
de la prensa estadounidense, obteniendo titulares como en la revista *Revólver*:
El regreso del año.

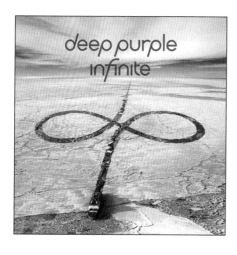

INFINITE (2013)
EarMusic (Europa)
HDtracks.com (Versión digital)

■ Temas:
1. «Time for Bedlam»
2. «Hip Boots»
3. «All I Got Is You»
4. «One Night in Vegas»
5. «Get Me Outta Here»
6. «The Surprising»
7. «Johnny's Band»
8. «On Top of the World»
9. «Birds of Prey»
10. «Roadhouse Blues» John Densmore, Robby Krieger, Ray Manzarek, Jim Morrison

■ Bonus tracks Versión Digital
11. «Paradise Bar»
12. «Uncommon Man» (Versión instrumental)
13. «Hip Boots» (Ensayo, grabación de Ian Paice)
14. «Strange Kind of Woman» (Directo en Aalborg) Ritchie Blackmore, Ian Gillan, Roger Glover, Jon Lord, Ian Paice

Todos los temas compuestos por Ian Gillan, Roger Glover, Steve Morse, Ian Paice, Don Airey y Bob Ezrin, excepto cuando se indica.

Vigésimo álbum en estudio y todo parece indicar que se trata de su disco de despedida, aunque en este circo del rock'n'roll jamás se puede dar por cerrada una historia. La banda repite de nuevo con Bob Ezrin a la producción, tras la experiencia del anterior disco. Principalmente se grabó en The Tracking Room de Nashville, aunque se utilizaron varios estudios de grabación: Anarchy Studios de Nashville, Noble Street Studios de Toronto, Canada, X-Level Studios de

Estocolmo, Suecia, Doron Plascow (Pluto) Studios de Tel Aviv, Israel, y Headline Studios de Harston, Reino Unido.

El 25 de noviembre de 2016 la banda anuncia la salida de su nuevo álbum que se llamará *Infinite*; seguido de la publicación del tema «Time for Bedlam», a través de las plataformas YouTube y Spotify y continuar el 10 de marzo de 2017 con el tema «All I Got Is You».

El 7 de abril de 2017 se edita el álbum *Infinite* y Deep Purple acaparan la atención de la mayoría de los medios especializados, el año que alcanzan medio siglo de carrera musical.

Infinite es un disco muy valorado, algo más progresivo que los anteriores, pero con gran calidad y buenas composiciones. Tan sólo deja cierto sabor agridulce la versión de The Doors, «Roadhouse Blues», más cercana al blues que la original, la banda no termina de hacer suya la canción.

La vida del álbum no ha concluido y dependiendo de si es cierto que Deep Purple desaparece o no, pueden variar y mucho los resultados. Pero de entrada, *Infinite* ha sido Disco de Oro en la República Checa, Hungría, Polonia y Rusia, número 1 en Alemania y Suiza, así como dentro del Top Ten de la mayoría de los países europeos, incluyendo España que según Promusicae, alcanzó el número 10 de la lista de discos más vendidos.

El álbum tuvo muy buena acogida en Estados Unidos donde alcanzó el número 105 del Billboard 200, siendo uno de los discos de la banda que mejor han funcionado en el Reino Unido con una sexta posición del ranking de los más vendidos.

Se editaron cuatro singles; «**Time for Bedlam**» el 3 de febrero; «**All I Got Is You**» el 10 de marzo; el tema inédito «**Limitless**» el 11 de marzo y «**Johnny's Band**» el 4 de agosto. Todos los singles fueron paralelos a la publicación de maxi singles con más temas del álbum, tomas adicionales y canciones en directo.

RAINBOW

RITCHIE BLACKMORE'S RAINBOW (1975)

Polydor
Oyster (Reino Unido)

■ **Temas:**

1. «Man on the Silver Mountain»
2. «Self Portrait»
3. «Black Sheep of the Family»   Steve Hammond
4. «Catch the Rainbow»
5. «Snake Charmer»
6. «Temple of the King»
7. «If You Don't Like Rock 'n' Roll»
8. «Sixteenth Century Greensleeves»
9. «Still I'm Sad»   Jim McCarty, Paul Samwell-Smith

Todos los temas compuestos por Ritchie Blackmore y Ronnie James Dio, salvo los indicados.

Tras la negativa de sus compañeros de Deep Purple de incluir en el álbum *Come Taste the Band*, los temas «Black Sheep of the Family», versión del grupo Quatermass y un tema recientemente compuesto por él, «Sixteenth Century Greensleeves», Blackmore decide grabarlas para editar un single en solitario. El 12 de diciembre de 1974, se encierra en los estudios Tampa Bay de Florida y con la ayuda de músicos de la banda Elf, el vocalista Ronnie James Dio y el batería Gary Driscoll, más el violonchelista de la ELO Hugh McDowell, graba los dos temas excluidos por Purple. Contento con lo plasmado y satisfecho con la relación y complicidad de Dio, decide aventurarse a su primer disco en solitario.

Un álbum que se graba en los Musicland Studios de Múnich, del 20 de febrero al 14 de marzo de 1975. Completando la banda necesaria con dos componentes más de Elf. La producción corre a cargo de Blackmore, Dio y Martin Birch como ingeniero de sonido. El resultado es un disco duro y vitalista, que si bien mantiene las semejanzas lógicas con Deep Purple, se endurece más y sobre todo desarrolla la personalidad de Blackmore. Su obsesión por la cultura medieval se ve reforzada por la unión de Dio como gran letrista y conocedor del tema. Juntos desarrollan un nuevo estilo de componer que años más tarde se llamaría Dragon Rock, teniendo a Iron Maiden o el propio Dio como grandes exponentes.

El disco se editó el 4 de agosto de 1975 y a las pocas semanas Blackmore despidió a todos los músicos a excepción de Dio. La formación de este disco jamás tocó en directo y las fotos que aparecen en el artwork del vinilo son de Blackmore con Purple y de actuaciones de Elf. El disco tuvo muy buena acogida, tanto en el Reino Unido como en Estados Unidos, donde consiguió entrar en el número 30 del Billboard 200. En Inglaterra consiguió ser Disco de Plata con más de 60.000 copias vendidas y un número 11 en las listas.

Del disco se editó el single «**Man on the Silver Mountain**»/«**Self Portrait**».

Del álbum pasaron a ser piezas esenciales de sus conciertos temas como «Man on the Silver Mountain», «Catch the Rainbow», «Sixteenth Century Greensleeves» y «Still I'm Sad», todas ellas incluidas en el álbum doble directo On Stage de 1977.

RISING (1976)
Polydor
Oyster (Reino Unido)

■ **Temas:**

1. «Tarot Woman»
2. «Run with the Wolf»
3. «Starstruck»
4. «Do You Close Your Eyes»
5. «Stargazer»
6. «A Light in the Black»

Todas las letras compuestas por Ronnie James Dio y la música por Ritchie Blackmore y Dio.

Segundo trabajo de la banda británica Rainbow, primero con una formación estable con Blackmore y Dio, más el fichaje de Cozy Powell a la batería, Jimmy Bain al bajo y Tony Carey a los teclados.

La banda repitió en los Musicland Studios de Múnich a las órdenes de Martin Birch. Un trabajo grabado muy rápidamente durante el mes de febrero de 1976. Con la grabación de este álbum, tanto Ritchie Blackmore como Ronnie James Dio, llegaron a la cima de su carrera, estaban en el mejor momento de forma y como pareja compositiva jamás lograron alcanzar un nivel tan alto, ni siquiera Blackmore con Deep Purple. Eso se traslada al disco que se transforma en una biblia del heavy metal épico con líricas de fantasía.

El disco incluye el que para muchos es el mejor tema de Rainbow, «Stargazer», que cuenta con la colaboración de la Orquesta Filarmónica de Múnich. Un tema que apareció en la edición original con una extensión de más de ocho minutos, pero que en la edición de 2011 sobrepasaba los nueve minutos, ya que refleja una estupenda introducción de Tony Carey, eliminada del original. Rising se editó el 17 de mayo de 1976 y fue recibido espléndidamente tanto por la crítica como por el público. La joven revista metalera *Kerrang!*, en su número 4 de junio de 1981, lo declaró como el mejor álbum de heavy metal de todos los tiempos, mientras que la revista *Rolling Stone*, en el año 2017 lo posicionó en el número 48 de la lista de los 100 Greatest Metal Albums of All Time.

Rising entró en el puesto 48 del Billboard 200 americano y en el Reino Unido vendió más de 100.000 copias, obteniendo el Disco de Oro y alcanzando la posición número 11. Rising tuvo sólo un single con el tema «Starstruck».

LONG LIVE ROCK'N'ROLL (1978)
Polydor

■ **Temas:**

1.	«Long Live Rock 'n' Roll»	
2.	«Lady of the Lake»	
3.	«L.A. Connection»	
4.	«Gates of Babylon»	
5.	«Kill the King»	Blackmore, Dio, Powell
6.	«The Shed»	Blackmore, Dio, Powell
7.	«Sensitive to Light»	
8.	«Rainbow Eyes»	

Todas las letras compuestas por Ronnie James Dio y la música
por Ritchie Blackmore y Dio, salvo donde se indica.

Tercer álbum de estudio y último del vocalista Ronnie James Dio. Álbum que resultó bastante complicado de grabar. En abril de 1977 la banda sólo eran Blackmore, Dio y Cozy Powell, el resto del grupo había sido despedido por Blackmore. En mayo del 77 entran a grabar en los The Strawberry Studio, Château d'Hérouville, Francia, y consiguen grabar siete temas hasta que la grabación se suspendió en julio del mismo año.

En principio las partes de piano las pudo hacer el ya ex Rainbow Tony Carey, mientras que todas las partes de bajo fueron grabadas por el propio Blackmore.

La banda recluta dos nuevos miembros, Bob Dasley que procedía de Chicken Shack y Mungo Jerry al bajo y el joven teclista David Stone, pero en lugar de terminar la grabación comenzaron un tour europeo que ocuparía casi todo el resto del año.

La grabación se volvió a reanudar en diciembre en los mismos estudios y a las órdenes de Martin Birch de nuevo. Se terminaron los temas inacabados y se incluyó uno nuevo, «Gates of Babylon», en el cual Stone participó de ple-

La fotografía pertenece a un concierto de Rush, las camisetas están pintadas de negro y la pancarta retocada.

no y nunca se le reconoció. De hecho los nuevos miembros de Rainbow sólo aparecen en créditos de cuatro temas. El álbum se editó el 9 de abril de 1978, un año después de comenzar su grabación. Se publicó con una portada doble que incluía las letras y una gran fotografía de un recinto lleno de público donde algunos fans sostienen una pancarta con el título del disco. Una foto que es completamente falsa, ya que se realizó en un concierto de Rush, por lo que se tuvo que pintar de negro la mayor parte de las camisetas de la foto al contener logotipos del grupo canadiense. El trabajo no es tan poderoso como *Rising*, pero es muy homogéneo y contienen grandes temas que pasaron a la memoria colectiva de los fans. «Long Live Rock 'n' Roll» se convertiría en todo un himno en los conciertos y Ronnie James Dio lo siguió tocando en su nuevo proyecto, al igual que «Kill the King», que ya venían tocando en directo desde el 76, mientras que «Rainbow Eyes» es uno de los más bellos del grupo.

El álbum se colocó en el puesto 89 del Billboard 200, mientras que en el Reino Unido fue el disco de Rainbow que más alto llegó en las listas, en el puesto 7 consiguiendo vender más de 60.000 copias y siendo Disco de Plata.

Se publicaron dos singles del trabajo, «**Long Live Rock 'n' Roll**» y «**L.A. Connection**», teniendo muy buena acogida en Inglaterra y posicionándose en el 33 y 40 de la lista de singles más vendidos.

DOWN TO EARTH (1979)
Polydor

■ Temas:

1.	«All Night Long»	
2.	«Eyes of the World»	
3.	«No Time to Lose»	
4.	«Makin' Love»	
5.	«Since You Been Gone»	Russ Ballard
6.	«Love's No Friend»	
7.	«Danger Zone»	
8.	«Lost in Hollywood»	Blackmore, Glover, Cozy Powell

Todas las canciones están compuestas por Ritchie Blackmore
y Roger Glover, excepto donde se indica.

Cuarto álbum en estudio de la banda británica Rainbow, primero y único con el vocalista Graham Bonnet y último con el batería Cozy Powell.

Tras la gira de presentación de Long Live Rock'n'Roll, Ritchie Blackmore, en otra de sus rabietas, despide al bajista y pianista de la banda, y comunica a Dio que quiere llevar la música por otros derroteros alejados de historias fantásticas de caballeros, hechiceros y mitología medieval. El vocalista no está de acuerdo y se marcha del grupo.

Blackmore comienza a trabajar con su antiguo compañero Roger Glover como productor y además componiendo temas a medias con él. En las tareas de encontrar nueva formación, Blackmore intentó reclutar a otro Purple, Gillan a la voz, oferta que fue rechazada de forma inteligente por el vocalista. El nuevo teclista sería Don Airey, quien a la larga sería teclista de Deep Purple, pero el tema del bajo era complicado y de varios candidatos, parece ser que a instancia de Cozy Powell, Glover se quedó con la producción, composición y las cuatro cuerdas.

Cuando ficharon al vocalista de The Marbles, Graham Bonnet, ya estaba todo hecho, todo listo para sentencia. El álbum se grabó entre abril y julio de 1979, pero la música fue grabada al completo en los estudios Château Pelly de Cornfeld, sur de Francia, con Maison Rouge Mobile Studio, y las voces de Bonnet fueron registradas en los Kingdom Sound Studios, Long Island, Nueva York. Más tarde se grabó un instrumental llamado «Weiss Heim», en enero de 1980 en los Sweet Silence Studios de Copenhague, Dinamarca.

Por su parte Bonnet siempre se quejó de que él había compuesto las melodías de voz del disco y nunca se le reconoció.

El álbum se publica el 28 de julio de 1979, con el apoyo del single «Since You Been Gone», una versión del grupo Argent. El álbum se convierte en el disco más exitoso hasta la fecha, el mercado americano acepta el cambio de sonido y sitúa el disco en el 66 del Billboard 200, mientras que en el Reino Unido es el sexto álbum más vendido con más de 100.000 copias y Disco de Oro.

Se editaron dos singles:
- «**Since You Been Gone**» en agosto del 79, acompañado en la cara B por el tema inédito «Bad Girl», que se incluyó en la versión Deluxe del disco de 2011.
- «**All Night Long**» en febrero de 1980, acompañado del instrumental grabado en Dinamarca, «Weiss Heim».

DIFFICULT TO CURE (1981)
Polydor

■ Temas:

1.	«I Surrender»	Russ Ballard
2.	**«Spotlight Kid»**	Ritchie Blackmore, Roger Glover
3.	**«No Release»**	Blackmore, Glover, Don Airey
4.	**«Magic»**	Brian Moran
5.	**«Vielleicht Das Nächste Mal (Maybe the Next Time)»**	Blackmore, Airey
6.	**«Can't Happen Here»**	Blackmore, Glover
7.	**«Freedom Fighter»**	Joe Lynn Turner, Blackmore, Glover
8.	**«Midtown Tunnel Vision»**	Turner, Blackmore, Glover
9.	**«Difficult to Cure (Beethoven's Ninth)»**	Beethoven, arreglos de Blackmore, Glover, Airey

Quinto álbum de la banda, primero del vocalista Joe Lynn Turner y el inicio de una etapa muy comercial.

El disco se comenzó a grabar en los Sweet Silence Studios, Copenhague, con el vocalista Graham Bonnet todavía en la formación. Al comprobar la deriva comercial de los temas y la inclinación de Blackmore hacia el mercado americano, Bonnet decidió abandonar el grupo, pero incluso llegó a grabar una versión primeriza del tema de Russ Ballard, «I Surrender». Blackmore quería repetir el éxito del tema «Since You Been Gone» del anterior disco, por lo que confió de nuevo en el mismo compositor, para presentar un primer corte de características similares, que demandaban las estaciones de radio americanas previas al boom de la MTV.

Con prácticamente todas las bases del disco grabadas, se fichó al vocalista del grupo Fandango, Joe Lynn Turner, que se ubicaba perfectamente en el concepto musical de Blackmore y era un frontman mucho más acorde con su idea del espectáculo. Turner tuvo que cantar una nota por encima de su voz para poder encajar en los temas, algo que se corregiría en el directo y trabajos posteriores. El álbum se terminó de grabar en Nueva York, en los Kingdom Sound Studios de Long Island y se editó el 3 de febrero de 1981.

Previo al lanzamiento del disco, en enero del 81 se lanzo el single «I Surrender» acompañado como cara B por «Vielleicht Das Nächste Mal (Maybe the Next Time)». El éxito fue fulminante, siendo el sencillo mejor posicionado en el mercado británico en toda la historia de la banda, alcanzando el número 3 de las listas. El objetivo de Blackmore se consiguió, ya que ese primer single se aupó al número 19 de las listas de 45 r. p. m. del *Billboard* americano con todo el apoyo mediático que ello suponía, ayudando a que el álbum completo alcanzara el número 50 de la lista de discos más vendidos del *Billboard 200*.

En el Reino Unido el álbum llegaba al tercer puesto, con más de 100.000 copias, siendo Disco de Oro, al igual que en Finlandia donde con 25.000 copias también fue Disco de Oro.

Difficult to Cure puede que no sea el mejor disco de Rainbow y fue una decepción para muchos de sus fans que vieron cómo la banda abandonaba los sonidos pesados del hard rock para sonar mucho más AOR, pero es un éxito comercial.

Del disco se extrajeron otros dos singles:

- «Can't Happen Here» acompañado del tema inédito **Jealous Lover** en junio del 81. «**Magic**» acompañado de «**Freedom Fighter**», que se editó solamente en Japón.

- En noviembre del 81 se editó un EP en formato vinilo de cara al mercado estadounidense, incluyendo los temas «**Jealous Lover**», «**Weiss Heim**», «**Can't Happen Here**» y «**I Surrender**». Arrasó el mercado, alcanzando el número 13 en el Billboard's Rock Albums & Top Tracks.

STRAIGHT BETWEEN THE EYES (1982)

Polydor
Mercury (USA)

■ Temas:

1.	«Death Alley Driver»	Blackmore, Turner
2.	«Stone Cold»	
3.	«Bring on the Night (Dream Chaser)»	
4.	«Tite Squeeze»	
5.	«Tearin' Out My Heart»	
6.	«Power»	
7.	«MISS Mistreated»	Blackmore, Turner, David Rosenthal
8.	«Rock Fever»	Blackmore, Turner
9.	«Eyes of Fire»	Blackmore, Turner, Bobby Rondinelli

Todos los temas compuestos por Ritchie Blackmore, Joe Lynn Turner y Roger Glover, exceptuando los indicados.

Sexto álbum de estudio de la banda, con idéntica formación a *Difficult to Cure*, exceptuando a David Rosenthal, quien reemplazó a Don Airey en los teclados para este trabajo discográfico. Blackmore da un paso hacia atrás y quiere abandonar los aires tan comerciales del anterior álbum, endurece el sonido y parece regresar a la senda del hard rock más clásico. Parte del mérito de llevar a buen término esa decisión la tiene Roger Glover como productor, pues no dirige el trabajo hacia lo que desea la FM y configura una producción mucho más dura. Por otro lado es un disco donde Turner canta mejor al participar desde el principio en la composición de los temas, lo que se agradece en líneas generales. El disco se grabó en diciembre de 1981 en Canadá, en los Le Studio de Quebec. El título del álbum, *Directo entre los ojos*, era bastante descriptivo del sonido que podías encontrar, guitarras poderosas, duelos con los teclados como en la mejor época del Mark II (salvando las distancias). Si vemos este álbum con la ventaja que dan los años de distancia, encontramos el esquema sonoro que dos años más tarde sorprendería a propios y extraños con el fabuloso regreso de Deep Purple en Perfect Strangers. El título del disco se dice que es una frase de Jeff Beck describiendo la forma de tocar de Jimi Hendrix.

El punto negativo del trabajo lo tenemos en la portada, catalogada como una de las carátulas más horrorosas del hard rock. Se trataba de una cubierta hecha por el artista Jeff Cummins y el colectivo Hipgnosis (Pink Floyd, Yes, Led Zeppelin, AC/DC...), que ya se había encargado del diseño de *Difficult to Cure*.

Se publicó el 10 de junio de 1982, precedido por un primer single en marzo, con los temas «**Stone Cold**» y «**Rock Fever**», que se encaramó al número 34 de la lista de singles más vendidos en el Reino Unido y en el 40 del Billboard Hot 100 americano, siendo el sencillo de rock más pinchado en las emisoras americanas durante el mes de marzo.

El álbum a pesar de no ser tan comercial como *Difficult to Cure*, entró en el número 30 del Billboard 200 y fue el quinto álbum más vendido en el Reino Unido con 60.000 copias (Disco de Plata), lejos de las más de 100.000 unidades de su predecesor.

Del álbum se extrajo otro single sólo para el mercado japonés: «**Death Alley Driver**» y «**Power**».

BENT OUT OF SHAPE (1983)
Polydor
Mercury (USA)

■ **Temas:**

1.	«Stranded»	
2.	«Can't Let You Go»	Blackmore, Turner, Intro - David Rosenthal
3.	«Fool for the Night»	
4.	«Fire Dance»	Blackmore, Turner, Roger Glover, Rosenthal
5.	«Anybody There»	Blackmore
6.	«Desperate Heart»	
7.	«Street of Dreams»	
8.	«Drinking with the Devil»	
9.	«Snowman»	Howard Blake, arr. Blackmore
10.	«Make Your Move»	

Todos los temas compuestos por Ritchie Blackmore y Joe
Lynn Turner, exceptuando los indicados.

Séptimo disco en estudio y último antes de su disolución y posterior reunificación en 1995. Tan sólo cambia de la formación el batería, entrando Chuck Burgi en el puesto de Rondinelli. El disco vuelve a ser producido por Roger Glover y se grabó en los Sweet Silence Studios de Copenhague, durante los meses de mayo y junio del 83.

Musicalmente es un disco extraño y aunque se reconoce el sonido Rainbow, no deja de sorprender el giro comercial de la banda, en lo que para muchos fans y críticos se transformó en un grupo AOR (rock orientado al público adulto), abandonando el hard rock que había cimentado su popularidad.

El disco se editó el 24 de agosto del 83, precedido días antes por la publicación de un single con los temas **«Street of Dreams»**/**«Anybody There»**. Un tema descaradamente dirigido a la radiofórmula americana que fue el segundo tema más radiado ese mes según Billboard. El disco, que estaba destinado al mercado americano, alcanzó el número 34 de la lista del Billboard 200, sin embargo en el Reino Unido no tuvo muy buena acogida, posicionándose en el 11 de los charts, pero descendiendo notablemente el número de copias vendidas.

Del álbum se editaron varios singles más:

- «**Street of Dreams**»/«**Anybody There**»/«**Power**» en formato 12" con el último tema en directo.
- «**Can't Let You Go**»/«**All Night Long**» con el segundo tema en directo.
- «**Can't Let You Go**»/«**All Night Long**»/«**Stranded**» en formato 12" con los dos últimos temas en directo.
- «**Can't Let You Go**»/«**Drinking with the Devil**» en una edición exclusiva para España.

STRANGER IN US ALL (1995)
RCA/BMG

■ **Temas:**

1.	«**Wolf to the Moon**»	White, Blackmore, Candice Night
2.	«**Cold Hearted Woman**»	
3.	«**Hunting Humans (Insatiable)**»	
4.	«**Stand and Fight**»	
5.	«**Ariel**»	Blackmore, Night
6.	«**Too Late for Tears**»	White, Blackmore, Pat Regan
7.	«**Black Masquerade**»	White, Blackmore, Paul Morris, Night
8.	«**Silence**»	
9.	«**Hall of the Mountain King**»	Edvard Grieg, arreglos de Blackmore, letra de Candice Night
10.	«**Still I'm Sad**»	Paul Samwell-Smith, Jim McCarty

Todas las letras fueron escritas por Doogie White y la música compuesta por Ritchie Blackmore, excepto donde se indica.

Se trata del octavo disco de estudio, grabado tras la marcha de Blackmore de Deep Purple y último larga duración hasta la fecha.

Para *Stranger in Us All*, Blackmore se rodeó de músicos desconocidos configurando una formación completamente nueva con el vocalista Doogie White, el teclista Paul Morris, el bajista Greg Smith y el batería John O'Reilly. También contó con la colaboración de Candice Night como corista y Mitch Weiss a la armónica. La primera intención de Blackmore era editar un disco como solista, pero las presiones de la compañía BMG lo obligaron a configurar una banda y grabar sobre el sello de Rainbow. El resultado fue que el guitarrista rescató la fórmula de 1975 y el disco se firma como Ritchie Blackmore's Rainbow. El disco se grabó en varios estudios diferentes, Long View Farm Studios, Brookfield, Massachusetts; Cove City Sound Studios, Long Island, Sound on Sound, Unique Studio y Soundtrack Studios, Nueva York. Pat Regan y el propio Blackmore se encargaron de la producción. Pat Regan había trabajado con Deep Purple en la grabación de *The Batlle Rage On...* como ingeniero de sonido y había producido dos discos de Candice Nigth, compañera sentimental de Blackmore y con quien estaba intentando arrancar un nuevo proyecto centrado en la música renacentista llamado Blackmore's Night. Se trata de un álbum extraño, ya que no suena a nada de lo que Blackmore había hecho con anterioridad, es inconexo y sin apenas personalidad. Se publicó el 21 de agosto de 1995 y apenas tuvo repercusión.

WHITESNAKE

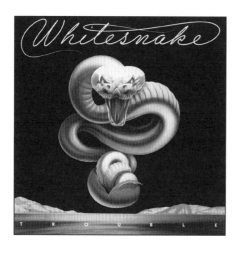

TROUBLE (1978)

EMI International (Reino Unido)
Harvest/Sunburst (Europa)
United Artists/Sunburst (USA)
Polydor (Japón)

■ **Temas:**

1.	«Take Me with You»	David Coverdale, Micky Moody
2.	«Love to Keep You Warm»	Coverdale
3.	«Lie Down (A Modern Love Song)»	Coverdale, Moody
4.	«Day Tripper»	John Lennon, Paul McCartney
5.	«Night Hawk (Vampire Blues)»	Coverdale, Bernie Marsden
6.	«The Time Is Right for Love»	Coverdale, Moody, Marsden
7.	«Trouble»	Coverdale, Marsden
8.	«Belgian Tom's Hat Trick»	Moody
9.	«Free Flight»	Coverdale, Marsden
10.	«Don't Mess With Me»	Coverdale, Moody, Marsden, Neil Murray, Jon Lord, Dave Dowle

Cuando en julio de 1976 se hizo público que Deep Purple se separaban y en principio desaparecía la formación, David Coverdale ya tenía claro que quería poner en marcha un nuevo proyecto. De hecho, tras la marcha de Ritchie Blackmore de Deep Purple, Coverdale ya contactó con su amigo Micky Moody para avisarle que la cosa podía terminar fatal en Purple y que contaba con él.

Coverdale editó dos discos en solitario, *Whites Nakes* y *Northwinds*, este segundo con cierta repercusión, que le facilitó la posibilidad de presentarlo en directo, reclutando una banda formada por Bernie Marsden y Micky Moody a las guitarras, Neil Murray al bajo, el batería David *Duck* Dowle y el teclista Brian Johnston, que sería reemplazado por Pete Solley.

Esta formación grabó en abril del 78 el EP *Snakebite*, todavía como David Coverdale's Whitesnake, incluyendo los temas «Come On», «Bloody Mary», «Ain't No Love in the Heart of the City» y «Steal Away».

El vinilo de siete pulgadas se editó en junio de ese mismo año en el Reino Unido y Europa, obteniendo un éxito inmediato, sobre todo por el tema «Ain't No Love in the Heart of the City», lo que provocó que EMI fichara a la banda, cambiando a Whitesnake y grabando de forma inmediata su primer larga duración.

Whitesnake graban en verano del 78 en Central Recorders Studio de Londres, bajo la producción de Martin Birch, que también había producido *Snakebite*.

La banda se desprende del teclista y ficha a un antiguo compañero de Deep Purple, Jon Lord, configurando una extraordinaria formación que ofrecería grandes discos a la historia de la música rock.

En septiembre del 78, EMI decide promocionar el próximo lanzamiento de Whitesnake colocando en las tiendas de nuevo *Snakebite*, como *Double Extended Play*, que contiene cuatro pistas de estudio extra tomadas del segundo álbum en solitario de Coverdale, *Northwinds*.

El primer álbum de estudio de Whitesnake se llamó *Trouble* debido a los problemas que surgieron para su concepción. A las prisas de la compañía por grabar, el cambio de componente y la firmeza de la banda de no incluir material de los discos de Coverdale, se le unió que el vocalista y líder tuvo su primer hijo en los días de estudio. Al final el álbum se grabó y mezcló en tan sólo siete jornadas.

El álbum se edita en octubre de 1978 y entra de inmediato en las listas de éxito británicas. El 18 de noviembre se sitúa en el puesto número 50 de la lista de álbumes británicos, manteniéndose en esa posición dos semanas, hasta el 2 de diciembre, lo que motivó que el álbum y el Ep *Snakebite* se importaran desde Estados Unidos a falta de una primera edición americana. Años más tarde, en el 2006, *Trouble* fue remasterizado y se le incluyeron los cuatro temas de *Snakebite*.

Musicalmente hablando, *Trouble* presenta una formidable banda de músicos veteranos, que saben de la existencia de un líder absoluto que ha sabido crecer enormemente en el seno de Deep Purple. Aquí se pueden comprobar en cierta manera las guerras internas Coverdale-Blackmore, por el control del sonido Purple. Mientras que Rainbow se decantaba por el heavy metal con aires místicos y medievales, Whitesnake se sumergía en las profundidades de la música negra y creaba una pócima de hard rock, con aires de blues y soul muy marcados, fórmula que no abandonaría hasta bien entrada la década de los ochenta.

De *Trouble* se editaron dos singles durante el mismo 78: «**Lie Down (A Modern Love Song)**» y «**The Time Is Right for Love**», acompañado de «**Come On**», un tema de *Snakebite*, pero en versión directo.

LOVEHUNTER (1979)
United Artists
Polydor (Japón)

■ **Temas:**

1.	«Long Way from Home»	David Coverdale
2.	«Walking in the Shadow of the Blues»	Coverdale, Bernie Marsden
3.	«Help Me Thro' the Day»	Leon Russell
4.	«Medicine Man»	Coverdale
5.	«You 'n' Me»	Coverdale, Marsden
6.	«Mean Business»	Coverdale, Micky Moody, Marsden, Neil Murray, Jon Lord, David Dowle
7.	«Love Hunter»	Coverdale, Moody, Marsden
8.	«Outlaw»	Coverdale, Marsden, Lord, Marsden
9.	«Rock 'N' Roll Women»	Coverdale, Moody
10.	«We Wish You Well»	Coverdale

Segundo álbum en estudio de la banda británica Whitesnake y el trabajo que les encamina hacia un éxito lento pero continuado en el Reino Unido y Europa, aunque no termina de germinar en Estados Unidos.

La banda decide entrar rápido en estudio para rentabilizar mejor la repercusión de *Trouble*, y en mayo del 79 utilizan la maquinaria de The Rolling Stones Mobile Studio y se encierran en Clearwell Castle, Gloucestershire, para dejar listo el nuevo disco. Coverdale confía de nuevo en Martin Birch, aunque el productor recibió críticas de ralentizar el sonido de la formación y no mostrar el potencial de su directo plasmado en la grabación.

Ciertamente no era un problema de producción sino de concepto. Coverdale se niega a acelerar el sonido y muy al contrario, baja la cadencia del mismo y juega con la estimulación rítmica para construir un universo sensual basado en la música negra.

Lovehunter contiene joyas como «Walking in the Shadow of the Blues», la versión de Leon Russell «Help Me Thro' the Day», «Medicine Man» o el tema que cierra el álbum «We Wish You Well», que bien podrían haber pertenecido al repertorio de una banda de rhythm & blues sin desentonar; evidentemente tratados de forma contundente por esta serpiente blanca.

El disco se editó en octubre de 1979 y rápidamente entró en las listas británicas. El 13 de octubre alcanzó el número 29 del UK Albums Chart y se inmovilizó durante seis semanas en el puesto. Parte de culpa la tuvo el single «Long Way from Home», que alcanzó el 55 de los charts de singles británicos, impulsado más por la cara B del 45 r. p. m., «Walking in the Shadow of the Blues», uno de los temas más radiados de este álbum.

Pero el éxito de este disco también fue derivado de un hecho extramusical, la portada. El *art work* del disco, que mostraba una mujer desnuda en una postura muy provocadora, montada en un enorme reptil, produjo una fuerte polémica, que sin llegar a ser censurada, acarreó fuertes problemas al autor de la ilustración. Chris Achilleos, ilustrador chipriota afincado en Inglaterra, fue el responsable de la misma, que intentando reflejar parte del espíritu del disco, recreó una imagen entre épica y sensual, que muchos vieron pornográfica. Achilleos dejó de trabajar para bandas de rock tras esta polémica, no volviendo a realizar ninguna portada hasta el año 2003, cuando ilustró el álbum *Once and Future King Part I.*, una ópera rock de Gary Hughes. Curiosamente la obra completa de Chris Achilleos, incluyendo la ilustración de *Lovehunter*, fue robada en 1990 y no ha sido recuperada a día de hoy.

Antes de la edición del disco, el batería David *Duck* Dowle, abandonó la formación y fue sustituido por Ian Paice, aunque aparece en el álbum doble directo *Live... In the Heart of the City*, publicado en 1980.

Con la incorporación de Ian Paice, Whitesnake tenía en sus filas a tres miembros de Deep Purple (Coverdale, Lord y Paice) mientras que Rainbow contaba con otros dos (Blackmore y Glover).

READY AN' WILLING (1980)
United Artists
Mirage/Atlantic (Usa y Canadá)
Polydor (Japón)

■ **Temas:**

1.	«Fool for Your Loving»	David Coverdale, Micky Moody, Bernie Marsden
2.	«Sweet Talker»	Coverdale, Marsden
3.	«Ready an' Willing»	Coverdale, Moody, Neil Murray, Jon Lord, Ian Paice
4.	«Carry Your Load»	Coverdale
5.	«Blindman»	Coverdale
6.	«Ain't Gonna Cry No More»	Coverdale, Moody
7.	«Love Man»	Coverdale
8.	«Black and Blue»	Coverdale, Moody
9.	«She's a Woman»	Coverdale, Marsden

Tercer disco en estudio de la banda británica Whitesnake, que continúa su estela de éxito progresivo en el Reino Unido, pero significa el primer disco que triunfa fuera de las fronteras británicas. A mediados de noviembre del 79, *Lovehunter* finalizaba su estancia de seis semanas en el Top 30 de álbumes británicos y Whitesnake ya tenía material suficiente para entrar a grabar de nuevo. Entran en los Ridge Farm Studios, Rusper and Central Recorders Studio and Sauna de Londres en diciembre de ese mismo año y salen en febrero del 80 con el disco debajo del brazo. Otra vez con la producción de Martin Birch y por primera vez con Ian Paice, ex Deep Purple, en la batería, configurando una potente base rítmica y cerrando una de las formaciones de rock más interesantes del inicio de década: David Coverdale, Jon Lord, Ian Paice, Micky Moody, Bernie Marsden y Neil Murray.

Ready An' Willing se editó el 31 de mayo y siete días después alcanzaba el Top Ten de discos más vendidos en el Reino Unido, aguantando quince semanas en la sexta posición. También fue muy bien recibido en los países nórdicos, alcanzando el puesto 32 de la lista de álbumes en Noruega.

Sin ser un disco pensando para el público americano, se trató del primer éxito de la banda en este gran mercado, gracias sobre todo al tema «**Fool for Your Loving**», editado como single que llegó al número 53 en el Billboard Hot 100.

Un tema que en Inglaterra había sido también single adelanto del disco y que un mes antes de la publicación del trabajo completo logró el número 13 de la lista de singles.

«Fool for Your Loving» es, posiblemente el tema más importante, que no el mejor, de la carrera de Whitesnake, pero curiosamente no era una canción destinada a ser grabada por la banda. Coverdale y Moody se habían estancado en la composición del tema y lo habían aparcado; Marsden en aquella época escribía en una revista británica de música y le surgió la posibilidad de hacer una entrevista a uno de sus ídolos, B.B. King. A lo largo de la misma, pudo aparecer la idea de componer un tema para The King of the Blues y se pensó en el tema desechado. Marsden trabajó con el tema para terminarlo y se grabó una demo para mandársela a B.B. King, pero cuando Coverdale escuchó el resultado final tuvo claro que abriría el nuevo disco.

Ready An' Willing entraría en el Billboard 200 de Estados Unidos en el puesto 90, siendo el primer paso de una transformación que vendría años más tarde. En Inglaterra se vendieron más de 100.000 copias convirtiéndose en el primer Disco de Oro de Whitesnake.

De *Ready An' Willing* se editaron dos singles más. El tema que daba nombre al disco, «**Ready an' Willing**», que alcanzó el número 43 en la lista británica y «**Ready an' Willing**», acompañado de «**Ain't Gonna Cry No More**» como cara B, que se publicó sólo en Estados Unidos.

COME AN' GET IT (1981)
Liberty
Mirage/Atlantic (Usa y Canadá)
Polydor (Japón)

■ **Temas:**

1.	«Come an' Get It»	David Coverdale
2.	«Hot Stuff»	Coverdale, Micky Moody
3.	«Don't Break My Heart Again»	Coverdale
4.	«Lonely Days, Lonely Nights»	Coverdale
5.	«Wine, Women An' Song»	Coverdale, Moody, Bernie Marsden, Neil Murray, Jon Lord, Ian Paice
6.	«Child of Babylon»	Coverdale, Marsden
7.	«Would I Lie to You»	Coverdale, Moody, Marsden
8.	«Girl»	Coverdale, Marsden, Murray
9.	«Hit an' Run»	Coverdale, Moody, Marsden
10.	«Till the Day I Die»	Coverdale

Cuarto disco de estudio de la banda británica Whitesnake y el álbum que más éxitos cosechó en esta etapa de la formación.

El éxito alcanzado por *Ready an' Willing* obligaba a dos cosas inmediatas; primero la necesidad de entrar a grabar rápido para seguir la inercia del anterior disco. Segundo, el intento una vez más de alcanzar el mercado americano, que parecía resistirse y que con *Ready An' Willing* había bajado la guardia.

Whitesnake entró en los Startling Studios, Tittenhurst Park, Ascot, Inglaterra en julio de 1980 y se encerraron bajo las órdenes del ya sexto miembro de la banda y diseñador del sonido, Martin Birch. Los trabajos se interrumpieron en septiembre, porque la discográfica quería lanzar un disco en vivo para caldear el mercado. Se escogieron las grabaciones de los días 23 y 24 de junio en el Hammersmith Odeon y se le añadieron las realizadas el 23 de noviembre de 1978, cuando Whitesnake no había editado su primer álbum y presentaban los temas del segundo disco de David Coverdale, grabaciones que ya se habían editado en Japón bajo el título *Live at Hammersmith*.

El 3 de noviembre de 1980 se editó *Live... in the Heart of the City*, obteniendo un tremendo éxito y alcanzando el número 5 de la lista de discos más vendidos del Reino Unido y el 146 del Billboard 200 en Estados Unidos.

El álbum, pese a ser un doble directo, se mantuvo durante 15 semanas en el Top Ten británico y fue el primer Disco de Platino de la banda, vendiendo más de 300.000 copias.

Whitesnake regresó al estudio en enero del 81 para finiquitar un trabajo que se llamó *Come An' Get it* y que se publicó el 11 de abril de 1981. El 14 de abril, es decir, tres días después de su edición, *Come An' Get It* alcanzaba el número 2 de la lista de discos británicos y aguantó 23 semanas consecutivas, provocando que rápidamente alcanzara el Disco de Oro con 100.000 copias vendidas. El disco también consiguió estar en el tercer puesto en Finlandia y obtuvo muy buenas cifras en Alemania, Suecia y Noruega, mientras que fuera de Europa, subió hasta el puesto 41 de los charts de Japón, pero se tuvo que conformar de nuevo con resultados modestos en USA, el Billboard lo estancó en el 151 y las críticas de la prensa fueron bastante duras.

Visto desde la distancia es un disco extraño. Si bien fue un álbum exitoso y comercial, no se puede decir que sea un trabajo brillante. En este disco se ve un cambio de sonido, marcado por el mercado americano que obliga a abandonar las directrices de los anteriores discos y sin duda provocó un relevo generacional en los fans de Whitesnake.

El single «**Don't Break My Heart Again**» fue un éxito (número 17 UK Singles Chart) y pieza clave del repertorio a partir de su publicación, mientras los temas que tenían mejor aroma de música negra, como «**Would I Lie to You**», que fue segundo single, no tuvieron tanta repercusión (número 37 UK Singles Chart).

Este disco comenzó un cambio que se precipitaría en los próximos dos años.

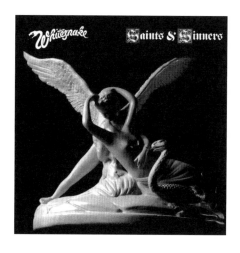

SAINTS & SINNERS (1982)
Liberty
Geffen/Warner Bros. (Usa y Canadá)
Polydor (Japón)

■ **Temas:**

1.	«Young Blood»	David Coverdale, Bernie Marsden
2.	«Rough an' Ready»	Coverdale, Micky Moody
3.	«Bloody Luxury»	Coverdale
4.	«Victim of Love»	Coverdale
5.	«Crying in the Rain»	Coverdale
6.	«Here I Go Again»	Coverdale, Marsden
7.	«Love an' Affection»	Coverdale, Moody
8.	«Rock an' Roll Angels»	Coverdale, Moody
9.	«Dancing Girls»	Coverdale
10.	«Saints an' Sinners»	Coverdale, Moody, Marsden, Neil Murray, Jon Lord, Ian Paice

Quinto álbum en estudio de Whitesnake y posiblemente el más difícil de construir en todos los aspectos. Las cosas no podían estar peor, giras de 60 o 70 conciertos, un estatus de banda que les permitió encabezar el Monsters of Rock Festival de Castle Donington. Varios discos de Oro y uno de Platino, más ventas millonarias en Europa y Japón, pero la banda seguía con una deuda de 200.000 libras. A esto se debía añadir la situación personal de Coverdale, su frustración por no poder entrar en el mercado americano y una grave enfermedad de su hija, tras una separación dolorosa. Coverdale dibuja cambios radicales que pasan por romper su relación laboral con el manager, Jon Coletta, fichar por nueva discográfica para Estados Unidos, Geffen Records y cambiar el sonido.

El álbum se grabó en varios estudios (Estudio Rock City, Shepperton, Clearwell Castle, Gloucestershire con The Truck Mobile, Britannia Row y Battery Studios, Londres) durante periodos indeterminados del 81 y el 82.

En 1981 por logística, sólo se pudo entrar en estudio entre el 27 de agosto que actuaron en el Edinburgh Playhouse Scotland de su gira por Gran Bretaña, y el 1 de diciembre que comenzaron en el Offenbach Stadthalle un tour de diez fechas en Alemania. Cuando el álbum está prácticamente terminado, bajo la producción de Martin Birch de nuevo, la banda se descompone y se marchan Bernie Marsden, Micky Moody, Neil Murray y Ian Paice. Tan sólo Jon Lord se queda acompañando a su amigo.

Coverdale recompone la banda, con la intención de regrabar ciertas partes del disco, con la incorporación del guitarrista Mell Galley procedente de Trapeze, el batería Cozy Powell, quien curiosamente había militado en otra banda de un ex Purple, Rainbow y el que fuera bajista de Alexis Korner, Colin Hodgkinson.

De las grabaciones que realizaran estos tres músicos no quedó testimonio y *Saints & Sinners*, se editó con la aportación de los fugados, más algunos coros de Mell Galley.

El disco se editó el 20 de noviembre y a la semana entraba en el Top Ten de discos más vendidos en UK con un noveno puesto, lo que se podía considerar un modesto éxito debido a que sólo aguantó nueve semanas en lista, retrocediendo a los tiempos de *Lovehunter*. Fue muy bien recibido en Suiza, Austria, Alemania y Finlandia, siendo el primer disco de Whitesnake que se reflejó en las listas españolas con un curioso puesto número 17. En Estados Unidos no logró entrar en el Billboard 200, sin embargo, dos temas del disco, «Crying in the Rain» y «Here I Go Again», fueron dos canciones muy emitidas en las estaciones de radio y a la larga, la tarjeta de entrada perfecta de la banda en el mercado yanqui.

De *Saints & Sinners* se editaron tres singles:
- «Here I Go Again»/«Bloody Luxury»
- «Victim of Love»/«Ain't No Love in the Heart of the City (live)»
- «Bloody Luxury»/«Here I Go Again» sólo en Japón.

SLIDE IT IN (1984)
Liberty
Geffen/Warner Bros. (Usa y Canadá)

■ **Temas:**

1.	«Gambler»	
2.	«Slide It In»	Coverdale
3.	«Standing in the Shadow»	Coverdale
4.	«Give Me More Time»	
5.	«Love Ain't No Stranger»	
6.	«Slow an' Easy»	Coverdale, Micky Moody
7.	«Spit It Out»	
8.	«All or Nothing»	
9.	«Hungry for Love»	Coverdale
10.	«Guilty of Love»	Coverdale
11.	«Need Your Love So Bad» (Japanese Bonus Track)	Mertis John Jr. 2

Todos los temas compuestos por David Coverdale y Mel Galley, excepto donde se indica.

Sexto disco de la banda británica Whitesnake. Se trata de un disco complejo, ya que consta de dos ediciones diferentes, la inglesa y la americana, con el orden de los temas cambiado, mezclas diferentes e incluso músicos diferentes en cada edición.

Se trata de la última apuesta de Coverdale para entrar en el mercado americano, con una banda hecha pedazos y con la convicción de salir ganador en la apuesta. La banda entró en los Musicland Studios de Múnich, a las órdenes de Eddie Kramer, productor que poseía un buen currículum con discos como *The Cry Of Love* de Jimi Hendrix y los trabajos de Kiss desde el *Kiss Alive!* del 75. Sin embargo fue despedido repentinamente por Coverdale que reclutó de nuevo a Martin Birch para trabajar en el álbum.

Micky Moody regresó a la banda tan sólo para grabar el disco, pero se encontró con la indiferencia de Coverdale y que Galley estaba en la mayoría de las composiciones. Al final se marchó sin haber terminado el disco y dejando sólo un tema compuesto a medias con Coverdale. En su lugar, se fichó a John Sykes, procedente de Thin Lizzy. Para terminar de emborronar esta situación, Coverdale despidió al bajista Colin Hodgkinson en medio de la grabación, por incompatibilidad musical con la nueva línea que adoptaba la banda, por lo que se llamó de nuevo a Neil Murray, que colocó partes de bajo.

El disco se editó en Inglaterra en enero de 1984 y entró rápidamente en los charts, pero la crítica de la prensa fue demoledora. Whitesnake había girado hacia un hard rock bastante comercial y fue acusado de ser un disco plano y sin alma.

Por su parte Geffen Records consideraba que el cambio no era suficiente y obligó a remezclar el álbum con Keith Olsen (Grateful Dead, Emerson, Lake & Palmer, Fleetwood Mac...). Sykes y Murray sustituyeron las pistas de guitarra y bajo de Moody y Hodgkinson, e incluso se quitaron pistas del teclado de Jon Lord y se sustituyeron por grabaciones de Bill Cuomo (Natalie Cole, James Taylor, Kim Carnes, Dolly Parton...). En definitiva, la versión británica tiene mucha más presencia del teclado y bajo, con un sentimiento más negroide, mientras que en la versión yanqui el teclado casi desaparece y el bajo está muy flojo, se suben guitarras y batería y se le coloca eco en la voz a Coverdale. Además el orden de temas es diferente.

Con estas premisas el disco se editó en USA, tres meses más tarde, justo cuando Jon Lord abandona el barco para unirse a la nueva versión del Mark II de Purple.

El éxito es inmediato y las estaciones de radio se vuelcan con algunos temas del disco, la MTV machaca con «Love Ain't No Stranger». En definitiva la banda consigue el éxito tan deseado por Coverdale, aunque en el camino haya dejado aparcado los fundamentos musicales sobre los que nació Whitesnake. A tal punto llega el cambio, que este será el último disco que cuenta con el logo de la serpiente configurando el nombre.

Del disco se editaron numerosos singles:

- «**Guilty of Love**»/«**Gambler**», 17 de noviembre de 1983 en el Reino Unido. Número 31 UK singles Charts.
- «**Give Me More Time**»/«**Need Your Love So Bad**», 1 de enero de 1984 en el Reino Unido. Número 29 UK Singles Charts.
- «**Standing in the Shadow**»/«**All or Nothing (American Mix)**», 26 de marzo del 84. Número 44 UK Singles Charts. Número 34 Mainstream Rock USA.
- «**Slow an' Easy**», número 17 Mainstream Rock USA.

Según The Recording Industry Association of America (RIAA), *Slide It In* había alcanzado la cifra de más de dos millones de copias vendidas en USA en el año 1992, alcanzando dos Discos de Platino.

WHITESNAKE (1987)
EMI
Geffen/Warner Bros. (Usa y Canadá)
CBS/SONY (Japón)

■ **Temas edición USA:**

1.	«Crying in the Rain»	Coverdale
2.	«Bad Boys»	John Sykes
3.	«Still of the Night»	
4.	«Here I Go Again 87»	Coverdale, Bernie Marsden
5.	«Give Me All Your Love»	
6.	«Is This Love»	John Sykes
7.	«Children of the Night»	
8.	«Straight for the Heart»	
9.	«Don't Turn Away»	

■ **La edición de Europa tenía un orden diferente y temas adicionales:**

10. «Looking for Love»
11. «You're Gonna Break My Heart Again»

Todos los temas compuestos por David Coverdale y John Sykes, salvo donde lo indica.

Séptimo disco en estudio de la banda Whitesnake y a la postre el más exitoso, comercial y popular del grupo. Un disco que en Estados Unidos se llamó *Whitesnake*, en Europa se le conoce como *1987* y en Japón como *Serpens Albus*. Se comenzó a componer por el dúo formado por Coverdale y Sykes en el sur de Francia. Sin banda, Coverdale y Sykes llamaron de nuevo a Neil Murray, que incluso trabajó en arreglos de algunos temas. Se fichó a Aynsley Dunbar, un estupendo batería que había trabajado con John Mayall, Frank Zappa y Lou Reed entre otros, pero que terminó siendo un mero músico de sesión, al no congeniar con Coverdale. Entraron a grabar en los Little Mountain Sound Studios de Vancouver, a las órdenes de Mike Stone, ingeniero de sonido de los mejores discos de Queen y productor de trabajos de Asia, Journey y April Wine entre otros.

Con la grabación casi concluida Coverdale sufrió una grave sinusitis, que le obligó a pasar por quirófano y mantener una larga recuperación. Sykes, al parecer intentó convencer a los ejecutivos de Geffen para fichar un nuevo cantante y lanzar el álbum. El resultado fue la ruptura total de relaciones entre Coverdale y el tándem Sykes y Stone, que lo habían apoyado.

Al retornar a la actividad, Coverdale trabajó con el productor Ron Nevison (UFO, Michael Schenker, Survivor...), pero no duró mucho la relación, retornando Keith Olsen, quien había remezclado para USA el disco anterior y que se encargó de terminar las grabaciones y realizar las mezclas finales en los Cherokee Studios y One on One Recording de Los Ángeles.

Las grabaciones se acabaron con aportaciones de Don Airey y Bill Cuomo a los teclados, guitarras de Adrian Vandenberg, Dann Huff y Vivian Campbell; baterías de Denny Carmassi y pistas de bajo de Mark Andes.

El álbum se lanzó el 7 de abril de 1987, cuando la banda no existía o al menos sólo estaba Coverdale para defender el disco. Con anterioridad, el 21 de marzo se lanzó el single «Still of the Night», que se catapultó inmediatamente en Estados Unidos, al número 18 del Mainstream Rock y el número 79 en el Billboard Hot 100, mientras que en Inglaterra llegaba al número 16 de los charts.

El álbum se colocó en el número 2 del Billboard 200 y tan sólo en Estados Unidos ha vendido 8 millones de copias. En el Reino Unido, a los cuatro días de editarse, se posicionó en el número 8 de la lista de discos más vendidos y se mantuvo en lista durante 57 semanas.

Todos los singles editados entraron en los dos rankings más importantes del mercado americano, Billboard Hot 100 y el Mainstream Rock Tracks. Sobre todo el tema «Here I Go Again 87», que alcanzó el número 1 en las dos listas. Un tema, al igual que «Crying in the Rain», habían sido incluidos en el álbum *Saints & Sinners* con diferentes versiones.

Del álbum se editaron los siguientes sencillos:

- «**Still of the Night**» en marzo del 87.
- «**Crying in the Rain**» en abril del 87.
- «**Here I Go Again 87**» en octubre del 87.
- «**Is This Love**» en diciembre del 87.
- «**Give Me All Your Love**» en febrero del 88.

SLIP OF THE TONGUE (1989)
EMI
Geffen/Warner Bros. (Usa y Canadá)
CBS/SONY (Japón)

■ **Temas:**

1. «Slip of the Tongue»
2. «Cheap an' Nasty»
3. «Fool for Your Loving '89»   Coverdale, Bernie Marsden, Micky Moody
4. «Now You're Gone»
5. «Kittens Got Claws»
6. «Wings of the Storm»
7. «The Deeper the Love»
8. «Judgment Day»
9. «Slow Poke Music»
10. «Sailing Ships»

Todos los temas compuestos por David Coverdale y Adrian
Vandenberg, excepto donde se indica.

Octavo álbum en estudio de la banda Whitesnake, grabado bajo fuertes presiones de la industria discográfica y personales en el seno de la formación.

Geffen quería repetir a toda costa el éxito del multiplatino disco anterior y no admitía ver torpedeados sus planes por un tour extremadamente largo, que les ocupó más de 14 meses de conciertos.

Mientras, la banda volvía a tener problemas internos por el abandono de Vivian Campbell, quien veía que la línea musical no correspondía con las expectativas que se había marcado con antelación. El sustituto fue otro gran guitarrista, Steve Vai, procedente de trabajar con Frank Zappa y David Lee Roth. Coverdale confesó más adelante que no conocía la trayectoria de Vai, pero que se había quedado prendado de su aparición en la película *Crossroad*, donde interpreta a Jack, un músico sicario de Lucifer.

Las composiciones las tenían muy definidas Coverdale y Vandenberg, que trabajaron durante la gira en ese aspecto, pero una desagradable y grave lesión del guitarrista retrasó todos los planes. Una tendinitis severa mantuvo a Vandenberg fuera de circulación durante más tiempo del deseado, y si bien en un principio Coverdale apostó por esperar al guitarra, finalmente sucumbió a las presiones de Geffen y entró a grabar el álbum sin su amigo. Todas las guitarras del disco fueron grabadas por Vai, aunque aparece Vandenberg como intérprete.

La grabación se realizó en los Record Plant Studios de Los Ángeles, con la producción de Keith Olsen, que repetía y un jovencísimo Mike Clink que había sido el productor del *Appetite For Destruction* de Guns'n'Roses.

Se contó con la colaboración de Glenn Hughes para realizar coros, pero el deterioro físico que padecía a consecuencia de su adicción a las drogas, impidió que su aportación fuera notable. También colaboró en los teclados Don Airey, actualmente en Deep Purple.

El álbum se editó el 18 de noviembre de 1989 y su recepción fue dispar. Mientras que el disco entraba directamente en el número 10 del Billboard 200 de Estados Unidos, la prensa lo criticaba por ser un disco monótono y que no sonaba como Whitesnake. La revista *Rolling Stone*, tan sólo le dio 2 estrellas de puntuación. No obstante el álbum vendió más de un millón de copias en menos de un año y actualmente ha superado los cuatro millones de copias, alcanzando el cuarto Disco de Platino.

En el Reino Unido repitió resultado en la décima posición, vendiendo más de 100.000 copias y siendo Disco de Oro.

Curiosamente en España se coló en el 99 de la lista de discos más vendidos y todos los singles fueron radiados de forma masiva en la cadena Los 40 Principales.

Se publicaron 4 singles de *Slip Of The Tongue*:

- «**Judgment Day**» y «**Fool for Your Loving '89**» en 1989.
- «**The Deeper the Love**» y «**Now You're Gone**» en 1990.

RESTLESS HEART (1997)
EMI

■ **Temas:**
1. «Don't Fade Away»
2. «All in the Name of Love»
3. «Restless Heart»
5. «Too Many Tears»
6. «Crying»
7. «Stay with Me»   Jerry Ragovoy & George David Weiss
8. «Can't Go On»
9. «You're So Fine»
10. «Your Precious Love»
11. «Take Me Back Again»
12. «Woman Trouble Blues»

Todas las canciones compuestas por David Coverdale y
Adrian Vandenberg, salvo donde se indica.

Noveno álbum en estudio de la banda británica Whitesnake, primero desde la edición de *Slip Of The Tongue*, en 1989. En realidad la banda no existía y Coverdale quería editar un disco en solitario, pero EMI no lo aceptó y le obligó a publicarlo bajo la etiqueta David Coverdale & Whitesnake.

Este disco no se publicó en Estados Unidos, donde sigue siendo un material semi desconocido. Tampoco incluyó el país en el tour de ese año, que lo llevó por Europa, Japón y Sudamérica.

El disco se grabó con una banda completamente desconocida, donde sólo quedaba Adrian Vandenberg, como miembro oficial de Whitesnake.

El álbum se grabó en Sierra Sonic, Reno, Nevada, bajo la producción del propio Coverdale. Se editó el 26 de marzo de 1997 y su repercusión fue bastante aceptable en Europa, entrando en varios países entre los 50 discos más vendidos, pero sin referencias espectaculares. En el Reino Unido se posicionó en el número 34, pero desapareció rápidamente de los charts, mientras que en Japón hizo un Top Ten, con una edición del disco que incluía tres temas más: «Anything You Want», «Can't Stop Now» y «Oli».

Está considerado como uno de los discos más flojos de Whitesnake y en algunos catálogos ni siquiera entra como tal.

Se editaron tres singles que no alcanzaron los objetivos deseados: «**Too Many Tears**», «**Don't Fade Away**» y «**All in the Name of Love**». El disco contenía «**Stay with Me**», una versión del conocido tema que Lorraine Ellison hizo popular en 1966, más conocido como «**Stay with Me Baby**».

GOOD TO BE BAD (2008)
SPV/Steamhammer
WEA (Japón)

■ **Temas:**
1. «Best Years»
2. «Can You Hear the Wind Blow»
3. «Call on Me»
4. «All I Want All I Need»
5. «Good to Be Bad»
6. «All for Love»
7. «Summer Rain»
8. «Lay Down Your Love»
9. «A Fool in Love»
10. «Got What You Need»
11. «'Til the End of Time»

Todas los temas escritos por David Coverdale y Doug Aldrich.

Se trata del décimo disco en estudio de la banda Whitesnake, primero desde 1997 y único álbum con temas nuevos en esta década.

Tras las celebraciones del 25 aniversario de la banda, que incluía varios recopilatorios, discos en directo y cuatro giras mundiales de extrema duración, la banda vuelve a grabar material nuevo en los estudios Casa DALA and Clear Lake Audio de Los Ángeles, Snakebyte Studios, Lake Tahoe de Nevada, con la producción bajo el seudónimo de The Brutal Brothers, que no eran otros que David Coverdale, Doug Aldrich y Michael McIntyre.

El disco fue un intento de retomar su espíritu de finales de los setenta, con un acercamiento al blues y a la música negra en general.

Se editó el 21 de abril de 2008 y tuvo una acogida muy positiva, para una banda que editaba su primer trabajo nuevo en once años.

El álbum alcanzó el número 7 del Reino Unido y el 8 del Top Independent Albums de Estados Unidos, aunque en el Billboard 200 se quedó en el puesto 69. Bien acogido en países como Finlandia, Noruega, Alemania, Escocia y Francia, al mismo tiempo que aumentó su estatus en Australia, Canadá y Brasil. Lo más importante es que colocó a Whitesnake de nuevo en el mercado.

Se editaron varios singles:
- «Lay Down Your Love»
- «All for Love»
- «Summer Rain»
- «Can You Hear the Wind Blow»

FOREVERMORE (2011)
Frontiers Records
WEA (Japón)

■ Temas:
1. «Steal Your Heart Away»
2. «All Out of Luck»
3. «Love Will Set You Free»
4. «Easier Said Than Done»
5. «Tell Me How»
6. «I Need You (Shine a Light)»
7. «One of These Days»
8. «Love and Treat Me Right»
9. «Dogs in the Street»
10. «Fare Thee Well»
11. «Whipping Boy Blues»
12. «My Evil Ways»
13. «Forevermore»

Todas las pistas escritas por David Coverdale y Doug Aldrich.

Undécimo álbum en estudio de la banda británica Whitesnake y último disco en estudio no recopilatorio.

Coverdale y Aldrich tenían intención de editar nuevo material con un año de diferencia de *Good To Be Bad*, pero dos años de gira con Good To Be Bad Tour y el Still Good To Be Bad Tour, retrasaron la edición de este álbum.

Se grabó durante periodos intermitentes de 2010 en los Snakebyte Studios y Grumblenott Studios & Villas, Lake Tahoe, Nevada, y en los Entourage Studios, North Hollywood, California, repitiendo en la producción The Brutal Brothers (David Coverdale, Doug Aldrich, Michael McIntyre).

El álbum se editó el 9 de marzo de 2011 en Japón, el 25 en Europa, el 29 en Estados Unidos y por fin, el 18 de abril en el Reino Unido. Aunque no contiene ningún tema que se pueda considerar clásico de la banda, tuvo muy buena acogida por parte del público y la crítica, que lo vieron como un retorno al espíritu Whitesnake del principio.

En Estados Unidos comenzó con muy buen pie, situándose en el número 49 del Billboard 200 y vendiendo más de 12.000 copias en una semana, pero finalmente se estancó y en total no ha llegado a las 50.000 copias en el mercado americano.

En Inglaterra entró en listas (número 33) la misma semana de su edición, pero en el siguiente chart ya había abandonado definitivamente el baremo.

Se podría asegurar que *Forevermore* fue boicoteado por la edición del directo *Live at Donnington 1990*, que se puso en circulación un mes después de este disco, conteniendo una de las actuaciones más míticas de la Serpiente Blanca.

De *Forevermore* se editaron dos singles sin relevancia comercial: «**Love Will Set You Free**» y «**One of These Days**».

CAPÍTULO V

FILMOGRAFÍA RECOMENDADA

V. FILMOGRAFÍA RECOMENDADA

P or fortuna la filmografía de Deep Purple es muy variada y abundante, suficiente para satisfacer a todos los fans de la banda y aficionados a las filmaciones musicales. Resulta imposible reflejar todas las cintas que se han editado, pero podemos hacer una buena selección de vídeos que si os sumergís en ellos os dejarán completamente satisfechos.

DEEP PURPLE. CALIFORNIA JAM, APRIL 6TH 1974

BBC Vídeo 1981
■ **Temas:**
«Burn»
«Might Just Take Your Life»
«Mistreated»
«Smoke on the Water»
«You Fool No One»
«The Mule»
«Space Trucking»

Espectacular festival que se celebró en Ontario, California, bajo la producción de Sandy Feldman y Leonard Stogel, de ABC Entertainment. Participaron Deep Purple y Emerson, Lake & Palmer como cabezas de cartel, con un *timing* que introducía a Black Sabbath, Eagles y Black Oak Arkansas entre otros.

Es una gran actuación del Mark III, con un Coverdale impresionante y un Ritchie Blackmore pletórico e histérico, que protagonizó uno de los escándalos más sonados. Una gran banda en su mejor momento y al borde del precipicio final. En 1991 se reeditó en Japón bajo el nombre de *California Jam 1974*; en 2005 se lanzó una edición en DVD llamada *Live in California 74*; en 2006 como *Live 1974* y en 2016 como *California Jam 1974*.

DEEP PURPLE:
CONCERTO FOR GROUP & ORCHESTRA

BBC Vídeo 1984

■ **Temas:**

«Intro»

«1st Movement Moderato-Allegro»

«2nd Movement Andante»

«3rd Movement Vivace-Presto»

Concierto que se celebró en el Royal Albert Hall de Londres, el 24 de septiembre de 1969. Una concesión de la banda a las aspiraciones de música clásica de Jon Lord.

Se trata de un documento videográfico interesantísimo, pero tal y como pasa con el álbum editado, no representa el sonido clásico y resulta algo duro de asimilar. Se trata de la primera grabación del Mark II y ha tenido numerosas reediciones.

- *Live at the Royal Albert Hall*, Sep., 1969 Mono. 1985 Laserdisc 12", sólo en Japón
- *Concerto for Group and Orchestra* . 2002 DVD Harvest
- *Concerto for Group and Orchestra*. 2002 DVD Harvest
- *Concerto for Group and Orchestra* . 2003 DVD Eagle Vision

El Mark II junto con el director de orquesta Malcom Arnold.

DEEP PURPLE.
SCANDINAVIAN NIGHTS

Connoiseur. 1990

■ **Temas:**

«Highway Star»

«Strange Kind of Woman»

«Child in Time»

«The Mule»

«Lazy».

«Space Truckin'»

«Fireball»

«Lucille»

«Black Night»

Extraordinario documento editado en VHS en 1990, que refleja uno de los conciertos del inicio de la gira de 1972, en la cual grabaron *Made In Japan*. El repertorio se mantuvo similar a los conciertos grabados en Japón, salvo que entran dos canciones que no aparecieron en el disco *Made In Japan*.

El concierto se grabó el 1 de marzo de 1972 y aunque la contraportada del vídeo indica que fue en la sala Tivoli Koncertsal de Copenhague, en realidad fue registrado en KB-Hallen de la misma ciudad. Podemos ver la mejor formación de Deep Purple, el Mark II en el inicio de su mejor gira. Volviendo a las comparaciones con *Made In Japan*, podemos disfrutar del embrión de algunos temas que se fueron transformando con el paso de los conciertos.

Las diferentes reediciones de este documento son:

* *Scandinavian Nights: Live in Denmark 1972*. Versión en mono del mismo vídeo 1990 VHS Connoisseur (Sólo en el Reino Unido).
* *Machine Head Live 1972*. 1992 Laserdisc VAP (Sólo en Japón). Se reeditó en DVD en el año 2000.
* *Machine Head Live 1972*. 2003 DVD DVDME (Sólo en Brasil).
* *Live in Concert 72/73*. 2005 DVD EMI.

DEEP PURPLE.
COME HELL OR HIGH WATER

BMG 1994

■ **Temas:**

«Highway Star»

«Black Night»

«Talk About Love»

«Twist in the Tale»

«Perfect Strangers»

«Beethoven»

«Knocking at your Back Door»

«Anyone's Daughter»

«Child in Time»

«Anya»

«The Battle Rages on»

«Lazy»

«Space Truckin'»

«Woman from Tokyo»

«Paint it Black»

«Smoke on the Water»

DVD grabado el 16 de octubre de 1993 en Hanns-Martin-Schleyer-Halle en Stuttgart , Alemania y en Birmingham el 9 de noviembre, una semana antes de que Blackmore se marchara del grupo en Helsinki. No se trata del mejor directo de la banda, pero es un extraordinario documento para entender y comprobar la desintegración de las relaciones entre Blackmore y el resto del grupo.

Ritchie ofreció una de sus rabietas de paranoico consentido y se cabreó con un cameraman de la producción de vídeo, por lo que abandonó el escenario sin mediar palabra ante las caras de estupefacción de sus compañeros. Blackmore no volvió al escenario hasta que el cameraman fue retirado de su posición, pero el resto del concierto es un ejemplo de lo insufrible que debió de ser trabajar con Blackmore esos años. Tocando de espaldas al público, solos de guitarra cortados bruscamente con el cabreo del público y sus compañeros, actitud chulesca y sobre todo desentendiéndose por completo del concierto y del trabajo en equipo.

El vídeo ofrece entrevistas sólo con Gillan, Glover, Lord y Paice, donde critican el comportamiento de Blackmore, entre otras cosas.

A pesar de no estar preparado para ser un directo oficial de la banda, BMG lo lanzó en CD. En 2006, Sony BMG lanzó una caja conteniendo los dos conciertos, bajo el nombre de *Live in Europe 1993*.

En 2007 se lanzaron dos trabajos diferentes, uno por actuación, pero las protestas de Gillan obligaron a la compañía a retirar del mercado las copias del concierto desastroso de Birmingham.

DEEP PURPLE. HISTORY, HITS & HIGHLIGHTS '68-'76

Eagle Vision. 2009
Extraordinario documento visual que resume de forma exhaustiva la historia de la banda desde su nacimiento, hasta su desaparición en 1976, recopilando información de cuatro formaciones diferentes y sin llegar a la reunificación de *Perfect Strangers*. Es un vídeo que hay que estudiar por separado. En primer lugar encontramos tres capítulos de *History*, el primero de 1968 a 1970, el segundo de 1971 y 1972, y el tercero de 1973 a 1976.

Le sigue un apartado denominado *Hits*, seguido de otro llamado *Highlights*, donde aparecen gran cantidad de grabaciones en directo, bien en conciertos multitudinarios como en sesiones de televisión. El *set list* os lo detallamos aquí para degustación de fans y neófitos:

■ HITS

«Help!» (Danish TV 1968)

«Hush» (Playboy After Dark 1968)

«Wring That Neck» (Canadian TV 1969)

«Hallelujah» (Beat Club 1969)

«Mandrake Root» (South Bank Summer 1970)

«Speed King» (WDR Vicky Leandros 1970)

«Black Night» (Top of the Pops 1970)

«Child in Time» (Doing Their Thing 1970)

«Lazy» (Copenhagen 1972)

«Strange Kind of Woman» (Top of the Pops 1971)

«Fireball» writing session (ABC TV Australia 1971)

«Fireball» (Disco ZDF 1971)

«Demon's Eye» (RBB Germany 1971)

«No No No» (Beat Club 1971)

«Into the Fire» (RBB Germany 1971)

«Never Before» (promo 1972)

«Highway Star» (Beat Club 1971)

«Smoke On the Water» (Hofstra 1973)

«Burn» (Leeds Polytechnic Project 1974)

«Mistreated» (California Jam 1974)

«Love Child» (Tokio 1975)

«You Keep On Moving» (Tokio 1975)

■ HIGHLIGHTS

«And the Address» (Playboy After Dark 1968)

«Wring That Neck» (Jazz Bilzen 1969)

«Wring That Neck» ('Pop Deux' Paris 1970)

«Mandrake Root» ('Pop Deux' Paris 1970)

«Black Night» (Promo clip 1970)

«No No No» (Beat Club 1971)

«No No No» (rehearsals take two) (Beat Club 1971)

«'Je Nuit' French TV 1974» (INA France 1974)

«Burn» (Leeds Polytechnic Project 1974)

«Interview» (Leeds Polytechnic Project 1974)

«Space Truckin'» (Leeds Polytechnic Project 1974). New Zealand TV Documentary (New Zealand TV 1975). Interview (New Zealand TV 1975)

«Smoke On the Water» (New Zealand TV 1975). Tony Edwards french TV interview 1976 (French TV 1976)

DEEP PURPLE.
PHOENIX RISING

Edel 2011

■ **Temas:**

«Burn»

«Love Child»

«Smoke on the Water»

«You Keep on Moving»

«Highway Star»

■ **Contenido extra:**

Gettin' Tighter: The untold story of the 1975/1976 MKIV World Tour.

DVD grabado en directo el 15 de diciembre de 1975 en el Teatro Budokan de Tokio y se le añaden temas de una actuación en Long Beach, California, en 1976.

Además de ser una de las escasas grabaciones en vídeo del Mark IV, lo extraordinario de este trabajo reside en los 80 minutos del documental *Gettin' Tighter*; donde Jon Lord y Glenn Hughes hacen de conductores de la historia en sendas entrevistas y se desnudan emocionalmente, hasta límites impensables.

Dirigido por Tony Klinger, es un documento que nos sumerge entre bastidores en la caída y muerte de una banda, sin tapujos, cruel y en ocasiones dramático. Lord y Hughes despliegan una sinceridad y autocrítica admirables y nos muestran las claves del porqué y cómo llegó la separación inevitable y señalan a los excesos de Hughes y Bolin como el detonante de un explosivo que estaba a punto de estallar.

El DVD se editó acompañado de un CD con 8 temas extraídos de los conciertos antes mencionados.

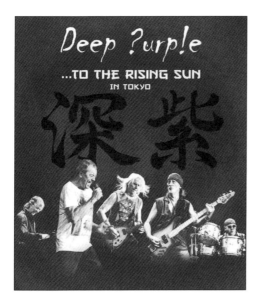

DEEP PURPLE.
TO THE RISING SUN IN TOKYO

Ear. 2015
■ **Temas:**
«Après Vous»
«Into the Fire»
«Hard Lovin' Man»
«Strange Kind of Woman»
«Vincent Price»
«Contact Lost»
«Uncommon Man»
«The Well-Dressed Guitar»
«The Mule»
«Above and Beyond»
«Lazy»
«Hell to Pay»
«Don Airey's Solo»
«Perfect Strangers»
«Space Truckin'»
«Smoke on the Water»
«Green Onions/Hush»
«Black Night»

Si tengo que escoger uno de los numerosos vídeos que tiene la formación actual de Deep Purple, la más duradera de su historia, me quedo con este DVD Blu Ray.

Deep Purple ha publicado numerosos directos en CD que los acompaña con un DVD incluyendo la totalidad de los espectáculos. Este casi es igual, podríamos decir que es un trabajo gemelo al llamado *From the Setting Sun... (In Wacken)*, grabado el mismo año, y podríamos destacar cualquiera de los dos.

Este concierto se grabó el 12 de abril de 2014 en el Nippon Budokan de Tokio, la producción es espectacular con una edición de 12 cámaras, que dota al film de un dinamismo formidable. Es una buena radiografía de lo que ha llegado a ser la banda a día de hoy; un gigante del hard rock, sin fisuras, compenetrado hasta la obsesión, mecánicos y sobre todo profesionales.

Un buen documento de la que de momento parece que será la última formación de Deep Purple.

RAINBOW. LIVE IN MÚNICH 1977

Eagle Vision 2006

■ Temas:

«Kill the King»

«Mistreated»

«Sixteenth Century Greensleeves»

«Catch the Rainbow»

«Long Live Rock 'n' Roll»

«Man on the Silver Mountain»

«Still I'm Sad»

«Do You Close Your Eyes?»

■ Contenido extra

«Long Live Rock 'n' Roll»

«Gates of Babylon»

«L.A. Connection»

Bob Daisley (entrevista)

Colin Hart (entrevista)

Sólo reflejaremos un DVD de Rainbow, aunque el mercado tiene una numerosa oferta, la mayoría piratas. De hecho este vídeo circula en numerosos formatos y nombres, casi todos fechados en la década de los ochenta y noventa.

Se trata de un concierto grabado el 20 de octubre de 1977 en Múnich, Alemania. En principio no estaba prevista su publicación comercial, ya que la grabación se emitiría en el programa Rockpalast de la televisión alemana.

El repertorio es muy similar al disco *On Stage*, más la inclusión de temas del futuro disco en estudio *Long Live Rock'n'roll* que se editaría en 1978. El DVD contiene material extra con varios videoclips, más entrevistas con el bajista Bob Daisley y el manager del grupo, Colin Hart. En abril de 2010 se comercializó un doble vinilo, tan sólo para el mercado alemán.

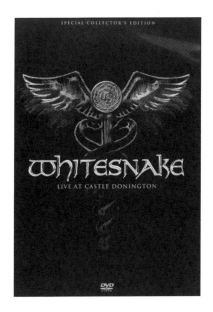

WHITESNAKE.
LIVE! AT CASTLE DONINGTON 1983

EMI 1983

■ **Temas:**
«Walking In The Shadow Of The Blues»
«Rough An' Ready»
«Ready An' Willing»
«Guilty Of Love»
«Here I Go Again»
«Lovehunter»
«Mistreated»
«Soldier Of Fortune»
«Ain't No Love in the Heart of the City»
«Fool For Your Loving».

Whitesnake llegaba a ser cabeza de cartel del más prestigioso festival heavy de Europa, el Monsters Of Rock y actuaba a lo grande en una edición completada por ZZ Top, Dio, Twisted Sister, Diamond Head y Meatloaf.

La grabación recoge prácticamente íntegra aquella actuación, enmarcada dentro de la gira de presentación del álbum *Saints & Sinners*. No se trata de la mejor formación de la banda, ya habían abandonado Ian Paice y Bernie Marsden, pero es el punto más álgido de la primera mitad de la carrera del grupo.

El DVD se ha editado en diferentes formatos y con distintas portadas en numerosas ocasiones.

ANEXOS

ANEXOS

«SMOKE ON THE WATER»

«Smoke on the Water» contiene el que posiblemente sea el riff de guitarra más famoso de la historia, de una simplicidad aplastante, tanto que los componentes de Deep Purple no querían grabarlo. Blackmore opinaba lo contrario, asegurando que la *Quinta Sinfonía* de Beethoven estaba basada en una secuencia de cuatro notas de similar complejidad y sin embargo es la obra más universal del compositor.

El riff de «Smoke on the Water» es una melodía típica de escala de blues con sólo cuatro notas tocadas en sol menor y armonizada en cuartos paralelos. Esas cuatro notas combinadas se han utilizado desde su publicación en 1973, como base de inspiración de clases de guitarra para novatos practicantes, torturas de guitarristas ocasionales de excursión, de cuñados del «yo también sé tocar» y miles de efectos secundarios o daños colaterales. Tanto es así que no hay casa de instrumentos musicales que se precie, que no tenga colgado el cartel de Prohibido probar las guitarras con «Smoke on the Water».

Deep Purple se propuso grabar entre giras el nuevo disco, que se llamaría *Machine Head*. La grabación del mismo en Londres les suponía un gasto de producción enorme en impuestos al erario público y tal y como sucedió con muchos otros grupos en la década de los setenta, Deep Purple se marchó fuera del país para registrar su nuevo disco.

El sitio escogido fue el Casino de Montreux, en Suiza, famoso por albergar desde 1967 el Festival de Jazz de Montreux, creado y dirigido por Claude Nobs. Deep Purple había ofrecido un concierto en el mes de mayo en el Casino y los músicos se quedaron maravillados por la acústica del edificio, a esto se le sumó que Gillan

El casino de Montreux ardiendo.

pasó una hepatitis durante el mes de noviembre y los médicos le prohibieron continuar con su rutina salvaje de conciertos, por lo que se imponía una parada forzosa, habilitada como grabación de álbum.

Teniendo de anfitrión a Claude Nobs, la banda llegó a primeros de diciembre con la intención de instalar la sala de grabación en el segundo piso, enviando la señal al gran camión del Rolling Stones Mobile Studio, aparcado a las puertas del Casino.

Tan sólo quedaba el trámite de esperar a que se realizara el último concierto de la temporada, protagonizado por Frank Zappa y sus Mothers of Invention, que estaban realizando una exitosa gira, saboreando el éxito del film *200 Motels*. Tras esa actuación el complejo hotelero quedaría completamente vacío, un periodo que aprovecharía Deep Purple para grabar el disco, antes del inicio de los trabajos de rehabilitación de cara a la primavera. Desgraciadamente, la mala suerte que acompañó a Frank Zappa en aquella gira se cruzó con la historia de los Purple.

En el momento en que Don Preston, teclista de Mothers of Invention, arremetía el solo del tema «King Kong», un espectador (jamás identificado) encendió una bengala, mientras, cuentan que Zappa al verlo gritó «Arthur Brown ha llegado», en referencia al vocalista de soul que había obtenido un enorme éxito con una versión del clásico «Fire». Las pocas luces del pirómano, provocaron que el fuego de magnesio que levantó el artefacto pirotécnico alcanzara el techo de la sala de conciertos, decorado con elementos de rattan, lianas de caña de un material altamente combustible importado desde el sudoeste de Asia, que expandieron y avivaron el fuego por todo el edificio en cuestión de minutos.

Frank Zappa perdió todo su equipo, valorado en más de 55.000 dólares, a lo que debió sumar que una semana más tarde, en el Rainbow Theater de Londres, durante el inicio del bis, un espectador le agredió arrojándole al foso y provocándole graves lesiones, traumatismo craneal y lesiones en la espalda, las piernas y el cuello, además de un golpe en la laringe que le hizo perder un intervalo musical de una tercera mayor, es decir, dos tonos en su registro, después de su recuperación. El incidente del Casino de Montreux está registrado en el bottleg *Swiss Cheese/Fire!*, que publicó Frank Zappa en la recopilación *Zappa's Beat The Boots II*.

El incendio asoló todo el edificio del Casino y las llamas tardaron dos días en apagarse, pero no se pudo salvar la estructura del mismo. Afortunadamente no resultó nadie herido, gracias entre otras cosas a que Frank Zappa desde el escenario dirigió a las 3.000 personas que abarrotaban el recinto, para una evacuación ordenada. Otro de los héroes de esa jornada matutina fue Claude Nobs, ayudando a salir al personal, tal y como testifican numerosas fotografías de prensa.

Volviendo a Deep Purple, se encontraron pagando 100.000 libras diarias por el camión de grabación, pero sin sitio donde poder hacerlo. Otra vez Nobs salió al rescate y les proporcionó la posibilidad de grabarlo en Teatro Pavilion, cerrado también por final de temporada. La banda instaló todo el *backline*, conectaron con cientos de metros de cable con el Mobile Studio y comenzaron a grabar. Cuentan que sólo pudieron registrar en el magnetofón los acordes de lo que más tarde sería «Smoke on the Water» y que se guardó como «Tittle Número 1», porque se presentó la policía a desalojar el teatro, debido a las quejas del vecindario, alarmados por el alto volumen de la música que salía de un teatro supuestamente vacío.

Tras una semana de gastos desorbitados e intentando conseguir una solución al tremendo desastre que supuso el incendio, de nuevo Nobs les consiguió el alquiler de todo el Montreux Grand Hotel, cerrado para mejoras de reacondicionamiento. Purple se ubicó en el nuevo espacio, desplegando su arsenal entre escaleras, pasillos y habitaciones internas, para no volver a tener el mismo problema de insonorización.

La banda grabó 8 temas, la mayoría aceptados en la primera o segunda toma, pero según los técnicos de sonido no tenían material suficiente, por lo que se propusieron incluir un tema que hablara de todos los problemas que habían tenido con la grabación del disco. Utilizaron un pensamiento que le sobrevino a Roger Glover a los pocos días del incendio, al despertarse y ver desde la habitación del Hotel Edén donde se alojaban, la impresionante columna de humo que parecía surgir del lago Lemán de Montreux. La idea en un principio no le gustaba a Gillan, porque podría parecer que estaban haciendo apología de las drogas, pero una vez se terminó la letra, no había pie para la confusión.

«Smoke on the Water» fue el último tema en grabarse, el día 22 de diciembre y prácticamente fuera de tiempo porque a los músicos les expiraba el visado que se les había concedido. Al final el álbum contó con sólo siete temas, quedándose fuera «When a Blind Man Cries», configurando uno de los discos más cortos de la banda con escasos 37 minutos de música.

El tema se volvería a grabar en julio de 1989 como acción benéfica, con el objetivo de conseguir fondos para reconstruir una escuela derruida por el terremoto de Armenia en 1988. Los músicos que participaron en la grabación de «Smoke on the Water» son Bryan Adams, Ritchie Blackmore, Bruce Dickinson,

Geoff Downes, Keith Emerson, Ian Gillan, David Gilmour, Tony Iommi, Alex Lifeson, Brian May, Paul Rodgers, Chris Squire y Roger Taylor, mientras que John Paul Jones y Jon Lord aparecen como ayudantes. La grabación se realizó en cinco sesiones, lo que posibilitó que Blackmore y Gillan estuvieran en el tema, pero no tuvieran que verse para grabarlo.

■ **«SMOKE ON THE WATER»**
Todos salimos a Montreux
En la costa del lago de Ginebra
Para hacer registros con un dispositivo móvil
No tuvimos mucho tiempo
Frank Zappa y las madres
Estamos en el mejor lugar alrededor
Pero algún estúpido con una pistola de bengalas
Hizo que ardiera el lugar
Humo en el agua, fuego en el cielo
Humo en el agua
Quemaron la casa de juego
Murió con un sonido horrible
Funky Claude estaba entrando y saliendo
Sacando a los niños del suelo
Cuando todo terminó
Tuvimos que encontrar otro lugar
Pero el tiempo suizo se estaba acabando
Parecía que perderíamos la carrera
Humo en el agua, fuego en el cielo
Humo en el agua
Terminamos en el Grand Hôtel
Estaba vacío, frío y desnudo
Pero con el camión Rolling Stones justo afuera
Haciendo nuestra música allí
Con algunas luces rojas y algunas camas viejas
Hacemos un lugar para sudar
No importa lo que obtengamos de esto
Sé que nunca olvidaremos
Humo en el agua, fuego en el cielo
Humo en el agua

TRILOGÍA DE DIRECTOS
MADE IN JAPAN, ON STAGE Y LIVE... IN THE HEART OF THE CITY

La verdadera fuerza de una banda siempre ha estado encima del escenario, su auténtico espíritu y por descontado su valía. Un grupo que en directo arrasa y no deja fisuras en su música es complicado que te pueda defraudar y por descontado, si hace aguas en el entarimado, probablemente su trayectoria pasará rápido y con más pena que gloria.

También hubo un tiempo en el cual era muy complicado ver a ciertas bandas en directo y muchos de nosotros nos debíamos complacer con la adquisición de discos grabados en directo, para saciar la sed y el ansia de ver y disfrutar a nuestros iconos musicales. Los discos en directo representaban mucho más que meros trabajos, era donde se bebía la esencia de la banda, donde se descubría si valía la pena apostar por determinados músicos, las grabaciones en vivo eran la esencia de la música, algo que hoy en día es muy complicado de entender.

La era de Internet y las redes sociales no ha hecho otra cosa que banalizar ese vínculo artista-público que se construía tras la publicación de un directo. Ahora cualquier fan puede subir casi al instante un vídeo de su banda favorita a YouTube, Facebook o Instagram, con un sonido pésimo, deleznable, sin el mínimo decoro a la hora de estabilizar la imagen y con su cara de primer plano para remarcar que ha estado allí, con esa sublime demostración egocéntrica se carga de un plumazo toda la magia que esconde un concierto, que ni de lejos es lo que te muestra un vídeo en una red social.

Otra de las pautas a tener en cuenta es la rapidez con la que se grababan los discos de estudio, generalmente marcados por la máxima de menor coste, mayor rendimiento económico; siempre entre giras y en la mayoría de los casos componiendo los temas en el mismo estudio de grabación. De esta forma no era de extrañar que con la edición de los álbumes en vivo los temas se nos mostraran como liberados, criaturas con vida propia que habían crecido y ganado en sabiduría desde que rompieron aguas en la pecera de grabación.

Recuerdo que la primera vez que escuché el doble directo *The Song Remains the Same* de Led Zeppelin, la sensación fue más fuerte y visceral, que la gran mayoría de las sustancias que llevaba dentro. La grandeza de «Danzed of Confused» o «Whole Lotta Love», era infinita, imposible de cuantificar, como una explosión de feromonas incontrolable... puro éxtasis. Pues todo eso es lo que provocaron estos tres discos que tenemos a continuación, *Made In Japan* de Deep Purple, *On Stage* de Rainbow y *Live... In the Heart of the City* de Whitesnake. Sí que es cierto que hay directos mejor grabados y que para gustos los colores, ya que no seré yo quien se ponga a discutir la valía del *Made In Europe* del Mark III (uno de mis discos favoritos), que también podría entrar en una posible mano de cartas a modo de póquer, pero nos hemos decantado por tres discos dobles, los primeros en directo editados por cada banda y discos de referencia obligada para todos aquellos que penetren como novicios en el universo Purple.

Comenzaremos por el *Made In Japan*, que a la postre se convertiría en la biblia del hard rock en directo. El disco se grabó durante la primera gira japonesa de Deep Purple con el Mark II y de entrada, en una época en la que los músicos se negaban a la idea de lanzar un disco en vivo.

Deep Purple ya había grabado algunas actuaciones en directo, pero siempre a modo promocional para escuchar en algún programa de radio. Los músicos, en especial Gillan y Blackmore, nunca habían quedado satisfechos de esas grabaciones, argumentando que la técnica de un estudio no puede ser superada por una grabación en directo. Esto había frenado a la compañía que sabía que sería un producto muy fácil de vender, más si cabe, teniendo en cuenta que la mayor parte de la fama adquirida por el Mark II era a base de sus directos explosivos.

Fue la división de Japón la que insistió en grabar un disco durante la gira por el país nipón, reservando tres fechas para dicha cuestión, en el Festival Hall, Osaka, los días 11 y 12 de mayo, y el Nippon Budokan, Tokio, el 16 de agosto, aunque finalmente y por motivos de agenda del propio grupo se realizaron el 15, 16 y 17 de agosto de 1972.

La banda aceptó cumplir con la compañía con un directo, debido a la proliferación de *bootleg recording* o grabaciones piratas que circulaban en el mercado, con algunos casos sonados para la época como el concierto de Aquisgrán, Alemania, comercializado en formato *bootleg* por Virgin bajo el nombre de *H Bomb*, vendiendo miles de copias y por las que Richard Branson, propietario del sello, fue condenado a indemnizar a la banda.

El grupo pensaba que editando un disco en directo, bien grabado, erradicarían de golpe todo el mercado negro de grabaciones fraudulentas. Durante la promoción del lanzamiento del disco, Roger Glover declaró a la revista *Sounds*, «hay tantos *bootlegs* de la banda, que si ponemos nuestro propio set en vivo, debería matar ese mercado». Evidentemente no lo consiguieron.

Ante el imperativo legal impuesto por la compañía de grabar un disco en directo, los músicos marcaron el grupo de trabajo de las grabaciones, encabezados por el productor Martin Birch. Todo se registró en un magnetófono de bobina abierta de 8 pistas, método que ahora nos puede parecer arcaico y que tampoco era lo más puntero de 1972, lo que agudizaba las dudas sobre el resultado.

Aunque el disco *Machine Head* se editó en marzo de 1972, la gira de ese año comenzó en el 3 de enero en el KB Hallen de Copenhagen, Dinamarca, el *set list* prácticamente no se modificó en referencia a los conciertos del Japan Tour 72, durante los que se grabó el disco. El repertorio de inicio de gira era el siguiente: «Highway Star», «Strange Kind of Woman», «Child in Time», «The Mule», «Lazy», «Fireball», «Space Truckin'», «Lucille» (Little Richard cover), «Black Night», «Smoke on the Water», «Never Before», «Maybe I'm a Leo».

Si nos fijamos, es el mismo *set list* de los conciertos de Japón, salvo la desaparición de los temas «Never Before» y «Maybe I'm a Leo».

Los temas que no fueron incluidos en el disco original del 72, «Black Night» y la versión de Little Richard, «Lucille», formaron parte del repertorio.

Otra de las claves del *Made In Japan* es la despreocupación del resultado, ya que sólo estaban interesados en ofrecer un gran espectáculo, obviando la necesidad de que la grabación fuera coherente o aceptable. Precisamente Jon Lord, años más tarde, declaró que quizás ese sea el secreto del disco, con cero presión, refleja perfectamente lo que eran los conciertos de Deep Purple en el Mark II.

Era inconcebible la extensión de los temas en la grabación de un disco en directo de una banda de hard rock, sin ir más lejos, *The Song Remains the Same*, disco del que hemos hablado anteriormente, tiene fecha de 1976 y contiene algunos temas denominados estándar en duración, que circulan entre los tres y cinco minutos, pero *Made In Japan* carece de esa concesión comercial y todos los temas son extremadamente largos. «Smoke on the Water», con un recorrido de 5:40 en estudio, pasa a los 7:49 en el disco, siendo «Highway Star» la más ajustada a la realidad con tan sólo 40 segundos de diferencia con la versión de estudio.

Una vez grabados los tres días de la gira de Japón, la banda al unísono consideró que el mejor de los tres conciertos fue el del día 17 en Tokio, pero la mayoría de los temas del disco se extraen del 16 de agosto en Osaka, debido entre otras cosas a varios incidentes, como que Gillan tropezara con el micro en el tema «Strange Kind of Woman», produciendo un sonido ensordecedor en la grabación, o que Blackmore se excitara tanto que terminara destrozando su guitarra en el final de «Space Truckin», provocando una avalancha de público escalando el escenario para pillar una parte de su defenestrado instrumento, en un incidente que no agradó al resto de la formación, pero que Blackmore utilizaría en numerosas ocasiones, sobre todo con Rainbow. Tenemos cuatro temas del segundo día, dos del tercero y tan sólo uno del primero, «Smoke on the Water», debido a que Blackmore sólo acertó ese día con el que posiblemente sea el riff de guitarra más veces tocado. El álbum, según declaró Jon Lord años más tarde, no contiene *overdubs* y las pistas fueron mezcladas, pero no retocadas, más por desidia de los músicos que por otro motivo más profesional o ético.

Tan efímero era el interés de la banda por el disco que a las sesiones de mezcla sólo se presentaron Glover y Paice, siendo los culpables de la selección, orden y mezcla del álbum. Un disco que le costó a la compañía tan sólo 3.000 dólares y que en sólo dos semanas de su publicación, en sólo dos semanas consiguió el Disco de Platino.

En numerosas reediciones posteriores se han ido introduciendo temas que fueron descartados en el álbum original, se han remezclado y han salido a la luz casi la totalidad de las canciones grabadas en los tres días del tour.

Un álbum que lo tiene todo y refleja el momento más intenso y de mayor creatividad de la banda, que no supo disfrutarlo y se desintegró poco a poco desde entonces. A *Made In Japan* no le falta ni el morbo de una leyenda urbana; en el minuto 9:44 de «Child in Time» se puede apreciar un sonido que parece un disparo y que cuentan que fue un fan japonés que se suicidó escuchando su tema favorito. Nunca se confirmó la existencia de un cadáver, pero de todos es

sabido el decoro que gastan los japoneses con el tema del suicidio. Todo quedó en una leyenda que no hace otra cosa que engrandecer uno de los discos más míticos de la historia del rock.

El segundo de los discos destacados en este capítulo es *On Stage* de Rainbow, otro álbum doble y en directo que sirve para testificar el mejor momento de la banda británica en lo que muchos llaman su Mark II, realizando una semejanza con Purple. Un disco que tiene muchísimos paralelismos con *Made In Japan*, por empecinamiento de Blackmore. Seguramente estamos ante la mejor formación del grupo, con Ronnie James Dio como vocalista, Cozy Powell a la batería, Jimmy Bain al bajo y Tony Carey a los teclados. El disco estaba planeado grabarlo durante la gira por Japón de diciembre del 76, precisamente en los mismos escenarios que se registró el *Made In Japan*, pero los errores, mala acústica y poca calidad de la grabación, obligaron a usar cintas de los conciertos de Alemania de septiembre del mismo año, repartiéndose el repertorio a partes iguales. Al igual que en *Made In Japan*, la improvisación es vital para entender el concepto del disco, marcado en esta ocasión por la omnipresente fuerza de

Blackmore, pero la despreocupación del disco de 1972 aquí desaparece, hasta el punto de que las mezclas del álbum presentan numerosos *overdubs* de guitarra y batería, que realzan la grabación y marcan más la calidad de los temas.

Es curioso que el Medley de «Man on the Silver Mountain», que además de dicho tema contiene una pieza llamada «Blues» y «Starstruck», superando los 11 minutos de duración, está grabado en diferentes sesiones. Comienza «Man on the Silver Mountain» rescatado de las cintas del 16 de diciembre en Tokio, pero del concierto de la tarde, para pasar a mezclarse con el «Blues» y «Starstruck», registrado el mismo día, pero por la noche en el segundo pase, para volver a rescatarse el final del tema de la primera cinta. Lo mismo pasa con el inicio del álbum, «Introduction/Kill the King» está grabado en dos días diferentes. La introducción es una secuencia extraída del film *El mago de Oz*, donde Judy Garland en el papel de Dorita le dice a su perro: «Toto. I have a feeling we're not in Kansas anymore. We must be over the rainbow!», repitiéndose la última palabra en un *delay* que sirve de presentación del grupo. Pues bien, no se sabe por qué la introducción y casi un minuto del tema «Kill The King», está grabado en Núremberg, Alemania, el 28 de septiembre, mientras que el resto del tema pertenece al concierto del día siguiente en Múnich.

Lo realmente curioso es que a pesar de que *Rising*, segundo disco en estudio de Rainbow, se editó en mayo del 76 y los conciertos están grabados en septiembre y diciembre de ese mismo año dentro del Rising World Tour, la mayor parte de las canciones pertenecen a *Ritchie Blackmore's Rainbow*, dejando del *Rising* tan sólo «Starstruck» dentro del «Medley».

Hay quien acusa a *On Stage* de ser muy plano, sobre todo debido a la producción de Martin Birch y que no alcanza la frescura de *Made In Japan* y es cierto, pero

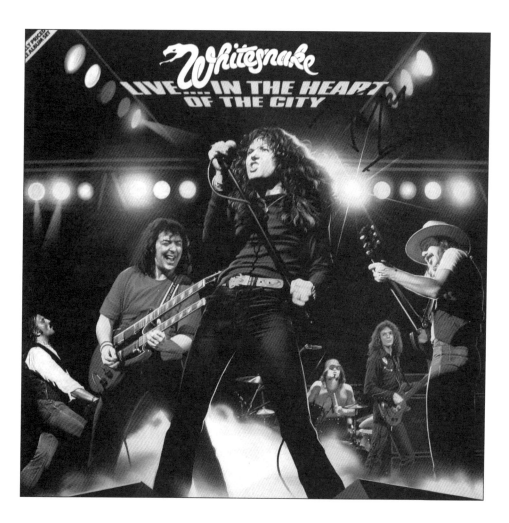

lo es también que encontramos interpretaciones sublimes como los más de 15 minutos de «Catch The Rainbow» o la maravillosa versión de Deep Purple «Mistreated», cantada originalmente por Coverdale y en la que Dio se deja el alma.

On Stage es la cumbre de Rainbow en vivo, que tan sólo en el Reino Unido al año de su publicación había alcanzado el Disco de Oro. Por último, otra coincidencia con el *Made In Japan* es la desintegración de la formación, que al igual que Purple, tan sólo grabó un disco en estudio antes de pasar a mejor vida.

Con el tercer disco del apartado, *Live... In the Heart of the City* de la banda británica Whitesnake, volvemos a repetir varias pautas similares. Primer álbum en directo de la formación y doble en su presentación original, tanto en vinilo como casete; posiblemente reúne la mejor formación de la banda, aunque en esta afirmación debemos señalar que somos los nostálgicos los poseedores de dicho eslogan, ya que las generaciones más jóvenes no estarán necesariamente de acuerdo.

El disco está dividido en dos partes muy diferenciadas; un primer álbum grabado el 23 y 24 de junio de 1980 en el Hammersmith Odeon de Londres y un segundo disco registrado en el mismo recinto el 23 de noviembre de 1978.

El segundo disco, ya se había publicado en Japón como *Live at Hammersmith*, debido a la demanda de material discográfico del exvocalista de Deep Purple.

Los dos discos están grabados por los mismos músicos salvo la excepción del batería, que en 1980 era Ian Paice y en el 78 ocupaba el asiento de los tambores Dave Dowle, a quien, en un exceso de mal gusto y poco decoro, la banda no acreditó en el disco original. El resto de la formación encabezada por Coverdale, eran Jon Lord a los teclados, Micky Moody y Bernie Marsden a las guitarras y Neil Murray al bajo, que junto con la llegada de Ian Paice, parecían una reencarnación de Deep Purple, salvando las distancias sonoras. La producción vuelve a ser de Martin Birch, como en los discos anteriores, aunque en esta ocasión no se le acusó de plasmar una grabación con falta de espontaneidad y plana como con *On Stage*.

Al contrario de lo que ocurre con los anteriores discos, este álbum refleja perfectamente los tres discos editados por Whitesnake, *Trouble*, *Lovehunter* y *Ready an' Willing*, convirtiéndose en un gran éxito en directo, sin largas disertaciones instrumentales y temas de extrema duración, salvo el maravilloso «Mistreated» y la impactante «Love Hunter» que pasan cada una de los 10 minutos.

Para los amantes de las comparaciones, *Live... In the Heart of the City* alcanzó el Disco de Platino en el Reino Unido, superando de lejos el Disco de Oro de *On Stage* de Rainbow, aunque ninguno de los dos discos puede compararse con el éxito, repercusión y legado musical que dejó *Made In Japan*.

Tres discos dobles y en directo para adentrarse en el universo sonoro de la Saga Purple, con una trilogía maravillosa, más si cabe si eres amante del vinilo.

ROCK'N'ROLL HALL OF FAME

Deep Purple entraron a formar parte de Rock'n'roll Hall of Fame el 8 de abril de 2016. Un hecho de significativa importancia en la élite de la industria musical, que se convirtió en uno de los episodios más bochornosos y ridículos de su carrera.

El Rock'n'roll Hall of Fame fue creado en abril de 1983, por el magnate estadounidense de origen turco Ahmet Ertegun, quien había sido fundador y presidente de Atlantic Records. Su extravagancia le llevó a fundar en los setenta el equipo de fútbol Cosmos, de la ciudad de Nueva York, una especie de cementerio de elefantes donde iban a parar la mayor parte de las estrellas del fútbol mundial, para hacer caja antes de retirarse y de esta forma potencial el fútbol en Estados Unidos, más como espectáculo que como deporte. Pelé, Beckenbauer, Neeskens o Cruyff, militaron en el Cosmos a base de talonario.

Ahmet creo el Rock'n'roll Hall of Fame para promocionar la cultura del rock'n'roll en cualquiera de sus variantes, pero con el paso de los años se ha convertido en un espectáculo sin trasfondo, tan sólo basado en intereses económicos como pueden ser los Grammy hoy en día.

Para que un músico o banda entre a formar parte de Rock'n'roll Hall of Fame, debe de tener al menos un álbum grabado hace 25 años y haber contribuido firmemente a la cultura y desarrollo del rock'n'roll. Cuando se reúnen esos requisitos, un comité de expertos historiadores realiza las nominaciones a entrar en el Salón. Entonces comienza el circo mediático, el nominado puede ser inducido por un músico, o personaje relacionado con la música o la industria musical y una serie de más de 500 expertos de todo el mundo, según la web de la fundación, escoge a los galardonados con el premio del pase, que suele ser alrededor de una docena de aspirantes cada año, divididos en diferentes categorías.

Deep Purple fue nominado en el año 2012 y en el 2013, pero los expertos no llegaron a considerar que su aportación al rock'n'roll fuera determinante y quedaron excluidos de la ceremonia de inducción. Increíble, siendo años en que bandas como Gun N' Roses y Red Hot Chilli Peppers en el 2012 o Heart y Rush en el 2013, entraron en el Salón por su valía indiscutible, pero sin la historia y la importancia vital que posee Deep Purple; de hecho algunas de ellas, reconocen sin tapujos influencias de la nave púrpura.

El 8 de octubre de 2015 fueron nominados de nuevo y en esta ocasión el jurado aceptó su nominación y el 17 de diciembre de ese 2015 se anunció que las bandas que entrarían en el Rock'n'roll Hall of Fame el año siguiente serían Deep Purple, Cheap Trick, Chicago, N.W.A. y Steve Miller.

Es en ese momento cuando comienza el espectáculo que todos sus fans hubieran deseado ahorrarse, una demostración, posiblemente la última (al menos deseable) que Deep Purple no supo cerrar las heridas del pasado.

Los miembros de Deep Purple que serán admitidos en el salón de la Fama del Rock'n'roll son Ritchie Blackmore, Rod Evans, Jon Lord y Ian Paice, procedentes del Mark I, Ian Gillan y Roger Glover, que se unieron en el Mark II, más Glenn Hughes y David Coverdale como representación del Mark III. Primero de todo es incomprensible como la organización del Rock'n'roll Hall of Fame, se olvidó de Nick Simper, bajista de los tres primeros discos de Purple, sin mediar explicaciones lo eliminó de la historia de la banda, como si no hubiera existido o fuera un simple músico de sesión. Un error demasiado enorme e imperdonable para una fundación que se vanagloria de promover la cultura del rock.

En segundo lugar y más grave, fue la filtración a la prensa de la noticia de que los miembros actuales de Deep Purple; Gillan, Paice, Glover, Morse y Airey, no admitían que Blackmore asistiera a la ceremonia de entrada, a pesar de ser uno de los protagonistas y mucho menos subir a interpretar al menos un tema con el resto del grupo en la gala.

La cosa fue degenerando y se confirmó que era el manager actual de Purple, Bruce Payne, quien prohibía que Blackmore asistiera, aunque *off the record*, toda la industria sabía que era en especial Gillan quien no aceptaba la presencia del guitarrista. La situación obligó al director del Salón, Joel Peresma, a desmentir el veto a Blackmore; «De ninguna manera Ritchie Blackmore está vetado de la ceremonia, nunca hemos denegado el acceso a ningún nominado. Él está invitado a acudir, disfrutar la noche y aceptar el premio.» Peresma cargó la mayoría de las responsabilidades en la manager de Blackmore, Carole Stevens, que no ayudó a la posibilidad de enterrar el hacha de guerra 23 años después de empuñarlas.

Gillan mientras tanto sacaba balones fuera y sólo se refería a la extraña situación de que Steve Morse y Don Airey, músicos en activo con Deep Purple, no estuvieran nominados a los premios, declaraciones que aprovechaba Blackmore para reivindicar el papel de Joe Lynn Turner durante tres años en Purple.

La situación degeneró más el 8 de abril de 2016 en la ceremonia de entrada en el Barclays Center de Brooklyn, New York. Al escenario subieron Ian Gillan, Ian Paice, Roger Glover, Glenn Hughes y David Coverdale. Rod Evans lleva años en paradero desconocido, Jon Lord falleció en el 2012 y Ritchie Blackmore finalmente no asistió a la ceremonia. Estaba todo cogido por las puntas y también se descubrió la poca, por no decir ninguna química entre Gillan y Coverdale, que apenas se dirigieron alguna mirada. Una situación muy tensa que volvió a dejar al descubierto la incomodidad de todos al olvidarse en los discursos de Tommy

Glenn Hughes y David Coverdale en el Rock'n'roll Hall of Fame.

Bolin, del que no se hizo ninguna referencia, ni siquiera Glenn Hughes que durante años lo declaró como su Soul Brother.

La ceremonia concluyó con la actuación de la formación actual de Deep Purple, que interpretó tres temas, «Highway star», «Hush» y «Smoke on the Water», tema en el cual se había invitado a unirse en el escenario a Coverdale y Hughes, una imagen que hubiera sido histórica, pero que no se produjo al denegar los dos músicos la invitación.

Para zanjar la polémica o reabrirla, apareció Joe Lynn Turner, declarando a la prensa que: «Han actuado como niños, es un desastre, una situación vergonzosa. Es terrible que haya pasado esto. Han demostrado que no saben crecer y seguir siendo amigos. Es una pena montar todo este circo».

En su favor hay que apuntar el reproche que lanzó a la organización del Salón de la Fama: «Al principio sí era una verdadera organización de rock'n'roll, ahora es un evento para celebridades, un circo. ¿Cuánto ha tardado en ingresar a Deep Purple? Deberían haberlo hecho hace 25 años».

BIBLIOGRAFÍA

BIANCIOTTO, JORDI, *Deep Purple. La Saga*, Quarentena, 2013.

BLOOM, JERRY, *Deep Purple. Uncensored On The Record*, Coda Books Ltd., 2011.

FERNÁNDEZ, CARLOS, *Deep Purple. Made In Japan. El directo que cambió la historia del rock*, Quarentena, 2014.

GALVÁN, JOSÉ, *Deep Purple. Un Mundo Púrpura*, Lenoir Ediciones, 2013.

HEATLEY, MICHAEL, *The Complete Deep Purple*, Reynolds & Hearn Ltd, 2005.

LINARES, SERGIO, *Whitesnake. Santos y Pecadores*, Quarentena, 2015.

PRATO, GREG, *Touched by Magic. The Tommy Bolin Story*, Autoproducción, 2008.

THOMPSON, DAVE, *Smoke on the Water. The Deep Purple Story*, ECW Press, 2004.

TUBAU, DANIEL, *Deep Purple*, Lenoir Ediciones, 1986.

REVISTAS

Bad

Billboard

Classic Rock

Disco Expres

Free Rock

Guitar Player

Hush Magazine

NME

Popular 1

Rock Espezial

Rock De Lux

Ruta 66

Sounds

Uncut

Vibraciones

INTERNET

Club De Adictos a Deep Purple
http://cadp-hushmagazine.tripod.com/index.html
Deep Purple Appreciation Society
http://www.deep-purple.net/
Deep Purple. Roots And Branches
https://www.thehighwaystar.com/rosas/misc/dp-tree.html
RYM Deep Purple
https://rateyourmusic.com/artist/deep-purple
Web Deep Purple
http://www.deeppurple.com/
Web Ian Gillan
http://www.gillan.com/
Web Jon Lord
https://jonlord.org/
Web Ritchie Blackmore
http://www.ritchieblackmore.de/index.html
Web Whitesnake
https://www.whitesnake-blog.com